职业院校商科人才培养铁三角模式探索与实践

李庆文　罗羿寒　著

湘潭大学出版社
XIANGTAN UNIVERSITY PRESS

图书在版编目（CIP）数据

职业院校商科人才培养铁三角模式探索与实践 / 李庆文，罗羿寒著. -- 湘潭 : 湘潭大学出版社，2022.5
ISBN 978-7-5687-0795-4

Ⅰ. ①职… Ⅱ. ①李… ②罗… Ⅲ. ①高等职业教育－贸易－人才培养－培养模式－研究－中国 Ⅳ. ①F7-4

中国版本图书馆 CIP 数据核字（2022）第 100233 号

职业院校商科人才培养铁三角模式探索与实践

ZHIYE YUANXIAO SHANGKE RENCAI PEIYANG TIESANJIAO MOSHI TANSUO YU SHIJIAN

李庆文 罗羿寒 著

策划编辑：丁立松
责任编辑：丁立松
封面设计：文海宏远
出版发行：湘潭大学出版社
社　　址：湖南省湘潭大学工程训练大楼
电　　话：0731-58298960 0731-58298966（传真）
邮　　编：411105
网　　址：http://press.xtu.edu.cn/
印　　刷：长沙创峰印务有限公司
经　　销：湖南省新华书店
开　　本：787 mm×1092 mm 1/16
印　　张：11.5
字　　数：236 千字
版　　次：2022 年 5 月第 1 版
印　　次：2022 年 5 月第 1 次印刷
书　　号：ISBN 978-7-5687-0795-4
定　　价：52.00 元

前言 Preface

“十四五”时期是我国由全面建成小康社会向基本实现社会主义现代化迈进的关键时期，是开启全面建设社会主义现代化国家新征程的第一个五年规划，也是“两个一百年”的历史交汇期。我国正处于从旧常态跃迁到新常态，从高速增长向高质量发展转型的攻坚期，这就需要壮大高水平高技能人才队伍，加强创新型、应用型、技能型人才培养。职业教育作为我国经济社会发展人才和智力的有力支撑，近年来，在多重利好的加持下，职业教育正迎来发展的“春天”。

2019年，国务院印发《国家职业教育改革实施方案》，确立了职业教育的地位，并通过一系列举措把奋力办好新时代职业教育细化为具体行动。2020年，教育部等九部门联合印发的《职业教育提质培优行动计划（2020—2023年）》提出，以“育人为本，质量为先；固本强基，综合改革；标准先行，试点突破；地方主责，协同推进”为基本原则，提质培优、增值赋能、以质图强，加快推进职业教育现代化。2021年，全国职业教育大会胜利召开，习近平总书记作出重要指示，在全面建设社会主义现代化国家新征程中，职业教育前途广阔、大有可为。同年10月，中共中央办公厅、国务院办公厅印发《关于推动现代职业教育高质量发展的意见》，要求深入推进办学模式、管理体制、保障机制改革，切实增强职业教育适应性。

在大力发展职业教育的背景下，按照经济社会持续健康发展对高素质技术技能人才在结构、层次、规模与质量等方面的需求，高职院校由快速扩张转向了内涵建设。在这一过程中，应充分发挥标准在职业教育质量提升中的基础性作用，构建符合国家标准、对接行业标准、具有专业特色的标准体系，发挥学校质量保证主体作用。深化产教融合、校企合作，协同育人，主动与国有企业、大型民营企业、行业领军企业开展建设职教集团或产业学院，以及现代学徒制、订单班等多种形式的合作，共同建设校内实践基地和校外实习、实训基地。加强实践教学，积极推行分阶段、分形式的多种实习、实训方式，借助“互联网＋”“智能＋”教育新形态，全面提高新时代职业教育现代化水平，为促进经济社会持续发展和提高国家竞争力提供高质量的技术技能人才。

基于以上背景，我们撰写了本书。本书从商科人才培养现状与分析入手，通过广泛分析国内外职业教育商科人才培养经验，总结出商科人才培养现状、存在的问题，并进一步解析出新时代商科人才的需求。进而制定商科人才培养标准、模式、体系、路径，与平台构建的一般方式。在此基础上，学校以“SPADE”五维质量保证体系作为人才培养标准，以“商咖小镇”作为人才培养建设平台，以“五级进阶”为人才培养路径，构建了“标准领航、平台支撑、路径支持”商科人才培养“铁三角”模式，并系统阐释了商科人才培养“铁三角”模式的构建理念与实践成效，人才培养改革理念和创新举措取得的显著成效，是广西国际商务职业技术学院人才培养模式及实践经验的高度总结，为职业教育人才培养模式改革与创新，特别是商科人才培养提供了一定的借鉴。

本书采用了理论与实践相结合、文献梳理与典型案例剖析相结合的研究方法，突出成果的理论性、系统性、整体性和实践性。我们参考与借鉴了大量的文献与网络信息，并引用了相关的学术成果。在此，谨向这些文献成果的作者表示最衷心的感谢！

本书是2021年度广西职业教育教学改革研究项目（GXGZJG2021A011）《“岗课赛证”融合进阶培养高职商科人才的研究与实践》，以及广西职业教育专业发展研究基地、广西职业教育智慧商科立体专业群发展研究基地的研究成果，由项目主持人李庆文统筹主持撰写，陆纯梅、陈雪玲、罗羿寒、胡博巍、邓慧敏、宁静、农艳春等参加了部分编写工作。本书凝聚了整个写作团队的努力。但由于能力有限及时间仓促，本书未能详尽地介绍职业教育人才培养的方方面面，难免存在纰漏，敬请读者批评指正。

编　者

2022年3月

目录

contents

第一章

商科人才培养现状与分析

第一节　商科人才培养现状

内需是推动我国经济持续稳定增长的坚实基础，2019 年，内需对国内生产总值增长的贡献率达到 87.5%，人均 GDP 已经突破 1 万美元。中国坐拥 14 亿人口，是世界第二大经济体，其中有 4 亿多人口属于中等收入群体，当前正处于消费的优化升级阶段，体现着强大的内需潜力，我国也成了全球最大、最有潜力的消费市场。2021 年，第十三届全国人民代表大会第四次会议通过了《中华人民共和国国民经济和社会发展第十四个五年规划和 2035 年远景目标纲要》，指出要“加快构建以国内大循环为主体、国内国际双循环相互促进的新发展格局”，这就要求我国的经济发展要坚持深化供给侧结构性改革，并坚持扩大内需，打通堵点，链接断点，全面畅通供应链的各个环节，从而推动国内的商业发展。[1]

商业的快速发展，致使企业已经从规模竞争转向了内涵建设，由粗放经营转向了精耕细作，随之而来的是出现了大量应用型人才缺口，尤其是商科类高素质复合型技术技能人才。探讨新时代商科的丰富内涵，并进一步调查和分析新时代商科人才培养所存在的各类问题，根据新时代背景下行业与企业需求的特征，提出商科人才培养路径与标准，形成有效的培养模式，并加以实践对于未来商科人才培养至关重要。

一、商科的内涵界定

“商”的概念起源于交换，起初指贩卖货物，在社会经济发展早期，人们认为，以盈利为目的的生产经营都属于“商”的概念范畴。《史记 · 货殖列传序》中引《周书》有这样的说法，“商不出则三宝绝”。[2]《周礼 · 大宰》记载了九种职务，商贾占第六，有“阜通货贿”的职能。在《白虎通义》中，区分了商与贾的区别，将其解释为“行曰商，止曰贾”，说明我国古代就区分了流动与固定行商两种方式。近代以来，由于开始了商科办学，因此，“商学”的概念也应运而生，在《辞源》中，将“商学”定义为“商业上应用之学问，如商业专门学校及大学

[1] 荆林波，王雪峰，钱慧敏．流通蓝皮书：中国商业发展报告 2021—2022［M］．北京：社会科学文献出版社，2021.

[2] 司马迁．史记［M］．长沙：岳麓书社，2001.

商科之各学科皆是。”[1] 1997 年，联合国教科文组织修订了国际教育标准分类，其中将“商学”表述为“Commercial and Business Administration”，翻译为研究探索交换（或交易）活动规律性和商业运行机理的学科。[2]

从学科类型来看，商学科脱胎于经济学，是经济学学科理论与商业实务操作技术经验技巧相结合而产生的一个新学科，是经济学理论的扩展与外延，也是经济学在商业经营服务领域应用成果的展现，其研究的主要内容是企业商务活动的操作与运营。由于社会经济发展导致产业对商科技术技能人才的需求不断增长，越来越多的大学开始设置商科类专业甚至独立的商学院，培养专门的商科人才，服务经济社会发展。商科作为与社会市场经济需要适应性最强的学科之一，如今已经是国际上最为重要的学科门类之一，与理、工、农、医、法等相并列，商科教育在教育体系中独立且重要的地位愈发彰显。[3]

二、商科教育的发展历程

由于商科具有更强的社会需求适应性，因此与其他的学科相比，更加深入地植根于国家社会经济发展的土壤之中。我国历史悠久，且长期处于封建社会，采取的是自给自足的生产方式，历代封建王朝为了稳定国家民生，采取儒家思想治国，经济上重农抑商，中国工商业的发展较为缓慢。受传统“学而优则仕”以及“士农工商”等思想观念的影响，读书人所学基本是经史子集，擅长策论，没有系统的商科教育。

我国的商科教育可以追溯至清代中后期，缘起于鸦片战争后，距今大约有一百多年的历史。当时，我国刚刚开启并逐渐加深与西方国家的贸易交流活动，在这个过程中，遭受了列强的掠夺与诸多不平等待遇，引发了清政府的反思。光绪年间，以日本学制为蓝本，清政府颁布《奏定学堂章程》，创立实施了“癸卯学制”，其中包含了《高等学堂章程》和《高等农工商实业学堂章程》两类办学章程。“高等学堂”将高等学堂划分为八大分科，分别是经学、政法学、医学、文学、格致学、农学、工学和商学，商学虽位最末，但也属八大分科之一，并于 1902 年在京师大学堂专门设立商学科。“高等实业学堂”划分为四类分科，包含高等农业、工业、商业、商船四科，招收普通中学毕业生，某种程度上来说，可以视为我国高等职业教育的雏形。民国初年，政府颁布《大学令》，更加倾向于学习西方国家的学制制度，将学科分为“文、理、法、商、医、农、工”等七大类，商科就是其中之一，这时开始出现了商科类大学，其他大学中也纷纷设立商科学院，或是在已有的文学院或法学院中设立商学系，发展商科教育。1913 年，民国政府大力发展实业教育，颁布了《实业学堂令》，规定实业学校需教授农、工、商等学科

[1] 陆尔奎，方毅，傅运森 . 辞源（影印本）[M]. 郑州：中州古籍出版社，1993.

[2] 马正兵，商务经济学学科体系专业发展与人才培养路径研究 [J]. 西北民族大学学报（哲学社会科学版），2019（02）：7-14.

[3] 杨明娜 . 行业协会参与地方高等商科院校人才培养的模式构建研究 [D]. 电子科技大学，2009：20.

必备的知识技能[1]，这种设置一直持续至中华人民共和国成立初期。

新中国成立初期，我国实行高度集中的计划经济体制，企业不再独立开展商业活动，商科教育随之改革，除了“会计学”等个别专业之外，“商科”逐渐被带有计划经济特色的“财经”教育所覆盖、取代。1978年改革开放以来，由于开始实行社会主义市场经济体制，企业经营管理活动日益活跃，商科教育重新回归重要地位。从1980年创办的第一所职业大学，到1985年中共中央颁布《中共中央关于教育体制改革的决定》，商科教育便开始了适应社会发展的有益探索。

1996年召开了全国职业教育工作会议，同年颁布了《中华人民共和国职业教育法》，使职业教育得到了长足的发展。高职商科专业随着经济的发展和国家政策的变化而不断发展，为有效适应当时社会的经济发展结构，职业教育开始探索调整专业结构，但基本集中在管理学门类中的工商管理类。[2]二十一世纪以来，高职商科教育迎来了新的发展契机。2004年，教育部发布《普通高等学校高职高专教育指导性专业目录（试行）》，在“财经大类”中设置了5个门类，包含财政金融类、财务会计类、经济贸易类、市场营销类和工商管理类，共计36个专业。随着经济社会的发展，产业结构的调整，2015年，教育部调整发布了《普通高等学校高等职业教育（专科）专业目录（2015年）》，将原专业目录中的“财经大类”修改为“财经商贸大类”，专业门类也由原来的5个门类增加至9个，分别是财政税务类、金融类、财务会计类、统计类、经济贸易类、工商管理类、市场营销类、电子商务类、物流类，共计47个专业，更加突出了商科特征。[3]此次的专业目录修订促进了现代高等职业教育的发展，有效增强高等职业教育人才培养的针对性和适用性，指导了高职商科专业建设的方向。

三、商科人才培养现状

商科是与社会发展和人民群众日常生活息息相关的学科，其所属的商贸服务业是推动国家经济结构调整、转变经济增长方式、保障和改善社会民生的重要产业，大力发展商贸服务业也是支撑我国产业结构转型升级的重要战略举措。反映到职业教育领域，探索能够服务经济结构调整、产业转型升级，并且满足社会市场需求的商科人才培养模式，成为时代背景下各职业院校探索改革创新的重要任务。

从20世纪90年代，我国开始探索适应于现代市场经济要求的中国商科教育，至今可以分为三个主要阶段。20世纪90年代初到1997年是第一阶段，也被称为探索阶段。此时，一些高等学校开始探索如何建设既能符合中国国情又能适应经济全球化与市场化变革需求的商学院。北京大学工商管理学院（现北京大学光华管理学院）就是在这一时间阶段，通过将经

[1] 孙培青，李国钧．中国教育思想史（第三卷）[M]．上海：华东师范大学出版社，1995.

[2] 纪宝成．我国高等商科教育人才培养模式探讨[J]．中国高教研究，2006（10）：1–4.

[3] 朱静然．高职商科专业现代学徒制人才培养模式研究[D]．浙江工业大学，2016：10.

济学院经济管理系与管理科学中心合并而成立的，自此开展了商科教育。1998 年到 2003 年是第二阶段，被称为发展阶段，此时许多高等学校都已经开始了商学院的建设，并具有了一定规模。据统计，截至 2001 年底，我国商科本科与专科在校生已占全部在校学生总数的 20%，社会普遍对商学院的办学以及工商管理硕士（MBA）学位认可度较高。中国人民大学商学院由原工商管理学院和会计系合并而成，成了国内首批 9 所开办 MBA 教育的商学院之一，系统开展更高层次的商科教育。2004 年至今是第三阶段，可称为规模化阶段。据不完全统计，自改革开放以来，我国已有数千家高等学校设有商学院或是包含有商科教育的管理学院，300 余家高等学校设有工商管理学院或经济管理学院，每年本、专科招生规模合计 35 万人，硕士 1.6 万人，MBA 1.5 万人，商科教育已成为我国高等教育体系中最具发展规模也最有发展潜力的学科领域之一。根据教育部 2017 年的统计，在我国普通本科在校生中，商科专业人数已经超过了 395 万人，占我国普通本科在校生总数的 24%，是 1999 年商科专业本科在校生人数的 10 倍。同时，商科在职业教育领域也迎来了蓬勃发展，根据金平果排行榜发布的中国高职院校及专业竞争力排行榜显示，全国共有 140 余所财经类高职学校，开设财经商贸大类专业的高职学校更是多达 1 179 所。

2021 年，教育部印发了《职业教育专业目录（2021 年）》，高等职业教育专科专业在原来财经商贸大类的基础上，增设市场调查与统计分析、农村电子商务、供应链运营等更适合当前数字经济商业发展所需的专业，取消了市场营销类，将市场营销专业划归为工商管理类，同时撤销了市场管理与服务、品牌代理经营、经济信息管理、商务经纪与代理、信托与租赁等不适应当前市场需求的专业。为适应大力发展本科职业教育，适应经济社会发展对高层次商科类技术技能人才需求，同步发布了高等职业教育本科专业目录，设置财政税务类、金融类、财务会计类、经济贸易类、工商管理类、电子商务类、物流类 7 个门类，共计 16 个专业，其中 6 个为新增专业，并且新目录以数字商贸、智慧财经、金融科技等数字化场景为切入点，以国家战略为引领，服务数字经济，对接新产业、新业态、新岗位，补齐数字化知识化短板，着力培养具有数字化知识结构、数字化动手能力的高素质知识技术技能人才。由此可见，作为研究盈利性经营活动及其相关管理的学科，商科与市场活动有着密切的联系，随着我国社会主义市场经济的飞速发展以及产业结构的不断优化升级，高职商科专业具有十分广阔的发展前景。

四、商科人才培养现状的研究

在大力发展高职商科教育的背景下，不少学者及教学实务者针对商科人才培养的特点开展了大量的研究，为高职院校开展商科人才培养实践提供了坚实的理论基础。以“商科”与“人才培养”为关键词进行检索，仅在知网平台，就有相关期刊论文 1 484 篇，相关学位论文 62 篇，相关会议文章17篇，报纸发表文章10篇，这还仅仅是研究性成果，还有大量学校已经开展了人才培养改革的实践，并取得了阶段性胜利。在国内，学者们对当前商科人才培养现状主要有以下几个方面的研究成果。

（一）当前商科人才培养困境现状研究

张阳分析了我国新商业背景下高职院校新商科人才培养面临的困境，总结为四点：一是传统商科培养体系难以支撑技术变革和产业转型的人才需求。二是人才培养目标定位不清晰，难以适应新产业和新业态的变化。虽然新商科教育努力基于行业导向培养跨学科复合型人才，但与目前产业升级和经济转型发展的要求仍有差距。三是高职院校校企合作形式单一，只是产教相加而不是产教融合。当前，高职院校与企业在合作过程中，由于思维理念难以达成共识、利益不平衡，以及技术转化难题等问题，校企合作系统内部各要素之间难以形成合力，达不到预期效果。四是传统商科培养的人才在一定程度上不适应新就业形态发展需要。对于互联网平台发展而催生的以现代服务业为主的新就业形态岗位的技能需求，传统教育模式在人才培养数量、质量与岗位技术上都不能有效对接。张阳认为，高等职业教育改革与发展迫切需要更具有针对性的教育思想指导，同时新产业发展与传统产业变革也对我国新商科人才的数量与质量都提出了更高的要求。[1]朱璋龙等人提出，新商科背景下创新人才培养规格和培养路径，要先分析新商科的动因。当前，新技术推动新商业，新商业促生新商科。新商业是以“云、大、物、智、移”等技术为支撑，以智能化、智慧化服务为手段，以全球一体、线上线下、跨界融合、交互发展为特征，采用全新商业模式、服务方式和管理方式的一种商业新形态。以此为背景，新商科应对原有商科专业赋予新的发展内涵，探索新的人才培养模式、制订新的人才培养方案、创新教学研究建设方式，将新商业最新的经营管理实践经验融入新课程建设之中。[2]吴秀玲等人从职业院校技能培养的角度指出，大部分高职院校应用技术高层次人才培养仅限于和本科院校的合作，校企、产教、科教未真正协同，存在领域之间的“断裂带”，应用技术高层次人才培养平台未建立，高职院校应用技术高层次人才培养中存在着许多问题，面临一定的困境。一是当前分层次、一体化人才培养体系未形成。中职、专科、本科、研究生等层次，两两之间的衔接问题没有完全解决，尤其是四者之间的可持续发展平台未建立，存在较多的政策空白。二是未实现差异化教学，教材缺少关联。高职院校的教材与产业联系密切，重现象，轻理论。专升本大多采用普通本科教材，重理论，轻现象，教材之间缺乏系统性和密切的联系。三是重视学历的提高，忽视技能的深造。高职院校应用技术高层次人才培养平台还未建立，中职、专科、本科、研究生的学历上升通道也未打通，助力产业升级，服务企业和区域发展能力比

[1] 张阳．高职院校新商科人才培养的困境、定位与实现路径［J］．无锡商业职业技术学院学报，2021，21（4）：19-24.

[2] 朱璋龙，苑梅．新商科专业教育改革的逻辑起点与实施重点［J］．扬州教育学院学报，2021，39（3）：61-64.

较弱。[1]

（二）当前商科人才培养需求现状研究

陈晓芳等人通过系统的问卷设计与广泛的调查研究，总结出新时代高校商科人才需求的三个特点：一是需求专业素质向需求综合素质转变。文章认为新时代行业特色高校商科人才培养不仅包括专业知识技能的教学，还要融合特色行业的专业基础知识以及“互联网+”和人工智能技术的培养，使学生成为既通晓商科专业知识、又熟谙行业技术背景的复合型商科人才。二是具备创新创业能力，新时代高校商科人才培养要加强对学生个性化的培养，以学校行业特色学科为依托，加强对学生在特色行业背景下的创新能力和创业思维的培养。三是注重提升道德情商。新时代商科人才培养要着重加强对学生人文素质的培养，提升学生的道德感和社会责任感，增强学生在复杂环境中的情绪管理能力。[2]朱静然将高职商科专业的人才培养现状总结为特殊性、灵活性、实践性和综合性四大特点。其特殊性是指，与其他类型学科相比，高职商科是培养现代商贸服务技术技能型人才的学科，需要为金融贸易、连锁经营、电子商务等行业培养大批应用型技术技能人才，学生需要掌握从事商务活动的相关理论知识，也需要具备企业服务、经营、管理的各种能力，具备良好的职业素养，擅长沟通协作。但是，高职商科专业所培养的技术技能多是知识技能、隐性技能，缺少科学的、可量化的、标准化的评价体系。其灵活性是指，高职商科专业的毕业生未来主要从事现代商贸服务业，面向具体工作时，主要工作对象、服务对象是人，是独立且有差异的个体，学生未来从业所要面临的工作情境十分复杂且多变。正因如此，各职业院校在实施人才培养过程中，更要结合学生未来工作将要面临的实际场景、实际问题，在相关具体、仿真的场景下开展教学，培养学生灵活处理问题的能力。所谓实践性是指，随着经济社会的高质量发展，商业环境也在不断变化，这就需要职业院校在人才培养过程中，提供真实的工作情境，引入大量真实案例，提高学生实践能力，帮助学生不断积累处理实际问题的经验。所谓综合性是指，高职商科人才未来就业方向是商贸、服务业基层管理岗位，在企业实际运营中，不仅仅需要本专业的技能，更多的是需要跨专业、跨学科处理实际问题的能力，因此，需要在培养商科人才过程中注重跨专业培养，提高学生综合素质，适应职场的发展。[3]赵海峰认为高职院校以职业岗位要求为本位，需要面向职业岗位（群）设置、调整专业，围绕职业岗位的能力需求构建课程内容与教学体系，提高技能性操作能力，培养高素质技术技能型人才。商科人才培养具有行业性、实践性和社会性三大特点。其中，行业性是指，商科人才的知识结构既有行业的普适性，又有行业

[1] 吴秀玲，王利平，程东祥．高职院校应用技术高层次人才培养平台建设路径研究［J］．机械职业教育，2020（6）：9-10.

[2] 陈晓芳，夏文蕾，张逸石，李铭泽．新时代新商科的内涵及“多维度协同”培养体系改革［J］．财会月刊，2021（5）：107-113.

[3] 朱静然．高职商科专业现代学徒制人才培养模式研究［D］．浙江工业大学，2016：10.

的特殊性。在人才培养过程中，在开设一些专业基础课程的同时，还应专门开设专业课和专业方向课，保证学生在掌握一定理论知识的基础上，具备紧跟行业发展的岗位能力，掌握行业的特殊规律，能够顺利处理本行业的具体业务。实践性是指，商科人才的培养需要在实践中运用科学的理论和方法进行综合分析，制订解决方案并加以实施。社会性是指，商科人才在实际工作中是面向商业，从事企业经营、为经济社会发展服务的，因此，职业院校在人才培养过程中，需要特别注重培养学生的社会能力，包括语言表达能力、社会交际能力、组织协调能力、团队合作能力、商务谈判能力等。[1]

第二节　商科人才培养存在的问题

一、商科人才培养存在问题

经过多年来商科人才培养的实践与探索，各商科类高职院校均取得了一定的实践成果，商科人才培养质量也有了大幅度的提高。但也存在着一定的问题，主要表现为以下几个方面：

（一）教学中心地位在学校运行机制中体现不突出

2010 年 7 月，国务院印发《国家中长期教育改革和发展规划纲要（2010—2020 年）》，其中明确提出职业教育要把提高质量作为重点，建立健全职业教育质量保障体系。2015 年发布的《教育部办公厅关于建立职业院校教学工作诊断与改进制度的通知》中提出，要建立网络化覆盖联动的内部质量保证体系。同年 10 月，教育部印发《高等职业教育创新发展行动计划（2015—2018 年）》，提出要加强分类指导，推动高等职业院校全面建立完善内部质量保证体系。2019 年，国务院印发了《国家职业教育改革实施方案》，进一步提出要建立健全职业教育质量保证制度。尽管高职教育的教学工作中心地位很早就在中央以及地方政府等相关文件中颁布，但在实践发展和日常教学管理中，一部分的高职院校强调以教学为中心的实际做法不足，对于政策文件的执行不够落地和彻底，教学为中心的目标任务并没有得到高质量的全面实现。

（二）核心专业服务行业产业的能力不强

2020 年，教育部等九部门联合印发《职业教育提质培优行动计划（2020—2023 年）》，把探索专业认证列为主要任务。高职商科专业涵盖面非常广，将财经商贸大类中的财政税务类、金融类、财务会计类、统计类、经济贸易类、工商管理类、市场营销类、电子商务类、物流类等门类都列为高职商科人才的培养范畴，并且每个专业门类下还分别设置了许多的专业，具体对接商贸服务行业中的具体岗位。个别学校在商科人才培养过程中，过多地强调学科专

[1] 赵海峰. 应用型本科院校的商科人才培养模式［J］. 高等教育研究，2012（4）：88-92.

业知识的学习，并没有在充分市场调研的基础上进行有针对性的培养，存在行业、企业无法真实有效地参与到高职院校人才培养的实际过程中的问题，这就导致培养出的学生不适应当前经济社会高速发展形势下的商业人才需求，不能够紧密地对接行业产业发展，与社会人才需求脱节。

（三）专业设置与社会需求衔接不紧密

当前，国内许多高职院校专业群内的专业设置与划分不够科学合理，有些只是把一些相近专业简单的组合在一起，核心专业辐射引导作用不明显，没有形成自己的专业特色和品牌优势，甚至群内设置的某些专业较为陈旧，已经被社会经济所淘汰，带来的隐患就是学生所学不是社会发展、产业变革、企业经营所需要的，学生无法适应就业竞争环境，学校无法服务当地经济与产业发展。究其原因，一是很多职业院校由于专业建设经验的缺乏，考察与论证不够充分，在没有弄清专业群建构逻辑的情况下，盲目开展建设，从而使专业群设置与相关的产业链、产业群衔接不紧密，无法对接区域人才需求，以至于人才需求侧与专业人才培养供给侧的匹配度不高。二是产业升级的快速推进，市场需求变化迅速，许多职业院校专业建设的动态调整机制有缺陷，专业对市场需求变化、产业转型升级没能做出及时、有效的调整，影响到学校专业布局的合理性发展。

（四）专业教师育人能力与学生需求匹配度不高

随着商贸服务行业的快速发展，高职院校商科专业的办学规模迅速扩大，但是专业教师队伍的双师型素质成长却相对缓慢。主要表现为商科专业课程相对较多，专业教师每天疲于应对课堂教学，绩效考核，以及管理中对于教师的论文、著作、专利成果的高产出要求，在一定程度上忽视了对于教学水平、实践技能和自我发展的重视和投入，参加培训的时间和机会较少，整体欠缺实践教学经验。甚至一些青年教师缺少商贸服务业的从业经验，在课堂教学中只能照本宣科，而商科专业又是实践性较强的学科，教师缺乏实践经验导致教学效果受到一定影响。[1]

（五）学生商科综合技能的岗位适应性不强

通过对大学生就业市场的调研和企业对高职毕业生质量的反馈，高职商科专业毕业生的就业率普遍较高，但普遍存在着就业首岗胜任能力不足，企业的满意度不理想等问题，究其原因主要有以下几个方面：一是高职商科人才培养综合素质教育弱化，学校对于综合素质培养认识不到位，存在着注重专业学习，轻视综合素质培养的现象，致使毕业生的综合技能在学习期间没有得到足够、全面的发展和提高。二是在日常的课堂教学中注重培养学生学科的

［1］朱静然．高职商科专业现代学徒制人才培养模式研究［D］．浙江工业大学，2016：11.

专业知识，对于解决实际工作中的问题的实践能力并没有进行重点强化，导致学生综合技能不高。三是高技能人才培养体系不够健全，对于培养能够紧跟时代发展的高素质综合型技术技能人才缺少足够的探索经验。[1]

二、商科人才培养存在问题的原因

建立什么样的管理机制和培养模式，是商科类高职院校如何培养人和培养什么样的人的核心问题，直接关系到技能型商科人才培养的质量。关于商科人才培养过程中存在的问题，已经引起了大多数高职院校的重视，究其原因主要有以下几个方面：

一是各高职商科院校对于教学中心地位认识不够深刻，对于怎样处理好教学工作与其他工作之间的关系缺乏深入的理解和实践。在高职教育中，教学应定义为以教师的教为主，包括促进教师在课堂讲授中充分发挥其主导作用的一切活动。高职院校对于上级教育主管部门的政策执行不够彻底和学校自身的教学管理运行机制不够完善都会引起教学中心地位的偏移，致使人才培养质量受到影响。[2]

二是以往的高职商科人才培养模式已经不能很好地适应当前社会经济发展的需要，部分高职院校主动与企业、政府、社会等多方合作，探索高职商科教育的联动机制，但由于许多高职院校的商科专业在制订人才培养方案时对行业、企业调研不够及时、深入，导致人才培养模式滞后，特色不显著。这是由于人才培养供给侧和产业需求侧结构要素不能全方位融合，校企合作的深度、广度不足，致使校企合作产生的成果有限，人才培养对于地方经济发展贡献薄弱，不能满足产业及区域经济发展的需求。[3]

三是受历史原因影响，高职院校商科人才培养过程中受到专业建设、课程设置、师资团队、培养目标与模式、质量评价等多方主客观因素的影响，各院校人才培养模式趋于雷同，特色不够明显，对于分层分类培养的推行不够重视，存在人才培养目标定位不准确、课程体系设置不合理、教师队伍“双师化”素质提升速度缓慢、自身专业特色建设不显著、评估手段不系统等一系列问题。一部分高职院校商科教育仍然以传授基础的知识理论为主，忽视实际商业服务操作能力的训练与培养，高素质技能人才培养体系不够健全，人才培养缺乏社会适应性。因此，在当前高职院校商科专业人才培养工作中，亟须一套系统完整，可操作性强，取得了实践的成功并有一定示范性的模式。

[1] 刘文斌，马广水，亓俊忠．商科类高职院校的大学生综合素质培养模式研究［J］．中国成人教育，2014（14）：77–78.

[2] 安玉健．高校教学工作中心地位保障机制研究［D］．南开大学，2008：25.

[3] 俞燕，黄文胜．基于校企合作共同体的会计专业“三型”应用型人才培养探索［J］．中国职业技术教育，2020（2）：84–89.

第三节　新时代商科人才的需求性分析

商科人才培养自产生起就具有极大的目的性和应用性。自20世纪90年代以来，随着经济社会全球化和信息技术的高速发展，世界各国对商科专业人才的需求越来越大。特别是自党的十八大以来，中国经济实现了高质量跨越式发展，商科专业人才需求特点更加明显。据中国信息通信研究院和美团研究院发布的信息数据显示，2012年中国服务业增加值占GDP总量的45.5%，超过了工业，成为国家第一大支柱产业，自此之后，服务业占比逐年持续提升，至2015年服务业增加值占比甚至超过了50%，2019年更是高达53.9%。

一、“十四五”期间商业领域发展趋势

为了更好地服务未来经济社会，特别是现代服务业的高质量发展，需要根据中国商业领域的发展趋势，培养专业的新时代商科人才。《流通蓝皮书：中国商业发展报告（2021—2022）》一书对“十四五”期间中国商业领域的发展趋势和前景作出了五大发展预测与建议[1]：一是进一步扩大内需，促进消费升级。丰富国内市场的商品供给，推动构建国内、国际双循环相互促进的新发展格局，促进内外贸一体化，国货品牌全面崛起，进一步释放中高端消费市场，免税消费行业和“夜经济”繁荣发展，有效促进消费、创造就业岗位。二是加快建设现代流通体系。健全物流、批发和零售体系，建立高效、现代化的物流体系，形成内外联通、安全高效的物流网络，并通过大数据与人工智能等技术分析下游数据，满足市场及消费者需求，提高产品市场分销和供应链效率。三是发展生活服务业。加快发展养老、健康、育幼、旅游文化、体育等服务业，进一步推进服务业标准化、品牌化发展建设。推动线下生活服务企业业态和模式创新，为消费者提供更高效优质的服务。四是数字化技术推动消费模式及业态革新。推动互联网、大数据、云计算、人工智能等技术同产业深度融合，助力企业优化运营效率。国家统计局数据显示，2020年全年实物商品网上零售额占社会零售总额的24.9%，特别是直播电商得到了爆发式增长。五是进一步提高对外开放水平。构建与国际接轨的国际贸易投资制度体系和监管模式，高质量实施区域全面经济伙伴关系协定（RCEP），推广无纸化贸易、电子认证、电子签名等，提高跨境电商贸易的便利性，建设一个开放包容且基于规则的多边贸易体系，为全球经济注入信心及活力。

有学者从企业需要的人才类型、职业品质、职业能力、知识结构、期望等五个方面设计问卷，以某商学院三届商科专业毕业生为样本，对高等商科类人才需求进行分析，得到结果如下：92%的用人单位需要应用型人才，8%的用人单位需要综合型人才。用人单位更加看重学生对专业知识的掌握程度和短时间内完全胜任工作的能力，并认为毕业生需要具有一定专

[1] 荆林波，王雪峰，钱慧敏．流通蓝皮书：中国商业发展报告2021—2022［M］．北京：社会科学文献出版社，2021.

业知识与专业技能，在此基础上，更要具有良好的职业道德、职业行为规范以及创新精神。[1]

二、商科教育发展要求

随着互联网技术的快速发展，云计算、大数据、人工智能等技术在商业活动中相继使用，以数字经济为代表的新经济正以前所未有的方式替代传统经济，改变着我们的经济生活，影响着社会的生产方式、组织结构、商业形态、管理模式等，在工业经济时代产生的传统商科人才培养模式正面临前所未有的冲击和挑战。[2]在这样的背景下，“新商科”概念出现了。新商科是在新技术、新产业、新业态模式下提出的一个学科建设概念，相对于传统商科而言，是一项重塑商科教育的变革性工程[3]。第四次工业革命以来，数字产业化和产业数字化的商业发展趋势不断扩大。互联网作为数字产业的主要载体和重要媒介，推动着社会经济的发展和产业结构的转型升级。智慧医疗、智慧教学、线上办公、新制造、新零售和新金融等产业相继出现，产生了新商业思维和新商业规则，不断挑战着传统商科人才培养的建设思路与发展模式，王如有学者所说，新商科迫切需要对应“知识—数据—智慧”和“商业—技术—人文”[4]，建设的实质是对传统商科学科进行交叉重组，运用跨界思维和方法，不断交叉迭代和融合创新，将新技术、新理念、新模式、新方法融入商科教育，以对接新经济、新商业。[5]

为适应当前经济社会高质量发展的形势，国务院印发的《关于加快发展现代职业教育的决定》中提出，要加快培养现代服务业人才，重点加强服务金融、物流、商务、医疗、健康和高技术服务等现代服务业的职业教育，培养具有较高文化素质和技术技能素质的新型服务人才。在同年，教育部等六部门联合印发的《现代职业教育体系建设规划（2014—2020年）》中，还特别将服务业列入经济和社会的重点领域专栏，提出服务业相关技术技能人才的培养计划和要求，要“面向金融服务、现代物流、商务服务、社会工作服务和高技术服务领域，培养具备高尚职业道德、较高人文素养、通晓国际标准和高超技术技能的专门人才，通过人才专业化提升服务业的竞争力”。[6]

2018年，时任教育部高等教育司司长吴岩作了题为《培养堪当大任的卓越拔尖人才》的报告，其中明确指出，“高等教育创新发展势在必行，要全面推进‘新工科、新医科、新农科、新文科’等建设。”其中的“新商科”就包含在“新文科”建设理念与建设范畴下，要求在传统商科的基础上，适应新时代数字经济和信息技术发展，融合跨学科知识与资源，通过学科重组和交叉再造，形成新时代商科教育。“新商科”以互联互通、人工智能、大数据以及共享

[1] 刘玲娅，黄晓平，张娅．社会经济发展对高等商科类人才的需求分析及启示［J］．现代经济信息，2018（7）：429+431.
[2] 张国平．新商科人才培养模式与实现路径［J］．中国高等教育，2021（2）：43-44.
[3] 齐佳音，张国锋，吴联仁．人工智能背景下的商科教育变革［J］．中国大学教学，2019（Z1）：58-62.
[4] 郑毅，王慧敏．“互联网+”背景下高职新商科产教协同育人机制研究［J］．机械职业教育，2018（6）：33-37.
[5] 曹颖．应用型本科高校新商科人才培养教学体系构建与探索［J］．科技创新与生产力，2021，（2）：105-107.
[6] 马正兵．商务经济学学科体系专业发展与人才培养路径研究［J］．西北民族大学学报（哲学社会科学版），2019（2）：7-14.

经济为特征，将数字经济及创新驱动时代下的新理念、新思维、新技术、新模式等融入传统商科课程体系，顺应商业 3.0 数字经济时代和全球本土化的需求，适应全球科技进步和我国新时代中国特色社会主义经济的发展。为进一步推动我国新商科建设并服务于中国经济社会高速发展，2018 年 12 月 14 日，高等院校新商科建设与国际化联盟成立，旨在立足新时代中国商业发展实际，改革传统商科的学科知识体系，将大数据、区块链等多学科知识融入商科建设，重构新商科知识技能体系，将新知识、新技术、新成果的转化以及人才培养的实践需求，与商科教育人才培养模式建设深度融合，培养具备创新思维能力和数字分析能力的复合型新商科人才，推动高等学校商科教育以及区域产业经济发展。[1] 2019 年 3 月，上海对外经贸大学主办了教育部高等学校工商管理类专业教学指导委员会第一次会议，对商科教育未来的发展趋势和人才需求等进行了深入的讨论。作为“新文科”的重要组成部分，探索如何在新时代背景下建设新商科是各商科院校未来建设的趋势，也是商科教育工作者的使命。

三、新时代商科人才需求分析

（一）新时代所需要的商科人才特征

商科教育发展至今，已经有百余年的历史。为了不断适应社会经济的发展变化，商科教育也在不断地调整着人才培养模式。第四次工业革命以来，商业活动体现出了与以往完全不同的组织形式、商业模式、经营范式，相应的，商科人才培养也应进行重构。在我国，商科作为研究企业经营及其管理的重要学科，为国家培养涵盖财政税务类、金融类、财务会计类、统计类、经济贸易类、工商管理类、市场营销类、电子商务类、物流类等各类管理与服务人才。而高职商科是为新时代商贸服务行业培养具备复合能力的高水平技术技能人才的学科，近年来一批活跃在贸易、金融、电子商务、连锁经营等行业的一线生产与服务人才都是商科职业教育所培养的学生。商科专业高素质技术技能人才需要掌握丰富的商务活动理论知识，具备企业服务、经营、管理能力，具有优秀的职业涵养，擅长与人合作，擅长商务沟通，是真正的高素质复合型人才。

1. 新时代高职商科人才技能的变通性

商业隶属于现代服务业，商业从业者主要通过专业的业务处理、沟通技巧以及经验知识，向不同的群体提供支持与服务。与工科或其他人文社科类专业相比，商科专业工作与服务的对象是“人”，而每一个人都是独立的生命个体，受家庭背景、人生经历，甚至兴趣爱好的影响，不同个体的喜好和需求也不同。虽然在工作服务过程中，存在一定的固定流程和商业规则，但服务对象的个体差异都影响着从业人员的判断和操作。因此，服务在一线的高职商科人才

[1] 蔡璇 . 新商科背景下黑龙江省财经院校产教融合对策研究［D］. 哈尔滨商业大学，2021：13.

所面临的工作情境十分复杂，相比于其他专业类人才，商业人才需要更加注重自我管理和随机应变，并且对于职业素养、道德水平、规则意识、敬业精神、学习能力、人际沟通等内在的综合素质以及结合实际灵活处理问题的能力具有更高的要求。

2. 新时代高职商科人才技能的隐蔽性

职业教育是重点培养学生实践技术技能的类型教育，简单来说，"技能"可分为两大类，即"智力技能"和"动作技能"。所谓的"智力技能"，指的是在技能活动中，具备一定制订计划的能力，或可以运用某种理论或策略做出决策的能力，抑或是合理安排并改变事物走向的能力，在完成技能的过程中，会表现出一定的变化性与灵活性。所谓的"动作技能"，是指在技能活动中能够以一种相对固定的或是符合规范的、符合程序的动作方式开展工作的能力。通过对比，可见"动作技能"有着一定的规范标准，对技能的评价是显性的，在学习过程中，可以通过具象的、量化的，甚至是物化的标准对学生的技术技能水平开展评测；"智力技能"具有一定的隐蔽性，缺少显性的、可量化的评价标准体系。与工科专业相比，商科专业培养的主要是智力技能，加之商贸服务类的技术技能中很大一部分是沟通协调能力，因此，更加缺少一套科学合理的评价体系。[1] 而这种隐蔽的、复合的智力技能又是新时代商科人才所必须具备的。

3. 新时代高职商科人才技能的实践性

在处理日常商业活动中，不仅需要商科人才具备一定的专业知识，更加需要他们具备解决企业实际问题的技能。在真实的企业管理实务中，服务对象更希望工作人员能够就具体问题给出更加专业和直接的建议，能够帮助他们解决各种各样复杂的问题。对于从业者来说，每一次要解决的实际问题，都是将商务理论知识有效转化为实践经验的珍贵体验，这是任何虚拟场景和仿真实训都无法替代的。对于商科职业教育人才培养而言，必须要在学生具备一定广度的专业知识的基础上，通过接触大量的实际案例来提高技术技能，帮助学生积累处理实际问题的能力，培养出的人才才能满足企业实际服务与产业发展的需要。

4. 新时代高职商科人才技能的综合性

新时代"互联网 +"时代背景下，产业发展与企业实际生产服务更加需要跨专业、高素质的复合型新商科人才。对于商科职业教育而言，对标人才培养定位，需要培养企业一线、基层管理需要的"宽、专、多、能"型人才。为了适应企业发展需要，高职商科人才培养不仅要教授通识课程、专业课程，也要进行跨学科的综合知识培养。学生只有具备充足丰富的知识，在未来企业的生产、服务、管理中才能结合多种知识来处理复杂问题，应对多变的产业发展。

（二）新时代商科的社会需求特征

[1] 应智国．商科类高职院校实训基地的战略构建［J］．中国高教研究，2008（8）：80-81.

根据我国“十四五”期间商业、现代服务业的发展趋势以及产业行业用人需求，结合商科教育建设基础和发展方向，新时代我国对商科人才的社会需求呈现以下两个特征：

1. 人才需求水平持续上升

随着社会经济特别是现代服务业迅速发展，互联网、大数据、人工智能等催生的商业新时代已经到来，传统商科人才已无法满足社会需求，需要商科人才具有一定的专业化和信息化的知识技能，满足现代商业发展对于高情感体验、高文化品位、高精神享受、高增值服务的需求，社会和企业对商业人才能力的需求水平逐年升高。

2. 商业人才的竞争性增强

商业所对应的现代服务业相比制造业等其他行业，对于专业技术要求相对较低，进入行业门槛较低，因此，进入商业领域的人才数量相对较多，正因如此，从业人员的专业情况也更为复杂。随着商业的蓬勃发展，一些有一定经验的技术人员或者管理人员会向商业方向流动，致使商科专业人才竞争越来越激烈。

第二章

商科人才培养路径与标准

第一节 商科人才培养标准

一、标准

在解释人才培养标准之前，首先要明确“标准”的概念。在《汉语大辞典》（第四卷）中，还将“标准”解释为“榜样与规范”。在《现代汉语词典》中有两种关于“标准”的解释，一是衡量事物的准则；二是本身合于准则，可供同类事物比较核对的事物。在《英汉词典》中，标准被翻译成“standard”（被译为：标准、水平、规范等）或“criterion”（被译为：衡量事物的尺度）。在国家标准 GB3935.1–83 标准化术语中，把“标准”定义为，对重复性事物和概念所做的统一规定。《标准化工作指南》（GB/T 20000.1–2002）对“标准”的定义是，为了在一定范围内获得最佳秩序，经协商一致制定并由公认机构批准，共同使用和重复使用的一种规范性文件。而在《国际教育百科全书》中，认为“标准”是为了达到最终目的所达到的程度与水平。吕红在《试论从职业能力标准到人力培养标准的转化》一文中按照标准化的对象，将标准分为了技术标准、管理标准和工作标准三大类。[1] 总之，标准是行为的规范准则，也是从事各项事务的最低检验指标。

二、人才培养标准

随着教育理论研究的不断深入和教育实践的不断积累，很多专家、学者和一线教师都十分关注培养标准对于学生培养的重要意义，但研究基本处于起步阶段，还没能形成科学完善的人才培养标准体系，但在实践中积累了一定的经验标准，并且开展了标准开发的探索。

在标准的构建方面，陈国松的《本科工程教育人才培养标准探析》、刘鑫的《航海技术专业卓越工程师人才培养标准探讨》，以及季艳萍的《卓越数学教师培养标准的构建与实施》等文章，基本是从知识结构、能力结构以及专业态度三个维度进行划分，从一级指标开始，逐级具体化到二级指标或三级指标。刘曳的《职教师资本科专业培养标准开发研究——以艺术设计专业为例》认为培养标准是培养目标的进一步具体化，规定了人才培养的各项要求，如

[1] 李双玥 . 高职“一体化”人才培养标准开发研究——以建筑工程技术专业为例［D］. 河北科技师范学院，2017：3.

课程体系、实习实训、毕业生需达到的能力要求等。张弛的《基于企业视角的高技能人才职业能力培养研究》一文主张采取调查法进行开发，通过对行业、企业、教师和学生开展调查，寻找人才培养过程中存在的问题，结合社会需求，对培养标准相关指标进行设定，形成培养标准。刘春雷的《建立我国体育教育专业培养标准的理论研究》一文，通过问卷调查，将体育教育专业的培养标准划分为职业道德、思想观念、学科知识、动作技能、专业教学能力、组织管理、了解学生、自我发展、交流合作及学科科研 10 个方面。王庆石在《本科层次卓越会计人才培养标准研究与设计》中把培养标准分为个人、职业和专业等三个方面，个人标准是基础，职业标准是核心，专业标准则是职业标准的具体化，三者统一于行业标准的相关要求。

在标准的实施方面，陈国松的《我国重点大学本科工程教育实践教学改革研究》一文分析教育目的、教育目标与培养目标之间的关系，提出“教育目的”重在“总体设想”，对学生的身心素质与社会价值这两方面提出要求，“教育目标”是对学生学习结果的一种描述。而“培养标准”更加微观，是学生在经过一定程度的学习之后，应当具备的知识、能力与素养。刘鑫在《航海技术专业卓越工程师人才培养标准探讨》中提出，培养标准的实施需要师资队伍、课程体系、校企合作等多方面的配合，并且需要从专业出发，加强国际合作，积极与一线公司和科研院所进行交流，为学生提供优质资源。刘金存的《“卓越计划”下工程硕士培养标准及实现方式刍议》一文提出，培养标准的实施需要课程体系来支撑，课程设置可以分为学校课程和企业课程两个部分。其中，学校课程按照学科课程进行设置，而企业课程主要依照企业具体的培养目标进行设置；课程结构要去繁求简，引入企业实际工作案例，将企业课程纳入培养标准。季燕萍在《卓越数学教师培养标准的构建与实施》中认为，为保障培养标准的顺利实施，课程体系应加以优化，其中还特别提到，要在教学中引入“案例”，开展研究性学习。

国外关于培养标准的研究多集中在发达国家，相关专业培养标准多为专业“认证标准”，一般由第三方机构制定，具备一定的标准化程度。比如，在外语教师培养领域，美国出台了《外语教师培养标准》，从外语教师所必须具备的语言能力、所了解的社会文化知识、能够把握学科教学与教育学知识的内在联结、能够把握其教育学意义、尊重学生的自我建构、保持“终身学习”等方面规定了外语教师的培养标准。欧洲在外语教师培养上，颁布了《欧洲语言教师教育纲要》（European Profile for Language Teacher Education–A Frame of Reference），认为外语教师的培养应注重四个方面，即对教师的组织、对教学的认知、对教学策略的选择以及在教学过程中树立多元价值观。在工程专业方面，一般是由各国或联盟专门设置的工程专业认证委员会或者协会针对不同层次的工程人才，制定专门的标准并加以认证。比如，美国工程与技术认证委员会（ABET）制定的工程专业本科层次的认证标准，涉及学生、专业、课程、教师、设施等 8 项内容，包括教师和课程两方面。针对硕士阶段工程人才的培养，欧洲实施《欧洲工程教育认证计划标准》（EUR-ACE 标准），提出工程硕士人才需要具备工程知识、工程分析、工程设计、工程研究、工程实践及迁移能力等六个方面的能力。其中，“工程知识”方面，包括具有工程相关知识，了解专业前沿知识等内容；“工程分析”方面，要求能够解决工程罕见问题，解决本领域新出现的新问题等；“工程设计”方面，要求能够提出新观念、新方法等；“工程研究”方面，要求能够收集、分析数据，并进行建模和实验等；“工程实践”方面，主要注重学生的综合工程能力的培养，“迁移能力”包括跨学科的学习能力、多层次团队的领导能力以及社会责任感等。[1]

从现有研究来看，国内外关于人才培养标准的构建和实施取得了一定的成果，不论是国内的探索构建和实施还是国外的标准认证形式，均为人才培养标准的系统化提供了一定的支撑。但现有研究与实践成果大多局限在学生个人能力方面，且构建模式十分相似，距离全面系统地开展人才培养标准工作尚存在一定的差距，缺乏创新性和针对性。

三、商科人才培养标准研究

当前，不少专家、学者对商科人才培养标准进行了系统设计和深入研究，亦有不少高校进行了一定的探索和尝试。为满足企业对商科人才的需求，高等学校商科人才培养可划分为低层、中层和高层三个层次，如表 2.1[2] 所示：

表 2.1　高等学校商科人才培养层次表

层级	类型	特点	人才来源	培养标准
低层	操作层商科人才	工作任务明确化、程序化，管理者须具备相应的工作技能和基本管理技巧	从专业技能较高的普通员工中提拔；从中等专业学校选拔培养；由专科层次的高职高专院校承担培养；也有部分属于高等商类本科毕业生	要求熟记并熟练运用规则性、例行性知识，强调实践操作能力和专业技术能力，素质方面要达到最基本要求。对技术性要求高，需要有跨学科、跨专业的素养，对创造能力、团队精神、协作能力、跨文化交流能力有一定要求。在意识层次上，加强经济（成本）意识、质量意识、社会意识、创新意识、战略意识等
中层	经营和管理层商科人才	专业化趋势明显，既要有比较高的经济管理专业技能，又要具有比较高的管理技能和全局意识	由教学型或教学研究型大学承担培养	对技术性的能力要求更高，知识面更宽，如熟悉生产技艺，掌握市场、库存和会计知识，并了解心理学、工效学尤其是认知工效学。能够针对工作中出现的不同情况，给出可行的解决方案，并将任务分解为可理解和可执行的程度，并且需要有一定的分析和解决问题、人际沟通、协调激励等能力

[1] 李双玥．高职“一体化”人才培养标准开发研究［D］．河北科技师范学院，2017：8.

[2] 杨明娜．行业协会参与地方高等商科院校人才培养的模式构建研究［D］．电子科技大学，2009：25.

续表

层级	类型	特点	人才来源	培养标准
高层	理论和政策研究层商科人才	需要战略管理者具有丰富的专业知识和很强的管理才能	由研究型大学来承担培养	知识面宽广，除了具备专业知识外，还要有一定的人文、地理、政治、经济、法律等知识；必须具备良好的人际沟通能力、创新能力、发现问题能力及应变能力等。从某种程度上讲，对他们的洞察力、预见力、概念化、沟通协调、影响等能力的要求应内化为一种成为其个性的一部分。另外，素质方面要求人格健全，观念超前，意志坚定。高层管理者通常是企业组织的灵魂与核心，他们具有全局观念，能敏锐地意识到技术的作用和前景，跨越时空以创新的意识和精神去创造变化，为企业组织建立共同的愿景。随着全球经济一体化程度的加深，企业间竞争日益激烈。因此，企业更迫切需要高层次的战略管理商科人才

目前，能够与高职商科专业对接的国际标准类型有两种，一种是行业认证标准，例如《悉尼协议》是国际工程教育的认证标准，以成果导向为核心，注重培养学生核心能力，培养专业综合能力，关注基本素质养成，能够体现企业、行业，以及区域经济发展所需人才的个性要求。另一种是联盟国或国家层面提出的资格框架，比较有代表性的是美国学历资格框架、英国规范资格框架和欧盟终身学习资格框架，其中，美国学历资格框架从“难度”和“学习量”两个方面构建各个层级、各个类型的资格，其中包括中高职教育、职业培训、成人教育、网络教育等。教育机构严格对照资格标准来进行教学设计，实现了人才培养的精准定位与资格之间的有效衔接。[1]

为了规范我国各级各类职业学校专业课程的设置，规范整个人才培养过程，近些年来，我国开始出现了“专业教学标准”这一概念，帮助各职业学校精准把握人才培养目标和规格，科学制订人才培养方案，深化推动教育教学改革，最终达到提高人才培养质量的成效。为贯彻落实《国家职业教育改革实施方案》，进一步完善职业教育国家教学标准体系，教育部于2019年组织完成了《高等职业学校种子生产与经营专业教学标准》等347项首批高等职业学校专业教学标准的修（制）订工作并发布，并要求各高职院校遵照执行，其中包含了财经商贸大类范围内的财政税务、金融、财务会计等8个专业类，涵盖32个专业的教学标准，明晰了各专业的专业名称、入学要求、基本修业年限、职业面向、培养目标、培养规格、课程设计及学时安排、教学基本条件和质量保障等九大方面的内容。其中，关于专业培养目标和规格比较典型的例子有：

[1] 倪春丽．高职商科国际教育标准之研究与借鉴——以广东工贸职业技术学院为例［J］．职教论坛，2018（10）：117-120.

国际金融专业：主要面向货币金融服务和资本市场服务等行业的银行柜员、客户经理、理财经理、大堂经理、客户服务专员和国际结算专员等岗位，培养理想信念坚定，德、智、体、美、劳全面发展，具有一定的科学文化水平，良好的人文素养、职业道德和创新意识，精益求精的工匠精神，较强的就业能力和可持续发展的能力，掌握本专业知识和技术技能，面向金融行业基层机构的国际业务和涉外服务岗位，能够从事银行柜员、客户经理、理财经理、大堂经理、客户服务专员、国际结算专员等工作的高素质技术技能人才。

财务管理专业：主要面向会计、审计及税务行业的会计、预算管理、投资管理、融资管理、成本管理、税务管理、绩效管理等岗位，培养理想信念坚定，德、智、体、美、劳全面发展，具有一定的科学文化水平，良好的人文素养、职业道德和创新意识，精益求精的工匠精神，较强的就业能力和可持续发展的能力，掌握现代管理、经济、金融、会计、财务管理方面的基本理论和基本知识，熟悉相关法律、法规和惯例，具备分析和解决财务管理问题的基本能力，面向各类中小微企业、金融机构、行政事业单位的会计专业人员、税务专业人员等职业群，能够从事会计、财务分析、预算管理、投融资管理、成本管理、税务管理、绩效管理等工作的高素质技术技能人才。

国际经济与贸易专业：主要面向批发和零售行业的外贸单证员、外贸跟单员、外贸业务员、跨境电子商务、运营推广员等岗位，培养理想信念坚定，德、智、体、美、劳全面发展，具有一定的科学文化水平，良好的人文素养、职业道德和创新意识，精益求精的工匠精神，较强的就业能力和可持续发展的能力，掌握本专业知识和技术技能，面向批发业和零售业中的国际商贸、跨境电商等涉外企业的商务专业技术人员职业群，能够从事国际货物贸易、国际贸易单证、国际贸易跟单、跨境电子商务、国际市场营销策划、国际商务谈判等工作的高素质技术技能人才。

市场营销专业：主要面向批发和零售行业的销售代表、销售经理、区域销售经理、卖场经理、小微商业企业创业者等岗位，培养理想信念坚定，德、智、体、美、劳全面发展，具有一定的科学文化水平，良好的人文素养、职业道德和创新意识，精益求精的工匠精神，较强的就业能力和可持续发展的能力，掌握本专业知识和技术技能，面向批发和零售业，能够从事销售、营销活动组织、品牌推广、销售管理、客户关系管理、市场调查与分析、创业企业营销策划与执行等工作的高素质技术技能人才。

电子商务专业：主要面向互联网及相关服务、批发业、零售业等营销推广、运营管理、客户服务等岗位，培养理想信念坚定，德、智、体、美、劳全面发展，具有一定的科学文化水平，良好的人文素养、职业道德和创新意识，精益求精的工匠精神，较强的就业能力和可持续发展的能力，掌握本专业知识和技术技能，面向互联网和相关服务业、批发业、零售业等行业的销售人员、商务咨询服务人员等职业群，能够从事营销推广、运营管理、客户服务等工作的高素质技术技能人才。

在开展人才培养标准研究、出台专业教学标准以及借鉴国外人才培养标准的基础上，许多学校的商科专业积极探索、构建符合专业情况的人才培养标准并加以实践，取得了一定的效果。

安徽财经大学构建了应用创新型金融人才培养标准指标体系，全面覆盖了金融专业学生的责任感、理论素养、应用能力、创新能力等必备素质，具体指标体系见表 2.2 所示[1]。

表 2.2　应用创新型金融人才培养标准指标体系

一级指标	二级指标	三级指标
基本素质标准	品德修养	道德修养
		文化素养
	身心素质	身体素质
		心理素质
	社会责任	政治觉悟
		社会责任的实践
专业知识标准	通识教育知识	人文社科知识
		自然科学知识
	专业基础知识	经济学知识
		管理学知识
	专业领域知识	货币与信用知识
		金融中介知识
		金融市场知识
应用能力标准	普适能力	基本办公技能
		适应新环境的能力
		协调组织的能力
		外语沟通能力
	专业能力	经济金融环境的分析能力
		掌握实务部门工作流程的能力
		达到技术期望的能力
创新能力标准	创新人格	创新的欲望
		了解先进的创新理念

[1] 万光彩，张霆．“应用创新型”金融人才培养标准指标体系的构建［J］．黑龙江教育（高教研究与评估），2017（10）：66-68.

续表

一级指标	二级指标	三级指标
创新能力标准	创新思维	创新的观察能力
		创新的分析能力
	创新方法	对创新方法的理解
		创新方法的实践运用
		创新的学术科研能力

广东工贸职业技术学院以国际标准为参照，其商务管理专业构建了能够体现成果导向的教育要求标准，具体标准体系见表 2.3 所示[1]。

表 2.3　商务管理专业人才培养标准

P01	具有人文社会科学素养，具备社会责任感与职业道德
P02	具备从事商务管理工作所需的数学、自然科学、经济、管理、心理学等基础知识
P03	掌握商务管理基本理论知识和技术方法知识，具备系统的商务管理实践学习经历，了解业界发展现状和前沿趋势
P04	具有问题分析能力，能够开展策划、采购、谈判、销售、客户服务、财务管理、人力资源管理等商务运营与管理活动
P05	形成现代管理思维和理念，掌握基本创新方法，具备创新意识；能够综合运用理论和技术手段对商务系统、商务活动进行设计与优化，开展项目运营管理
P06	掌握调查研究以及数据分析、信息加工的基本方法
P07	了解商务活动与技术对于客观世界和社会的影响，培养持续学习的习惯与能力
P08	计划管理、有效沟通与团队合作的能力

第二节　商科人才培养模式与培养体系

一、人才培养模式与培养体系

1994 年，原国家教委发布并实施了《高等教育面向 21 世纪教学内容和课程体系改革计划》，首次提出了“未来社会的人才素质和培养模式”这一说法。同年，学者刘明浚在其主编的《大学教育环境论要》一书中，对人才培养模式第一次作出科学的概念界定，即人才培养模式是指在一定的办学条件下，为实现一定的教育目标而选择或构思的教育、教学式样。

[1] 倪春丽. 高职商科国际教育标准之研究与借鉴——以广东工贸职业技术学院为例 [J]. 职教论坛，2018（10）：117-120.

1998 年，教育部印发《关于深化教学改革，培养适应 21 世纪需要的高质量人才的意见》，将人才培养模式定义为学校为学生构建的知识、能力、素质结构，以及实现这种结构的方式，它从根本上规定了人才培养特征并集中地体现了教育思想和教育观念。邹昀芦对人才培养模式进行了概念界定，认为是指培养主体为了实现特定的人才培养目标，在一定的教育理念指导和培养制度保障下设计的，由若干个要素构成的，具有系统性、目的性、中介性、开放性、多样性与可仿效性等特征的人才培养过程的相关理论模型与操作范式，其具有目的性、主体性及合规律性。人才培养模式通常由人才培养目标和人才培养方式组成，实际上探讨的是两个核心问题，一是培养怎样的人才，也就是培养人才的规格、层次问题，二是如何培养符合培养目标的合格人才，也就是人才培养手段的问题。[1]

综上所述，人才培养模式是在一定的教育理念指导下，各学校根据自身的定位和办学特征，制订专门的人才培养目标，在培养过程中采取相对稳定的教学内容、课程体系和培养方式。人才培养模式包括学校办学定位、人才培养目标、人才培养原则、教学制度、课程体系和课程内容、教学方法和教学组织形式、师资队伍建设、学生自我管理等要素。我们可以将人才培养模式形容为学校培养人才的总设计图，直接关系到培养怎样的人、怎样培养人这两个核心问题，也关乎学校人才培养质量的高低、学校的办学特色是否彰显等重大问题。

关于人才培养模式研究，国内外不少专家学者都进行了探索，国内学者对人才培养模式的研究，主要集中在人才培养模式要素和人才培养模式构建两个方面[2]。具体来说：

在人才培养模式要素方面，谭璐星认为受构建人才培养模式的指导思想的影响，人才培养模式各有不同，但可以分为四个基本要素，即培养目标、培养内容、培养制度、培养手段。董泽芳提出了八个构成人才培养模式的基本要素，包含人才培养理念、专业设置模式、课程设置方式、教学组织形式、教学制度体系、教学管理模式、教学评价方式以及隐性课程形式等。

在人才培养模式构建方面，范秀娟认为，构建人才培养模式首先应明确学校的人才培养目标，找准人才培养类型的定位，确立以课程为中心的专业建设理念。要以实现学生知、能、素的全面协调发展为目标来建构课程体系，搭建“基础”“专业”“通识教育”“实践创新”四个教育平台，确保学生知识学习的系统性、连续性以及知识结构的完整性和科学性。强化实践性教学环节的地位，加快教学方法改革，实施能够体现实践能力培养的学业评价，构建“双师型”和“专职兼职结合”为特征的师资队伍。霍振霞认为人才培养模式的构建应以市场需求为导向，突出实践能力培养，注重知识教学与能力培养的结合、专业教育与通识教育的结合，着重从专业设置、课程建设及教育教学三个方面来构建，合理范围内调整专业结构，加大地区优势专业建设力度，树立全新的课程理念、全面优化课程谱系，推进“三教”改革。

[1] 邹昀芦 . 江西省独立学院商科应用型人才培养模式研究 [D]. 江西师范大学，2017：12.

[2] 邹昀芦 . 江西省独立学院商科应用型人才培养模式研究 [D]. 江西师范大学，2017：2–3.

国外并没有学者对人才培养模式开展专题的研究，但各国学校办学的发展过程中，各自形成了一些有特色的人才培养模式，比较有代表性的有美国、德国、英国和澳大利亚等，后面的章节会单独论述，此处不再赘述。

二、商科人才培养模式与培养体系研究与实践

商科人才培养对于国家、地区的经济发展有着重要的作用，随着社会经济的快速发展，产业结构的不断升级，技术技能的不断革新，国家和地区对商科人才的需求也在不断地调整变化，因此，职业院校对于商科人才培养模式的创新探索也越来越重视。

曹迪通过调查分析 18 所商科类高职院校的人才培养实践，得出商科类专业人才培养模式，为各职业院校商科人才培养的研究和实践提供了有益的帮助。其主要观点是[1]：

一是分析探讨了商科类高职院校人才培养模式的构成要素。曹迪对全国 18 所商科类高职院校 2014—2016 年的人才培养质量年度报表进行了深入分析，发现大部分商科类高职院校已开始了针对自身办学特色与实际发展情况，对商科专业人才培养模式进行改革。通过总结得出，培养目标、制度、施行及评价等四个方面是各职业院校商科人才培养模式建设的重要因素，具体见图 2.1 所示。

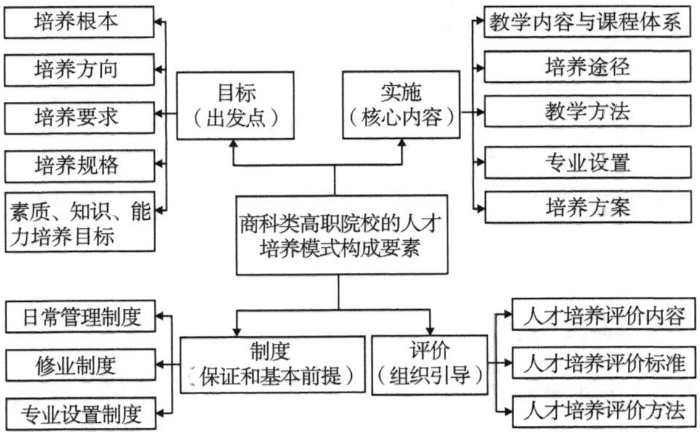

图 2.1　商科类高职院校商科人才培养模式的构成要素图

二是重点总结了商科类高职院校人才培养模式。他认真分析了北京财贸职业学院、江苏经贸职业技术学院、广州工商学院、广州华南商贸职业学院、广州涉外经济职业技术学院、江西财经职业学院、海南经贸职业技术学院等多个高职院校校企合作的方式，总结出了这些院校校企合作的一些优秀做法，例如与企业共同制定校内人才培养计划，共同开展专业教学，帮助学生进入合作企业进行岗位锻炼，以及“订单式”人才培养模式等等。以北京财贸职业学院、浙江经济职业技术学院、山西省财政税务专科学校等 7 所商科院校为代表的商科院校

[1] 曹迪．商科类高职院校人才培养模式研究——基于 18 所商科类高职院校的调查分析［J］．职业教育研究，2017（7）：48-52.

还创新尝试了厂（企）中校、校中厂（企）等工学结合人才培养模式。此外，有的商科院校还根据国家政策、地方经济需求以及自身专业建设情况，探索适合专业发展的新型人才培养模式。例如，江苏经贸职业技术学院的会计专业采用的“4 个 0.75”“分阶段多循环”及“订单”式人才培养模式。广州工商学院创新使用的“校企共育—三课堂联动”人才培养模式。广州华南商贸职业学院的“12345”专业建设与管理模式，即“一个中心、两个服务、三个抓手、四个对接、五个平台”，人才培养工作发展整体向好。

第三节　商科人才培养基本路径

商科教育与世界经济发展进程、国家与地区的经济产业发展有着密切的联系，在影响经济发展的同时，商科教育的人才培养模式、培养路径在不同的经济发展时代背景下也在不断调整。第三次工业革命以来，计算机及信息技术革命掀起了新的技术浪潮，第四次工业革命，人工智能、工业互联网成了先进制造与产业变革深度融合的核心驱动力，对市场运营以及国际贸易格局都产生了重大影响。[1] 从而对传统商科人才培养路径也提出了新的时代命题。

一、新时代商科人才培养要达成的目标

新时代以来，数字经济建设提升到国家战略层面而得到了大力支持和加速推进。为适应企业数字化转型的需要，服务国家、地区经济的快速发展，商科职业院校立足数字经济新时代，回应企业转型新需求，确立新商科人才培养的目标定位，培养一批更加具有时代精神的新商科技术技能人才。

（一）培养出的人才要具有实践与创新精神

近年来，随着新技术革命引爆新业态、新产业的发展，区块链、大数据、人工智能、物联网、云计算、虚拟现实等新兴技术在商业中应用广泛，智慧驱动和数据驱动引领着新商业、新经济的迅猛发展与快速迭代。商业的创变不可避免地带来了商科人才培养的创新，企业对同时具备数字化信息技术与商业知识技能的复合型人才有了更迫切的需要，提出了更深层次的要求，所以，商科人才培养的改革势在必行。

新时期新背景下，商科作为一门同时兼具理论性和实用性的专业，为了适应日新月异的科技进步、迅猛发展的数字经济和瞬息万变的信息社会，职业院校的人才培养工作要在充分学习理论知识的基础上，通过大量的现场实践实操教学来保证理论运用的正确性、处理商业

[1] 陈晓芳，夏文蕾，张逸石，等. 新时代新商科的内涵及“多维度协同”培养体系改革 [J]. 财会月刊，2021（5）：107-113.

问题的精准性[1]，甚至是知识的前沿性。要能真正培养出有系统知识、有扎实技术、有职业素养、有创业能力的新商科数字化技术技能人才。

（二）培养出的人才要立足中国本土，熟悉中国商情

由于我国商科教育发展时间短、底蕴浅，多年以来，人才培养模式、标准体系、课程体系、教材体系多效仿国外发达国家，专业理论知识、教学案例多源自国外，对于中国国情、社会主义市场经济实践以及新时代市场经济发展趋势的总结不深入，对规律的把握和能体现中国国情的实践案例挖掘不足，具有新时代中国特色、彰显职教类型特征的话语体系尚未形成。新时代下发展新商科，要把握时代脉搏，立足中国国情，分析地区现状，运用中国方法，彰显职教特色，在吸收国际先进教育经验基础上，建立彰显中国智慧、体现新时代中国特色的职业教育商学人才培养路径，培养出一批了解中国国情、胸怀中华民族伟大复兴梦想，同时又精通商业知识技能与数字化技术技能的新商科人才，能够在未来的工作实践中解决企业、地区甚至中国的经济问题。

（三）培养出的人才要具备全球化国际视野

随着世界多极化、经济全球化的不断推进，随之而来的是社会信息化、区域一体化和文化多元化的发展，世界性的商业活动在世界各国经济总量与经济增长中都起到了关键性的作用。在 2018 年 G20 峰会上，习近平总书记指出，我们既要立足自身发展，也要敞开大门，鼓励新技术、新知识传播，让创新造福更多国家和人民。[2]可见，党和国家当前更需要具备国际视野与格局，熟悉世界规则，并能够灵活掌握应用一门或多门语言的国际化商业技术技能人才。因此，新商科职业教育在服务地方经济社会发展的同时，也要坚持走国际化办学的道路，顺应全球商科教育发展的趋势，加强国际交流与合作，通过开展丰富的国际交流与合作项目加速培养学生的国际视野、商业思维和与世界交往的能力，打造商科职教国际化品牌。

二、商科人才培养路径

面对新时代背景下商科职业教育人才培养面临的新挑战，传统商科人才培养难以适应当下的产业变革与技术进步的发展要求，因而迫切需要变革商科人才培养路径，主要做法如下：

（一）加强人才培养建设，调整专业与专业群

为了主动适应新技术带来的产业升级，适应区域经济发展需要，实现学校人才培养与产业发展的协调互动，职业院校要主动对接区域经济发展战略规划的支柱产业和新兴产业，合理调整专业（群）结构。一是要强化专业、重构专业、再造专业、优化专业，不断动态调整

[1] 陈强．“专创融合”人才培养模式构建及推进策略——以新商科专业群为视角［J］．中国高校科技，2019（11）：73-76.

[2] 习近平出席二十国集团领导人第十三次峰会并发表重要讲话［N］．人民日报，2018-12-01（1）.

新商科专业与专业群组成、结构与内涵，厘清商科专业改革的逻辑起点，推动教育链与产业链有机衔接，使群内各专业顺应产业变革不断发展，各专业间互为补充成为有机整体，有力支撑区域产业的核心竞争力。二是深化专业（群）的内涵式建设，创新人才培养模式、一体化设计课程体系、深化双师型师资队伍建设、加快建设校内外实训基地、深入开展产教融合等，不断提升专业群建设的总体质量。三是依托现代科技的进步，不断深化调整新商科专业群。以会计、电子商务、工商管理、市场营销等传统大商科专业为核心构建新商科专业群，在云计算、大数据、物联网、移动互联网、人工智能的技术革新背景下，以数字化资源的建设和应用为抓手，以信息化教学改革为手段，大力开展数字化教学资源库的建设，完善专业群课程体系，从而带动专业群内各专业人才培养模式创新。四是将立德树人、工匠精神融入专业群建设当中。通过相关教育资源的不断融合，不断提升德育效果，在教授学生专业知识、培养学生专业技能的同时，让学生不断感受严谨专注的工作态度以及精益求精的工作追求，充分理解工匠精神内涵，认识到工匠精神在提升专业技能与素养中的重要作用，同时将工匠精神有效融入校园文化建设之中，让学生在日积月累、潜移默化中积淀工匠精神的素养底蕴。

（二）锚定人才培养目标，推进课程体系建设

依照各专业特点，锚定新商科人才培养的定位与目标，各高职院校要整合专业群内资源，构建符合新商科职业岗位能力新需求的课程体系。一是要培养学生树立新时代商业思维，整合和优化新商科专业课程体系，以项目为载体，将新商业思维与创新思维有效融入，满足数字经济时代信息化、数字化与智能化的新需求。二是对标岗位能力需求，构建模块化课程体系。学校要根据专业对应的职业岗位技能需求，梳理并细化出岗位所需的核心能力以及相应的能力要素，在专业课程中寻找相匹配的支撑知识点，并组合成有效的课程模块。三是要系统构建能力进阶课程体系，低年级注重通用能力学习，适当补充计算机、大数据、人工智能，以及商业文化通识类课程，增强学生的基础能力，加深学生对职业的理解；中年级学生应强调专业知识、专业技术能力培养，同时还要进行跨专业能力训练；要注重培养高年级学生对产业前沿的关注度和敏锐度，加强学生的实践实操能力，真正成长为一名能够适应社会、产业、企业需求与发展的合格的高素质商业技术技能人才。四是通过校企合作积极开发、建设课程。引进企业新技术、新理念，面向学生工作过程和就业所需，校企合作共同开发专业课程及配套特色教材、开发多媒体网络教学资源、建设共享型专业教学资源库，实现商科专业教学要求与企业岗位技能需求的合理对接。

（三）立足校企共建，推进实践教学体系建设

实践教学是大数据时代下培养专业人才的关键，更是职业教育的关键，职业院校要根据专业人才培养目标，积极与产业龙头企业和经营管理良好的企业开展合作，落实工学结合人才培养模式。同时，还要重视职业技能等级证书在各专业（群）内的融入和推进，重视技能大赛在实践育人中的重要作用。一是积极推进校企共建，探索产教融合、专业共建、人才定制培养、现代学徒制、混合所有制及民族文化传承等领域的新路径、新方法。落实工学结合人才培养模式及人才培养方案，建设完善和固化校企合作模式，将新技术、新应用及时融入课程，逐步形成具有职业教育特色的应用型理实一体化课程教学体系，提炼教学模式。二是推动“1+X”证书制度建设，通过书证融通、课证融通的建设推进，检验新技术、新工艺、新规范与新要求在教学实践中的育人成效，全面落实“育训结合”。将助理电子商务师、网页设计师等职业资格认证，以及阿里巴巴网络贸易应用专员、网店运营专才等行业知名企业技能认证纳入课程体系，并以职业资格考核要求作为课程考核的标准，推进“1+X”制度。三是以学生职业技能竞赛为推手，以赛促学，以赛代练，全面提升学生的专业技能水平与实践操作能力。校企合作举办专业相关赛事，借助赛事加大对学生技能水平的培训力度，培养学生的团队协作和商务应用能力。四是校企共建校内外实训基地。推进校内综合实验室建设，与校外企业长期合作共建实训基地，采用真实项目实施案例教学，按照企业的实际用人需求，设置独立的校内外实践教学体系，邀请企业一线专家、员工参与设计指导企业综合实训、生产项目实训、专业认知实习、社会实践、毕业设计等工作。在实训学习的过程中，通过教学督导、实训成果的评价与展示等方式不断地提高实践教学的质量，提升学生的职业能力。

（四）注重信息技术应用，提升学生学习效能

新时代背景下，数字化转型正在各行业企业中深入推进，尤其是与时代结合紧密的商贸服务类企业，当前开展大数据管理，逐渐步入“云”端，已经成了产业变革和企业发展的趋势。基于“互联网 +”的商业背景，新商科人才的培养需要更加注意互联网技术在人才培养过程中的应用，以数字化资源应用为推手，以信息化教学为手段，创新专业群内各专业的人才培养模式，有效推动专业群课程体系的建设。一是建设网络教学资源库，资源库可以为专业群内的教师提供更加丰富且优质的教案和教学案例等课程资源和素材，既服务于教师教学，又服务于学生的自主学习，同时，还服务于开展继续教育，如企业的员工学习以及培训。二是建设网络教学平台，一方面，教学平台可以引进校外优质资源，推进学校资源平台与其他各级资源平台的互联互通，实现更广泛的协同与共享。另一方面，还可以将院校自身所建设的信息化资源全面开放，对校内师生、兄弟院校、全社会提供线上教育服务，有效满足混合式教学、

社会培训、远程教学、继续教育等灵活教学模式的需求，有效促进受教育机会公平，满足终身学习需要。此外，还具备一定的管理职能，能够利用大数据改革评价方式，教师可以实现对学生综合素质全过程、多维度评价，确保评价结果真实、准确、客观。[1]三是利用人工智能（AI）技术助力教学，引入 VR/AR 等虚拟仿真技术，借助智能助教等工具，开展实验与实践教学，提升教学服务的可视性与便利性，形成智能教学新形态。

（五）树立国际办学理念，培养学生国际视野

国际化战略是很多发达国家高校的一贯做法，也是后起国家高校正在加紧推进的一项重要战略。[2]尤其是商科这样和社会经济与市场发展联系十分紧密的专业，近年来，随着中国在全球经济发展地位的不断攀升，企业对于参与国际化竞争的意愿更加明显，商科职业教育急需培养出具有国际化视野的新商科人才。一方面，职业院校要树立国际化的办学理念，积极地通过“引进来”与“走出去”相结合的方式，利用特色专业吸引留学生，或是输送学生至国外留学，抑或是通过合作办学的方式与国外合作院校进行联合培养，培养出具有国际化视野的学生。另一方面，职业院校更是要办出自己的特色。主动服务国家“一带一路”倡议，服务区域经济发展战略需求，发挥自身办学特色与专业优势，培养具有国际化视野的“新商科”人才，提升院校国际竞争力，打造国际知名高职院校品牌。

第四节　商科人才培养平台构建

在信息时代，互联网畅通了知识获取的渠道，极大地降低了知识获取成本，教师不再是知识的拥有者和学术的垄断者，学生获取知识的方式也更为多样。这些新形势新变化有赖于我们对人才培养模式的不断探索，以及对人才培养平台的不断完善。可见，科学且系统化的人才培养平台是培养新时代商科技术技能人才的摇篮，是服务人才成长的重要基地。

一、商科人才培养平台当前存在的问题

高水平、多层次、多功能的人才培养平台可以有效助推人才培养体系的建设，提升育人质量。对于商科职业院校而言，人才培养平台的构建更要彰显专业特色，体现职业教育类型特征。但目前我国职业院校商科人才培养平台的构建还存在着一定的问题，既不能完全满足经济社会发展对商业人才的需要，又难以满足学生成长成才的需要，新时代的商科人才培养平台还没有形成一个有效的范例，其中主要存在以下几方面的问题：

[1] 刘春怡，杨国良，牟信妮．生态视域下职业教育信息化教学可持续发展研究［J］．高等职业教育（天津职业大学学报），2020，29（4）：21-26.

[2] 赵新洁．我国商科教育国际化战略与商科教育改革［J］．教育教学论坛，2013（29）：274-277.

（一）平台构建的功能单一

当前，大部分职业院校已经充分注意到构建人才培养平台的重要性，甚至部分院校已经建有较为成熟的人才培养平台，并已开始运营，服务于学生成长。但是，职业教育商科人才培养平台建设还较为分散且不成体系，多集中在教学资源平台、创新人才平台等单功能的平台建设，并没能搭建起一个一体化的、服务于商科人才成长的培养平台。成熟的新商科人才培养平台，不仅能为学生的专业知识、专业实践能力提供全方位的服务，更要贴合时代精神，培养学生通晓现代工商企业服务、经营、管理的广博知识与深厚的理论素养，培养学生形成善于发现机会、把握机遇、协同合作、敢于创新的商务从业潜质。

（二）平台构建的深度不够

产教融合、校企双元是职业教育人才培养模式的最为典型的特征之一。但是当前职业教育人才培养平台普遍对职业教育类型特征理解不够深入。多数职业院校并没有充分考虑如何发挥产业、企业方面的作用，校企双方也没有构建起资源共建、共同育人、成果共享的良性育人机制，校企融合深度不够。

（三）平台运营方式单一

人才培养平台是服务于学生成长的媒介，这是一个相对宽泛的概念，也有着相对宽泛的功能，不同学校对于如何构建人才培养平台的理解不同，也就导致人才培养平台的运营方式不同。当前，大部分职业院校建设人才培养平台集中在线上，以网络平台的方式服务于混合式教学，尤其是服务于疫情期间的线上教学。也有一部分院校建设线下人才培养平台，然而却忽视了搭建与信息化教学协同的整体架构，缺乏整体性、系统性，线上、线下人才培养平台难以形成合力，因而投入了大量的资金和精力却很难得到相应的收益。

二、商科人才培养平台的功能

为了创新扎根中国大地、能够体现新商科核心要义的人才培养模式，构建商科人才培养平台是必经之路。在新商科背景下，决定新商科职业教育人才培养平台功能的，是高职商科专业学生所需要具备的知识、技能与素养。一是学生在课堂上所学到的商科专业理论知识，二是学生从实训课堂、技能竞赛、实践学习中获得的商业技能，三是从业所必须具备的职业道德和态度，四是在新时代背景下适应“互联网 +”产业发展新需求的部分信息技术应用处理技能，五是学生的国际化视野以及对外商贸服务能力，六是创新创业改革实践的能力。我们通过类化迁移与整合，将新时代商业人才所具备的能力与院校人才培养实践相匹配，结合新商科的建设理念对学生商业技术技能的新要求，以及高职院校商科专业人才培养的现状，搭建以“新商科”为背景的，基于产教融合的，集多功能于一体的商业人才培养平台。

通过平台的建设和使用，构建学生现代工商企业服务经营管理的知识体系，培养实践技能与沟通能力，锻造从业素养与潜质。由此，商科人才培养平台搭建可以从以下三方面功能着手。

（一）知识体系

助力教授专业知识，搭建新商科职业教育专业知识体系是人才培养平台最基础的功能之一。通过平台的媒介作用，建设并投入使用网络课程、网络教学资源，服务于学生知识体系的构建。一是通过平台，完善商科专业课程体系设置。学校可以借助超星学习通平台等已经非常成熟的平台系统，构建线上、线下一体化学习平台，建设一批专业群内共享性强的商科类精品网络课程，建设一批专业网络核心课程，以夯实学生的商科基础，提升学生专业知识的系统性，同时，积极回应新商科建设的时代特征，引入一批非商科专业的课程，如介绍大数据、人工智能等前沿技术的课程，增强学生的商科综合应用处理技能，提升适岗能力。二是通过平台，开发并整合教学资源。教师开发一些辅助性的教学材料以及交互性的资源，同时通过筛选、组合、优化、推广等一系列动作，对校内教学资源进行整合提升，对校外教学资源进行甄别与吸收，从而完善学生知识体系，拓宽学生视野。

（二）实践教学体系

大力开展实践教学是职业教育应用型人才培养区别于普通教育最显著的类型特征。实训教学、技能竞赛、“1+X”证书制度等都是学生提升职业技能最主要的渠道。因此，人才培养平台的功能也应与其深度对接。一是在实训教学中注重产教深度融合，校企合作开发实训项目。平台建设高度仿真的实训场地，提供贴合实际生产、服务的实训工作环境，完善相应的保障措施。二是组建学校、企业双导师实训教学队伍，由校内专业教师、企业指导教师共同组成实训指导教师团队，对学生实训工作进行跟进，对学生实训项目、实训效果共同负责。三是通过人才培养平台推动技能竞赛工作的开展。技能竞赛有助于促进产教融合、校企合作，对提升学生职业技术技能方面也有着重要作用，因此，职业技能竞赛也是职业院校建构人才培养平台的重要功能之一。学校应以培养高素质技术技能商科人才为已任，搭建并实施运用一体化的人才培养平台，打造融合校级、省级、国家级的赛事体系，形成系统的备赛、参赛、办赛机制，提升学生职业实践能力。四是借助人才培养平台推进“1+X”证书制度建设，实现课证融合。平台以“X”证书考核工作串联新商业岗位集群，搭建新商科专业链条，通过“1+X”证书制度的实施，推动新商科人才的培养，形成立体化、系统化的人才培养模式。

（三）商科素养

在大数据的时代背景下，在数字化产教融合的教育环境下，职业教育新商科人才培养面临着更加复杂的局面，也面临着更高的要求，除了要求学生具备丰富的专业理论知识与扎实的专业实践能力之外，更要求学生具备良好的商科素养，包含跨专业综合能力、创新能力以及宽广的国际视野和国际商贸事务的处理能力。科学的商科人才培养平台，应当通过环境构建，潜移默化地增强学生的各种素质。一是通过平台提升学生的跨专业综合能力。人才培养平台应注重跨专业融合，注重数字化教育，通过平台介质提升数字化信息类课程的共享性，令更多的学生都能从人才培养平台中受益，提升自身的数字化处理能力与素养。二是通过平台提升学生的国际视野。高职教育人才培养应服务于国家重大发展战略、服务于地方开放发展战略，职业院校更是要帮助学生打开国际化视野，通过平台共享师资互派、学生交流、中外合作办学，以及文化交流体验等多种国际合作项目。三是平台提供创新实践服务，提升学生的创新创业能力。高职院校应当坚持以培养新商科人才为目标，坚持创业创新教育底色，通过平台分享创新创业知识、共享创新创业类课程、提供创新创业项目，扎实推进就业及创新创业工作，培养创新人才。

三、商科人才培养平台的运行方式

（一）建立产教融合职教集团

高职院校更加注重职业技术技能的培养，因此，一直以来都以“校企共建”“双元育人”为人才培养模式的核心要义，注重学校与企业、政府的合作。2019 年出台的《国家职业教育改革实施方案》指出，到 2020 年要初步建成 300 个示范性职业教育集团（联盟），带动中小企业参与。对此，各地纷纷拿出落实举措，紧密契合区域经济发展，围绕区域经济发展对技术技能人才的需求，组建以示范高职院校为龙头的职教集团，或是职教联盟。成员除了主动牵头的高职院校以外，还涵盖区域内其他高职院校、中等职业学校，以及大、中、小、微型企业。为了保证联盟（集团）的运营，并保证发挥出应有的成效，联盟需要制定相关的章程以规定各成员单位的权责，充分发挥组合规模效应，合理优化资源配置，促进资源在校企、校际共享，实现共同制订人才培养方案、共建课程体系、共享教学资源、共同管理教学过程，促进中高职学校与行业紧密相关的专业人才培养衔接，有效推动联盟各成员单位共同发展进步和良性互动，加快构建具有行业特色的现代职教体系。

（二）建立跨专业融合性资源共享运营方式

在“互联网 +”的时代背景与新商科发展理念的引领下，群内跨专业，甚至跨专业群协同育人将会成为开展人才培养的新趋势，甚至成为未来的办学常态。新时代商科人才培养平台要更加开放包容，以互相尊重的态度，自由探索的形式，打破学科壁垒，建立开放的跨学科人才培养模式。通过平台的运营，人才培养可以跨越学科界限，促进基础研究与应用研究的协同发展，营造出交叉学科研究的良好氛围，培养具有多学科背景的交叉学科创新人才。商科职业院校要充分发挥商科专业的核心优势，通过群内专业高度融合共享、不同专业群之间建立协同育人机制，引导商科专业内涵式发展，引导商科专业与非商科类专业开展“融合”式发展，通过资源共享、课程群共建、教师团队的共同建设，推进高职院校新商科类专业集群式发展，形成专业比较优势和集群优势。

（三）建立线上线下混合联动运营方式

在互联网高度发展的环境背景下，信息化教学、混合式教学不断创新飞速发展，从空间上来说，知识学习与技能训练早已突破了校园、地区甚至国家的界限，从时间上来说，也已经突破了课内外的界限。建立线上线下混合联动运营的人才培养平台迫在眉睫。一方面，商科人才培养平台要搭建一个集教学资源、技能培养、素质拓展于一体的信息化媒介，以其融合性、开放性服务更多的人，使教师与学生都能够通过这一平台实现个人成长。另一方面，商科人才培养平台要在教育理念、培养模式、管理体制等各个方面实施创新，应该创造出良好的教育新生态，而不是仅仅停留在网络平台的搭建上。通过互联网协同创新的运作模式以及人才培养平台的开放性特征吸引、整合地方企业、社会组织，形成良好的学习环境，实现校企共建的学习、实践、创新、开放的教育生态，真正服务于商业技术技能人才的培养。

第五节　商科人才培养模式创新

为进一步适应数字经济时代表现出的新的产品形式、组织形态、商业模式、经济范式及商务规则，提升商科类人才培养质量，商科人才培养模式创新势在必行。

一、商科人才培养模式创新研究现状

许多学者对于人才培养创新提出了新的观点，也有许多院校对人才培养模式提出了创新理念，并付诸实施。

内蒙古工业大学经济管理学院冀强对复合型“新商科”人才培养模式创新进行了研究。他认为，第四次工业革命中，互联网、云计算、人工智能、大数据和区块链等先进技术得以在社会生产、人民生活中广泛应用，切实提高了社会生产力，促进了商业环境更迭，而要想保证稳定的经济产出，就必须实现复合型“新商科”人才培养模式的构建，培养现代化创新型商科人才。[1]要进行新商科人才培养模式的创新，就需要同时具备创新的理念要素与资源要素，要积极开拓教育视野，加快推动产教研融合，同时，整合院校教育资源、科研教育资

［1］冀强，白裕，贾国辉．复合型“新商科”人才培养模式创新研究［J］．产业科技创新，2020，2（12）：125-128.

源和企事业实践教育资源，形成完善的教育体系。在人才培养模式创新的过程中，要着重优化人才培养目标、创新教育教学方法、充分利用人才培养创新服务平台构建复合型人才培养生态系统。

孟毅等提出实施“双轮驱动、分层递进、学科融合、合力育人”的一体化人才培养模式。[1]双轮驱动是指以学生发展为中心、社会需求为导向，将商科学生的能力划分为三大类，即通识能力、专业能力和跨专业能力。其中，通识能力是基础，是商科学生全体都应具备的自我管理能力和个人素养；专业能力是核心，是与岗位相关的技术能力和职业素养；跨专业能力是提升，是解决问题的终身学习能力和具有商业新思维的人文素养。孟毅等人将培养思路总结为“社会需要什么样的商科人才，学校就培养什么样的商科人才”。基于社会的现实需求，培养创新创业能力、实践动手能力和终身学习能力的新型商科人才。分层递进是指，系统重构课程体系，构建“通识学习”“专业学习”“跨专业学习”三层能力进阶、融会贯通的柔性人才培养模式，即低年级注重通用能力培养，中年级注重专业能力培养，高年级突出跨专业能力训练。整体课程内容要注重理论联系实际，创新教学内容和编写适合中国经济和企业现状的教学案例。学科融合是指，按照学科交叉，渗透融合的原则，以“管理＋技术＋人文素养”相融合的模式，将商科与理工科、文科等学科交叉融合，用新技术、新工具解决传统商科重理论、轻实践的问题，培养学生跨专业、跨学科的综合能力。合力育人是指，政、企、校合作，实行多主体协同培养，学校从管理制度、教学投入和教师引导方面进行驱动，政府进行政策引导，企业明确人才需求，三方共同作用，提升商科人才培养质量。

孙朝霞认为，要针对商科专业特点，创新人才培养模式，通过对商科人才素质与能力结构的分析，提炼商科人才培养中存在的主要问题，从而总结出商科专业人才培养模式的创新方式。商科专业人才培养的重心应转移到综合素质与专业思维能力培养上来，要树立“素能本位”理念，树立符合商科人才培养规律的教学理念、深化工学结合的人才培养模式、创新教学模式，丰富教学内容与方法，还要加强双师型专业教学团队的建设。[2]

袁冬梅等人以习近平总书记在湖南考察时提出的“三高四新”战略为背景，探索其与商科人才培养模式创新之间的关系，认为当前经济发展驱动要素转型，要求新商科人才具备新思维；技术发展突飞猛进，要求新商科人才掌握新工具；经济发展方式转变，要求新商科人才具备新能力。而当前，传统商科经贸类人才培养模式存在着重课程轻实践、教学脱离市场需求、学生创新能力薄弱等诸多方面的问题，进而提出，新商科经贸类人才培养模式可以从以下几方面进行创新，一是在教学方面，丰富课程体系，培养交叉型、应用型人才；二是在

[1] 孟毅，陈臻，许抄军，等，数字经济时代新商科人才培养模式探索与实践［J］. 岭南师范学院学报，2021，42（4）：24-31.

[2] 孙朝霞，王辉 . 商科专业人才培养模式创新研究［J］. 池州学院学报 .2010，24（6）：140-142.

实践方面，促进产教学融合，形成人才培养三维评价机制；三是在创新方面，搭建创新创业平台，重点培养创新思维与创新能力。还要重点从凸显数字赋能与商贸融合教育，推动新商科专业对接人才需求，打造适应数字化、智能化+“新商科”、经贸类“双师型”师资队伍等方面开展革新工作。[1]新商科经贸人才培养模式为我们提供了很好的人才培养模式创新路径。

二、商科人才培养创新实践现状

在大力发展高职商科教育的背景下，很多商科院校也进行了大量的人才培养的实践探索，比较有代表性的有无锡商业职业技术学院和山东商业职业技术学院。两所学校针对高职商科人才培养开展了长期实践，分别形成了“3343”培养体系和“仁智合一”商科特色的大学生综合素质培养体系，均获得了教育部2014年国家级教学成果奖二等奖，具体培养经验如下：

无锡商业职业技术学院通过构建以“基础素能+核心素能+素能拓展”的“三”模块课程体系为载体，将课程教学作为“第一课堂”，校园课外活动、校内职业技能大赛作为“第二课堂”，实习、社会实践和志愿服务作为“第三课堂”，从而形成的“三”课堂为平台，以道德素质、身心素质、人文素质、职业素质等“四”育为核心，以课程考核、职业考证、素质学分认证等“三”考为质量评价保障的高职商科人才“3343”培养体系，具体见图2.2所示。学院通过构建“基础素能+核心素能+素能拓展”的课程体系，既强化了高职商科人才专业技能的培养，又凸显了学生素质的养成；通过完善第一、二、三课堂对接的运行机制，根据第一课堂内容，延伸构建第二、三课堂活动体系，有效发挥第二、三课堂在商科人才培养中的聚合效应；建立课程考核、职业考证、素质学分考核的质量控制制度，为商科专业毕业生素质提升提供了保障。综合以上，无锡商业职业技术学院通过采取创建载体、对接平台、控制质量等切实有效的措施，解决了高职商科教育中应试教育泛化、素质教育软化、实践育人虚化、素质考核弱化等问题，满足了对商科人才在知识传授、技能训练、素质培养与商贸服务业就业岗位综合素质等方面的要求。经过多年的探索与实践，学校人才培养质量显著提高，其人才培养改革理念和创新举措应用成效显著，得到了各级领导和教育行政部门以及省内外百余所兄弟院校考察学习者的充分肯定，被主流媒体多次采访报道，具有很高的应用价值和推广价值。[2]

[1] 袁冬梅，王妍慧，刘玉梅，等．“三高四新”战略下新商科经贸类人才培养模式创新研究［J］．岭南师范学院学报.2021，42（6）：20–28.

[2] 沈苏林，马云峰，周丙洋，等．高职商科人才“3343”培养体系的探索与实践［J］．中国职业技术教育，2015（5）：54–58.

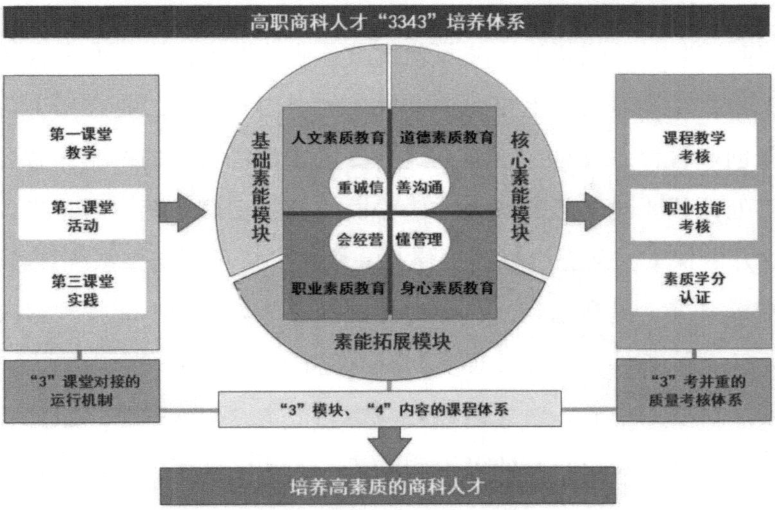

图 2.2　无锡商业职业技术学院高职商科人才“3343”培养体系示意图

山东商业职业技术学院提出仁智素质养成一体化的高职教育理念，系统设计“仁智合一”具有商科特色的大学生综合素质培养体系，具体见图 2.3 所示。构建仁智互动、知行合一的“模块化、项目化”大学生综合素质教育课程体系和实践体系，丰富了“仁智合一”商科特色大学生综合素质培养的内涵，有效解决高职院校大学生综合素质培养弱化的问题；构建基于数据库的“动态化”素质成效评价体系，从不同阶段和不同层面，全方位、立体化评价学生成长成才的全过程，建立了“教导合一”的教书育人管理体制，显著提高了商科类专业人才培养质量，实现了理论教育、实践能力培养和价值引导三者的有机统一，对其他商科职业教育育人实践有重要示范作用。[1]

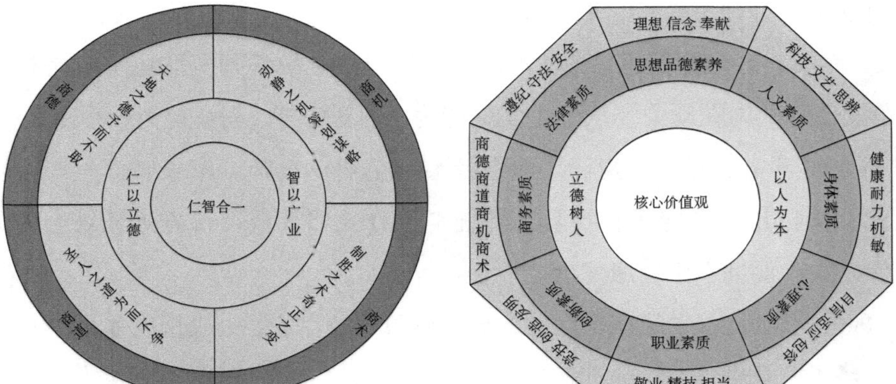

图 2.3　山东商业职业技术学院“仁智合一”商科特色素质和培养内容示意图

[1] 马广水，亓俊忠，刘文斌，等．“仁智合一”商科特色的大学生综合素质培养体系研究与实践［J］. 中国职业技术教育，2015（5）：38–42.

此外，江苏商贸职业学院认为，随着现代服务业的发展，商科专业人才培养要求体现在以下几个方面，一是在培养目标上要更加重视人的全面发展，二是在培养内容上要更加重视通识教育和创新创业教育，三是在培养方式上要更加重视实践的体验。若要使商科人才培养模式创新落到实处，就要建立起商科人才培养模式创新支撑系统。近年来，该学院在人才培养的创新实践中开展探索，从五个方面构建人才培养模式创新支撑系统，收到了较好的效果。一是构建理念支撑系统，提升创新的自觉程度。学校认为，能不能找到解决商科专业人才培养模式创新需要匹配的条件、环境等现实问题的路径，首要是理念问题，商科院校只有对内以学生成长、发展需要为中心，对外以社会需要为根本，构建一个“服务、开放、合作”的理念支撑系统，推进商科专业教育的供给侧改革，人才培养模式创新才有自觉性。二是构建环境支撑系统，形成创新的协同氛围。政府、行业、企业、学校各方的参与、配合更有利于形成创新的合力，在办学实践过程中，学校国际货运专业一体化构建了以实践为中心的“理论课程案例化、实务课程实操化、实训项目整合化”的三级课程体系，实施了网络化的学习共同体建设，构建政行企校多方协同、校内校外有效配合、线上线下相互联动、全方位开放式的育人环境支撑系统。三是构建实训支撑系统，提供创新的坚实保障。在实践中，学校在教学环境上，构建了“仿真 + 全真”实践教学环境，在训练内容上，构建了“课内 + 课外、校内 + 校外”立体化实践训练体系，把专业教学与通识教育、创新创业教育有机统一，给学生进行全方位的训练，包含思维素质训练、行为规范训练、基本技能训练和基本环境训练，让学生了解最前沿的业务信息，接触最适用的管理活动，萌生创新意愿并形成现实创意，才能让学生在学习过程中完成理论到实践的转化。四是构建师资支撑系统，实现创新的现实可能。通过在校内建立企业名师工作室、锻炼校内专任教师“双师”素质等方式，打造创新意识强、能力素质高、专兼结合、擅长创新创业教育的双师型专业教学师资队伍。五是构建教学评价支撑系统，激发创新的内在动力。从学生实践能力、创新精神、创业能力、心理素质以及情绪、态度和习惯等方面建立多元评价指标，建立社会、企业、教师、家长、学生等多主体共同参与的评价模式，坚持定性和定量相结合、传统考试方式和其他评价方式相结合的原则，建立多样化的评价方式，促进学生健康发展。[1]

广西国际商务职业技术学院在长期的办学实践过程中，以学生成长成才为中心，坚持育德、修技并重，构建了“职业底色”“创业本色”“国际特色”的“三色”商科人才培养模式，逐步形成了“信仰”“信念”“信心”“信用”的“四信”价值观引领，具体见图 2.4 所示。在践行“三色”“四信”人才培养理念过程中，构建教师发展五特（Special）、专业建设五力（Power）、

[1] 冯志明．商科人才培养模式创新支撑系统构建研究——以江苏商贸职业学院为例［J］．中国职业技术教育 .2019（5）：62-67.

学生成长五到（Achievement）、课程建设五度（Dimension）、学校发展五重（Emphasize）的“SPADE”五维质量保证体系，并通过建立全面、系统、高效的学校运行机制，保证教学的中心地位，构建专业评价标准体系，提升专业服务行业、产业的能力；完善课程建设标准，增强课程体系与专业人才培养目标的符合度；优化教师考核指标，强化教师育人能力与学生需求的匹配度；搭建“五级进阶”实践教学体系，提升学生商科综合技能这五大方面举措，保障学校内涵式发展，持续提升专业建设质量，全面加强课程与岗位的融合度，大幅提升专业教师的综合职业素养，切实提高学生的商科综合技能。

图 2.4　广西国际商务职业技术学院商科人才培养体系示意图

三、商科人才培养创新方式

通过对学者关于商科人才培养创新研究的梳理，以及对各职业院校人才培养创新典型实践的分析，可以发现虽然每个院校对于商科人才培养创新都有自己独特的心得与做法，但其中还是蕴含着一些共通之处。

（一）创新标准，搭建人才培养质量保证体系

质量保证体系最早产生于管理学领域，是运用于企业中的管理概念，指企业以提高和保证产品质量为目标，运用系统方法，依靠必要的组织结构，把产品的构思、设计制造、销售服务和情报反馈的整个过程中影响产品质量的一切因素统一控制，构成一个相互作用、相互关联以及相互促进的整体。[1] 延伸到教育领域，是指以提高人才培养质量为目的，在过程管理以及全面质量管理的基础上，对教育基本条件、专业建设、师资队伍建设、课程建设、教育教学水平等各个方面的教育质量进行评估和督查，建立持续化、制度化和构成化的制度体系，并对结果做出完整精确的评价，再加以调整和优化的一整套工作过程。[2] 2019 年 1 月，国务院印发《国家职业教育改革实施方案》，明确提出要建立健全职业教育质量评价和督导评价制度，建立专门的职业教育质量评价体系，政府、行业、企业、职业院校等共同参与的质

[1] 冯润．高职院校内部质量保证体系建设研究［D］．江西科技师范大学 .2019：3.
[2] 冯润．高职院校内部质量保证体系建设研究［D］．江西科技师范大学 .2019：4–6.

量评价机制，积极支持第三方机构对学生的教育管理、师资培养、办学方式模式、教学质量、学生职业技能等情况进行评估，大力推进质量保证体系诊断与改进工作。质量保证体系的构建离不开评价方案的指导。2020 年国务院印发《深化新时代教育评价改革总体方案》，方案指出要遵循教育规律，系统推进教育评价改革，改革学校评价，改革教师评价，改革学生评价，强化过程评价，探索增值评价，健全综合评价，形成科学的教育评价导向和机制。学校在具体实践中逐渐形成了系统的、符合职业教育类型特征的、符合我国职业教育改革发展要求的“55821”内部质量保证体系。其中，第一个“5”是指“五纵”，即决策指挥、质量生成、资源建设、支持服务、监督控制五个系统；第二个“5”是指“五横”，即学校、专业、课程、教师、学生五个层面；“8”是指“8 字形质量改进螺旋”运行单元；“2”是指文化引擎和机制引擎；“1”是指一个教育教学管理信息化平台。如今，“55821”内部质量保证体系，已经是各职业院校常态化自主开展人才培养质量保障工作的重要形式。

（二）创新载体，搭建人才培养创新平台

进入 21 世纪后，在全球各个领域都掀起了一股“平台革命”的潮流。在当前这个平台时代，各个行业中的很多组织都在开展平台建设或平台化转型。在教育领域，各类平台层出不穷，比较常见的有教学平台、科研平台、专业建设平台、学生实践或实训平台，甚至在教学管理领域也有管理平台、业务平台、服务平台等。在“互联网 +”的时代背景下，在互联网技术、人工智能技术飞速发展的推动下，各级各类学校对于平台建设也十分热衷，开展得如火如荼。2015 年以来，在“大众创业、万众创新”的激励下，很多高校纷纷建设创新创业的孵化平台、培训平台、服务平台。人才培养平台是职业院校服务教师教学、服务学生成长的载体，对于职业院校而言，更是促进产教融合、校企合作，推进双元育人的重要基地，具有开放性、包容性、多样性的特点。由于平台的功能复杂，可将其分为生产平台与技术平台。生产平台，即依靠自己拥有的资源能力和生产技术来进行批量化柔性生产的生产工具体系；技术平台，是为不同产品以及不同应用系统从开发、测试、运行、管理等一系列操作提供支持的底层平台。[1] 强调技术的体系性、集成性以及在此基础上对组织业务流程的技术支撑性，是以开放共享和集成通用为核心特征的技术构架。[2] 不同类型的平台各有优势，也各有缺陷，加之平台功能种类繁多，因此，如果不能将功能、类型复杂的平台整合在一起形成合力，那么人才培养平台就不能发挥出应有的作用，以至于出现闲置这样浪费资源的问题。可见，建设多边化、一体化的人才培养平台是人才培养模式创新的一个重要方式之一。

[1] 冀勇庆，杨嘉伟 . 平台征战［M］. 北京：清华大学出版社，2009.

[2] 刘家明 . 高校人才培养平台模式及其向多边平台转型的思考［J］. 国家教育行政学院学报，2019（06）：59-66.

（三）创新路径，搭建人才培养课程进阶体系

培养什么人、怎样培养人，是一切教育工作的出发点和最终落脚点。对于商科职业教育而言，面对经济快速发展，以及国际化、创新化新趋势带来商科深刻变革，能否坚持深化产教融合，满足产业转型与企业升级的需求，为数字经济高质量发展输送高素质的新商科数字化技术技能应用人才，是当前亟须解决的重要问题。因此，高度重视学生成长规律，搭建科学的人才培养课程进阶体系，创新职业教育商科人才培养路径是当前院校实践人才培养创新的一个重要方向。在这个过程中，有几点需要注意。其一是要充分考虑学生成长成才的规律，根据学生认知水平的发展规律，科学构建专业课程体系，为学生的成长、成才提供科学有效的、全方位且高质量的教育、引导与服务。其二是要充分考虑职业教育的类型特征。以岗位需求为目标，以能力为导向，构建系统的集合专业知识、技术技能实践培养、职业能力、创新创业能力于一体的模块化课程体系，助力高素质技术技能从业者的成长成才。

第三章

国外商科人才培养启示

第一节 国外商科人才培养特征

一、国外商科人才培养历史沿革

西方商科院校始创于中世纪时期，其目的在于传播商学知识以及为个别关键性的行业提供训练，由此，西方国家逐步将商科传播到世界各地。[1]现代商科教育起源于美国，1881 年，约瑟夫·沃顿在宾夕法尼亚大学设立了“The Wharton School of Finance and Commerce”（沃顿商学院的前身），是公认的世界第一所大学商学院，培养了一大批工商企业所需要的各类管理人才。[2]沃顿商学院的成立，真正开启了大学商科教育的发展进程。从此之后，商科就成了西方教育体系中的通行学科之一，形成了相对稳固的人才培养模式，也构建了相对成熟、系统的课程体系。在这一阶段，西方教育更加侧重理论化、科学化、学术化教育，院校教师多为理论型研究人才，因此，培养出来的学生也是在理论研究方面造诣较高，而实践能力较弱。然而，随着数字时代的来临以及科技革命的演变与发展，传统商科的教学理念、课程体系、教学模式、人才培养标准、人才培养模式等已无法适应当下的社会经济发展的需要。于是需要商科教育紧密跟随着社会、经济、技术等发展的脚步，不断调整、变化，直到新型教育的出现，商科教育重新焕发出了生机和活力。

新型教育的兴起是从工科领域开始的，与传统教育相比，新型教育更加重视学科思维与知识技能的交叉跨界、相互融合，重视所培养人才终身学习与创新能力的持续发展。20 世纪 90 年代，前麻省理工学院院长乔尔·莫西斯（Joel Moses）提出“大工程观”理念，作为新型教育的代表，他指出“面对迅速变化的世界，工程教育必须改革，要更加重视工程的系统性和实践性”，并提出了该院“大工程观”教育的长期规划，在理论上论证了新型教育出现的必要，并启动了创新实践。二十一世纪后，美国开始进行新型教育转型，2016 年，美国麻省理工学院提出了“新工程教育转型”（New Engineering Education Transformation），并在 2017 年开始实施，为适应时代发展，高校专业建设开始偏向于培养学生的实践操作能力与创造性，

[1] 朱静然 . 高职商科专业现代学徒制人才培养模式研究［D］. 浙江工业大学，2016：10.

[2] 杨明娜 . 行业协会参与地方高等商科院校人才培养的模式构建研究［D］. 电子科技大学，2009：20.

并更注重培养学生对交叉性和跨学科性知识的学习能力。与此同时，中国同样引入了“大工程观”的概念，并于2006年6月在徐州召开教育部战略研究重大专项“面向创新型国家建设的中国工程教育改革”第三次研讨会。会议提出，将课程设置从单一的工程专业课程传授升级为以大工程观、大系统观为指导的课程架构体系。[1] 新时代以来，我国开始进行全面化的教育创新发展探索，并实践至今，可见我国开展新型教育的决心与趋势。

二、国外商科人才培养代表性概述

一些国外经济发达国家，如德国、美国、澳大利亚、日本等国家，都在商科人才培养方面开展了丰富的探索与实践，建立了相对完整、有效可行的人才培养体系，为本国的经济发展培养出了许多优秀的商科应用型人才，同时也为我国商科人才培养体系构建拓展了思路。

（一）美国商科人才培养

美国作为世界上经济发达国家的代表，既是第一个开展商科教育的国家，又有着十分完善的商科人才培养体系。美国商科人才培养有三点做法十分卓著，一是美国高校十分注重对学生开展商业的通识性培养。美国有许多院校在本科教育阶段并不单设商科专业，但是却开设很多教授商业知识的通识性课程，这些课程虽然并不是为了培养商业人才而设立的，却将商业意识、商业从业基础知识、商业文化等方面的知识慢慢融入学生的头脑之中，转变为学生的一种内化能力，能够提高学生适应社会能力并且拓展学生就业面。二是美国高校重视商科专业教育，宾夕法尼亚大学沃顿商学院就是第一个开展商科教育也是办学效果十分卓著的商业院校，同时，不同高校的商科课程皆有其专业特色。三是美国高校十分重视课外活动的开展，为帮助大学生接触专业实践提供了很好的平台。学校会广泛开展诸如研讨会计划、独立研究项目、集中研究课题、实验学术小组等课外实践项目，学生可以通过参与相关的活动，与资深的专业教授、顾问面对面交流，并从中获得指导，同时，还能与意气相投的同学一起锻炼实践能力。

（二）德国商科人才培养

德国商科教育一般将学业分为三个阶段，即基础阶段、专业学习阶段和提高阶段。根据商科各个专业具体情况的差别，规定不同的学习年限，一般为4–6个学年，又将每个学年分为两个学期，即夏季学期和冬季学期。完成德国商科教育，学生至少要修满8–12个专业学期。由于修业期限时长，各专业课程设置十分丰富，学生需要在学习期间修满诸多门必修课程和选修课程，并且在修业期限后期需要提交毕业论文。学校对毕业论文要求严格，因此，一些学生常常需要延长1–2个学年，才能完成全部学业。而德国商科应用型职业人才的培养，是

[1] 关志强，邹纲明，李润，等. 大工程观教育理念的理性思考与实践探索［J］. 化工高等教育 .2009，26（6）：19–23.

蕴含在德国应用科学大学（Fachhochschule，即 FH）这种应用型高等人才培养模式之中的，因此，FH 被誉为德国重新成为世界经济强国的“秘密武器”[1]，其中的职业商科教育为德国培养了大量的商业从业技术技能人才。

（三）澳大利亚商科人才培养

澳大利亚应用型商科人才培养是以 TAFE 院校的形式开展的，“TAFE”指 Technical and Further Education，偏重技术教育，被誉为澳洲经济发展的助力器，曾被认为是世界上最成功、最具代表性的职业教育模式之一。澳大利亚在这方面比较成功的经验是，政府部门大力支持 TAFE 院校的基础设施、实践设备、校企合作、课程经费等各个方面的建设。同时，政府还会积极调控，采取一系列有力措施，达到学校人才培养与社会人才需求的平衡，如通过采取缩减社会需求量小的专业，或扩招社会需求量大的专业等做法达到供需平衡。

（四）日本商科人才培养

日本的应用型商科人才培养兴起于 20 世纪 40 年代，经历数次改革，为日本各地的经济发展做出了卓越的贡献，原因在于日本各地的高校非常注重自身学科与当地产业之间的协调性，尤其是商科大学的教育培养目标，旨在让学生成为“商人”“企业家”，为当地的经济发展作贡献，充分考虑学科与地方特色产业的结合。

三、国外商科人才培养特征

经过了上百年发展的实践，总的来说，当前国外商科教育人才培养已经十分稳定，具有以下特征。

（一）从能力模块着手构建人才培养体系

能力模块体系建构以 Competency Based Education（CBE）模式为代表，CBE 模式是美国休斯敦大学在布鲁姆提出的掌握性学习模式和反馈教学原则的基础上，于 20 世纪 70 年代开发出的一种新型、主要突出能力培养的教学体系。其含义为“以能力培养为中心的教学体系”，即能力本位，并且强调岗位所需能力的学习、掌握以及运用，也就是以职业或岗位所必需的知识、技能、行为意识为从业能力的基础，以能力表现为教学目标、教学进程的基准。对美国来说，CBE 人才培养模式的主要实施院校是社区学校，主要实施的人才培养目标是培养“宽专多能型”人才，与美国战后社会发展的要求相吻合。[2] CBE 人才培养模式坚持以学生的学习为中心，更加注重学生的“学”，区别于传统人才培养体系，课程组织与教学实施不受时间

[1] 舒光伟．德国高等应用型人才培养的特征和启示［J］．全球教育展望，2005，34（3）：72-75.

[2] 胡家秀，郭琳．合作教育模式解析［J］．教育与职业，2004（17）：38-39.

和环境的限制。具体的实施步骤是，学校成立专业指导委员会，委员会由各行业专家组成，主要工作是通过分析职业岗位的需求，确定适应岗位所需要的能力，拆解能力构成要素，组成体系。而后学校的教学管理工作人员会根据专家关于“能力”的相关意见，遵照一定的教学规律，构建教学模块，制定教学大纲，开展教学活动。CBE人才培养模式打破了传统的教学观念，以能力为主导，更加有效地确保学生职业能力培养目标的实现。

（二）倡导工学结合的人才培养模式

工学结合是职业教育人才培养的重要手段和显著特征，德国、英国、澳大利亚、日本等多国的职业教育实践中都有着丰富的经验。

英国于1972年成立了“三明治教育大学委员会（UCSC）”，是英国校企合作、工学结合的典型模式。“三明治”课程指的是“学习—工作—学习”这种工读交替制模式的形象说法。学生可以通过这一模式，用四年的时间进行长期的工读交替，起初两年在学校学习理论知识，第三年开始进入企业实习，由企业统一进行管理与考核，最后一年专攻毕业设计（论文）。这种“三明治”的课程模式，使学生获得了更多的实践经验，获取了更高的职业资格，为学生提供了快捷有效的就业渠道，更加增强了学生适应社会与自我提升的能力。

澳大利亚技术与继续教育学院TAFE的学生可以在学习专业相关理论知识的同时学习实践应用，甚至可以边学理论边动手，也就是我们常说的“理实一体”。此外，澳大利亚的现代学徒制有明确的培训项目和标准，项目广泛、方式灵活、对象多样且证书多元。[1]同时，政府给予更高的经费支持，大大提高了各方主体参与的积极性，也对我国现代学徒制的实施提供了有益的启示。

（三）宽泛多样的理论与实践课程设置

美国沃顿商学院专业课程设置体现出了商科人才培养课程规划的个性化、模块化发展倾向。一直以来，沃顿商学院开设的课程都十分宽泛，除了经济学类和商学管理学类的课程外，还开设文学、外国语、物流、数学、哲学、经济发展史、工业发展史、创新发展史等课程。[2]沃顿商学院强调“商科+X”的课程模式，主张跨学科融合学习，鼓励在校生进行双学位学习，也鼓励学生参与校外实践，注重创新类课程的设置，满足学生对课程创新性的需求。

开展同样类型课程设置的还有日本高校。从本质上来说，日本高校实行学分制，然而，学生选课却并不自由，在课程体系中，基础课程如社会科学方法论、专门外国书研究、统计学基础理论等都是必修课。除此之外，人文、社会和自然科学等广泛的学科都作为选修课，

[1] 杨黎明.关于现代学徒制（三）——澳大利亚的现代学徒制［J］.职教论坛，2013（12）：1.

[2] 肖安法.“新”之所在——新商科的内涵及建设路径探讨［J］.南通职业大学学报，2019，33（4）：47-50.

供学生选择学习。同是商科类学生，不同专业的核心课程体系的界限并不清晰，既可以增加学生的知识储备，又能够扩宽学生的就业面。

德国应用科技大学（FH）的课程设置更加倾向于理论与实践的结合，施行“3+1”的人才培养模式，学制为4年，其中前3年主要以理论课程为主，最后的一年以实践课为主导。课程体系分为基础课、专业课和专长课三种类型，通过层层递进的课程设置体系，不断增强学生的动手实践能力。值得一提的是德国的应用型科技大学（FH）的课程内容，即使是理论课的内容，基本上也都是由企业实际案例提供的，而实践课的内容则紧密地结合地方经济发展需求与企业发展需求，从而培养创新型、应用型的高级人才。

澳大利亚TAFE学院的课程设置非常灵活，随着市场需求的变动，课程可及时作出调整。在课程内容方面，出于对商科专业特征的考虑，为了紧跟商业发展的步伐，不断输入世界商业发展的新内容，商科学生的教材一般2年就会更换一次。各专业的课程设置都会请一些经验丰富的技术人员一同商定，按照各行业的人才标准进行设置，与专业相关性小或不被行业认可的课程都会被取消，实现了以市场需求为导向、以学生就业为目的。

（四）双师型师资队伍建设

双师型师资队伍建设是职教领域老生常谈的一个问题，在这个方面，国外商科人才培养也进行了许多有益的尝试，给我们提供了丰富的借鉴。

美国的CBE模式十分重视实践教师队伍建设，并认为“双师型”师资队伍是商科院校办学的基本特征，实践教学师资队伍是培养学生获得职业或岗位所需职业能力的保障。该模式通过聘用兼职教师，保证教师队伍中实践教师数量达到一定比例。通常情况下，CBE模式教学会安排全职教师作为主力教师，承担通用课程的教学，同时，通过聘用具有丰富实践经验的企业人员担任实践课程教师，确保实践课程的教学效果。

德国应用科技大学（FH）将企业、科技单位、研发机构的理论研究型工作人员和高级工程师聘请为教师，以确保培养方案的实施和应用型人才的培养质量。要求学校教师要同时具备教师和工程师两种素质，这样一来，教师不仅拥有扎实的课程理论知识基础，同时具备丰富的实践教学经验。

澳大利亚TAFE院校主张在教育教学过程中，聘请理论教师和实践教师两类教师群体，实践教师类似于兼职教师，聘请企业工作人员，是临时性的教师群体。比较特殊的是，TAFE院校的实践教师的比例较高，如悉尼TAFE学院的临时教师占比为16%。

（五）倾向于个人能力的培养

曾任美国管理商学院联合会（AACSB）主席的贾迪克认为，商科教育应重视教育与市场的结合，学生应学习和掌握终身受用的基础知识和处理问题的基本能力，并且具备一定的职业道德和法律知识。[1]美国高校非常重视并引导学生培养自我管理能力。开设相关课程、举办实践和实验活动、举行讲座等都是美国高校对商科人才培养的措施，但最有效的方法还是让学生规划自己的学习和生活。相对于安排学生的学习生活，美国高校通常认为每一位学生都是一个独立的个体，更偏向于营造一种全方位的学习氛围与校园环境，学校把选专业、课程及宿舍的权力交给学生，同时也让学生承担自我学习成绩管理的责任。

（六）人才培养质量的考核与评估

澳大利亚 TAFE 学院对学生的考核评价是相当多元化的。考核内容有的是个人作业，还有的是小组合作项目，考核形式可以是个人陈述、上机操作，也可以是角色扮演、小组讨论。且考核的成绩由旁听学生打分、教师的打分、甚至由旁听家长打分共同组成。从多个角度、不同层次对学生做出相对客观的评价。

日本高校推进人才质量评估系统的建设十分深入，具体从两个方面进行：一是在日本高校内部设置独立的自我评估运营委员会、教学研究会，定时对教师教学情况和学生教学效果开展评估；二是依托日本 NIAD–UE，即官方大学评价 – 学位授予机构，从教育、研究、社会服务等几个侧面对各高校开展多方面的评估。同时，日本还设有一个由各个高校校长为主要成员的大学基准协会，每年都会对各高校进行评估，虽然大学基准协会的鉴定结果不具备法律效力，但作为实施集体自我约束和社会监督以维护大学声誉的组织机构，外界对其的信任度很高。

第二节　国内外商科人才培养比较

一、我国商科人才培养较国外之不足

我国商科教育出现较晚，且人才培养模式长时期以来效仿国外的做法，并没有形成自身的建设体系，缺乏建设特色。就高职院校而言，我国职业教育起步晚，底蕴不深，导致高职商科人才培养多年来并未取得突出成就。此外，我国社会经济发展速度过快，也是导致商科人才培养相对滞后的原因之一。因此，和国外商科人才培养相比较，我国的职业教育商科人才培养还有很多不足，表现在以下几个方面：

[1] 张洁 . 高等商学教育国际标准的变化趋势——AACSB 新标准对中国商学教育的启示［J］. 上海管理科学，2013，35（3）：93–97.

（一）专业课程体系与人才培养目标符合度不高

国外商科教育人才培养十分重视课程的时效性，即课程设置与社会发展、企业生产实际需要的契合度，为此，美国率先开发并尝试实践模块化课程。在我国，职业教育商科类专业课程体系设置面临的一个重要的问题就是不能彰显职业教育的类型特征。当前，绝大多数高职商科院校专业课程体系均为参考普通本科课程的情况而开设的，主要分为三个阶段，即在大学一年级，开设公共基础以及部分专业基础课程；在大学二年级和大学三年级前半程，按照学生的认知以及课程的难易等顺序开设专业课程；在大学三年级后半程主要到企业实习和完成毕业设计。此类课程设置将高职商科课程设置为压缩的本科课程，不能够体现高职商科专业培养商贸服务类高素质技术技能人才的针对性，这也就导致了人才培养与商贸企业对于毕业生在知识技能和岗位能力上的要求产生较大的差距。在关于学生认为专业课程上所学到的知识是否有用的一项调查中显示，仅有 41.57% 的学生认为专业课程上所学到的知识有用，认为非常有用的学生为 25.96%；认为一般的学生有 21.24%，认为不清楚的学生为 7.11%，更有 4.01% 的学生明确表示专业课程上所学到的知识没有用。因此，需要商科高职院校与专业根据培养商科高素质技术技能人才的目标，专门设置专业课程。[1]

（二）师资队伍建设机制不完善

国外的应用型人才培养发展建设过程中，为了保证教师的实践经验丰富，十分重视教师队伍的“双师”建设，聘请一定比例的企业“实践师”。在我国，由于职业教育发展时间短、底蕴浅，自身有着先天不足的问题，加之地域之间发展不平衡，纵使职业教育双师教师队伍建设倡导多年，然而在实践过程中，效果却很难令人满意。《国家职业教育改革实施方案》中明确提到，要“多措并举打造‘双师型’教师队伍”，这就说明了我国职业教育发展建设中，双师队伍建设的不足，并要求加大力度改进。而在职业教育商科领域，双师型教师队伍建设方面的问题更加明显。由于商贸服务业发展速度很快，一方面，商科高职院校的办学规模迅速扩张，另一方面，商科专业知识也在随着商业活动的快速发展而不断更新，这就导致许多商科职业院校教师队伍的专业素质既跟不上学校的扩张速度，也跟不上知识的更迭速度。在这样的前提下，如果没有有效的双师型教师队伍的选拔机制与建构体系，育人成效则更加堪忧。

（三）质量评价与监控体系不健全

内部质量体系主要包括内部诊改与评价体系。诊改体系是专业群建设的质量保障，而评价体系是专业群建设的检验（认证）标准。专业群建设的成功与否，很大程度上取决于科学、合理、有效的专业群内部质量体系。在这一方面，日本进行了很多有益的尝试，并建立了相

[1] 蔡璇 . 新商科背景下黑龙江省财经院校产教融合对策研究［D］. 哈尔滨商业大学，2021：24.

对完备的制度体系。当前，我国认识到了内部质量体系建设的重要作用，在进一步深化改革的新形势下，要求不断将诊改与评价工作有机结合起来，建立健全一套适合的诊改工作评价体系，并通过评价来激励诊改工作的顺利开展，最终实现教学质量的提升。目前，各院校根据文件要求都在着力推进教学诊改与评价工作，但未能达到预期效果，无法反映出专业建设的优势以及取得的成效，主要体现在以下几个方面：一是诊改方案不够完善。诊改方案是开展诊改工作的前提和基本保障，方案的质量好坏、是否能有效执行以及执行的效果如何等都将直接影响到专业群建设过程中诊改工作成效。然而，有的学校在制定诊改方案时，对诊改工作的含义认识不够深刻，未能结合自身实际情况，缺乏特色核心元素，制定方案贪大求全，在重要问题上又避重就轻，致使诊改方案对诊改工作起不到真正的指导作用，必然收不到理想的成效。二是评价体系不够健全。建立健全一整套与专业群建设相符的科学合理的专业群评价指标体系是专业群建设的重要工作之一。目前各职业院校普遍存在着评价机制落后、缺乏有效的激励机制等问题，亟须建立一个多元的、动态的、切合自身实际的专业群建设的评价体系和标准体系，以确保人才培养质量提升的实现。三是信息平台建设不足。在大数据发展迅猛的今天，诊改与评价工作更应通过平台建设，充分利用大数据的优势，对相关信息进行采集、分析，从而构建更加科学、合理的建设体系。但很多院校对于信息系统的建设与管理缺乏足够的认识，也无专门的专业人员管理，导致信息数据冗余或收集不完整，直接影响到信息采集的有效性和精准性，同时缺乏畅通的信息反馈渠道，最终导致诊改与评价工作的偏差较大。

二、我国商科人才培养较国外之特色

与欧美等商科教育非常成熟的国家相比，我国现代商科教育仅有三十多年的历史，且一直都在借鉴国外的商科教育模式，大量采用西方理论开展教学。而和普通教育相比，职业教育也存在着短板，因此，我国商科职业教育开展过程中确实存在许多问题。

即使如此，我国商科职业教育依然做出了一定的成绩，干出了自身的特色。尤其是自新时代以来，商贸服务业成为促进就业、转变经济增长方式、保障和改善民生的重要产业。商贸服务业的快速发展，关系到经济质量、城市建设与民生福祉，也是我国产业结构转型升级的重要战略举措，受到党中央、国务院高度重视。国务院提出要推进服务业发展提速、比重提高、水平提升，打造“中国经济升级版”。同时，新时代也带来了新技术变革以及新商业模式变化。对于商科人才培养而言，成为一项巨大的挑战，也成为我国商科人才培养能够脱离国外商科人才培养经验的桎梏，着手打造中国特色商科人才培养话语体系的重要契机。可见，我国发展的新的历史方位要求商科人才培养在强调与国际接轨的同时，要更加注重考虑中国国情，应用中国案例，用中国理论来解释中国现象、解决中国问题、指导中国经济发展实践。

第三节　国外商科人才培养启示

国外十分重视商科教育的发展，并且与其他国家、地区的经济发展相互融合、互相促进。除了商科教育发达的美国之外，德国应用技术大学（FH）、澳大利亚的TAFE技术与继续教育，以及日本的商科应用型本科人才培养均逐渐兴起，并肩负起各国应用型商科人才培养的重任，为当地的经济发展做贡献。21世纪，自从“新工程教育转型”的口号唱响，为适应时代发展与产业转型，西方高校的商科专业建设开始偏向于培养学生的实践操作能力与创造性，并更注重于培养学生对交叉性和跨学科知识的学习能力。我国商科人才培养的发展离不开对国外商科人才培养经验的吸取与模式的学习，我们不能否认，国外在不断实践、改革商科人才培养的过程中，其建设经验对我国商科人才培养的发展建设有着十分积极、正面的帮助。

一是启发我国对“工学结合、双元育人”人才培养模式不断进行完善与创新。“工学结合、双元育人”人才培养模式是根据行业和企业发展对专业人才的需求层次、职业岗位能力、职业素养要求，融合学校和企业双方不同的教育资源和场所，组织学生在校、企两种不同的学习场所，利用不同的教学模式，交替完成学校的理论知识学习和企业的岗位技能训练的人才培养模式。在职业教育领域，这并不是一个新提法，在国外有着丰富的实践经验与建设成果，不同国家和地区也演绎出了不同的形式，如德国“双元制”、英国“现代学徒制”模式、美国“社区教育”、新加坡“教学工厂”等形式，这些形式的人才培养模式为各个国家的经济发展培养了许多技术骨干与技术人才，也给我国职业教育人才培养建设以启示。

在我国，“工学结合双元育人”的人才培养模式也有着丰富的探索与实践，例如“订单式”“现代学徒制”等培养模式，在商科领域也有着丰富且成功的经验。当然，新时代以来发展的新商科人才培养建设，也有了新的尝试与创新。例如，组建特色产业学院就是一种很好的尝试，学校和企业双方共同制定人才培养方案、共同开展课程和教材建设、共同培养师资、共同培养学生，实施校企双元育人新模式。

二是启发我国商科人才培养目标与培养规格更加全面合理。国外商科人才培养建设中的成功经验之一，就是在培养目标方面，注重培养塑造“宽、专、多、能”的业务人才，拓宽学生的成才之路。事实上，国外商科院校的这种做法也迎合了新商科人才培养的核心精神。随着数字经济时代的来临，云计算、物联网、人工智能等新科技的发展和应用，以及由共享经济和互联经济引发的产业转型和新业态，对商科人才培养目标提出了新要求、新标准，更强调学生的实践性、综合性与技术性能力。因此，要把培养兼具商业思维、跨界知识、综合技能、人文素养以及具备工匠精神、较强商业头脑和实践操作能力的应用型、技术型人才作为新商科人才培养的目标定位。在培养规格方面，国外商科院校也有一定的成功经验。一方面，他们主张拓宽学生知识面，加强学生对商科行业的了解。例如，日本商科类学生的学习范围很广，商科课程分为基础课与专业课，基础课程中的修学内容非常丰富、宽泛，此外，还有广泛的人文社科与自然科学的课程作为选修课，有效增加学生知识储备，同时提升学生综合素养。另一方面，他们十分注重社会文化培养，增强学生软实力。美国的高校非常重视通识教育，并且在通识教育中融入一定的商科教育，同时通过开展丰富的社会实践，提高学生的社会适应能力和实践能力。

与国外相比，我国在人才培养目标和人才培养规格方面，有着更高、更加全面的要求，我们的人才培养总目标是培养德智体美劳全面发展的社会主义建设者和接班人。坚持立德树人根本任务，坚持社会主义办学方向，坚持扎根中国大地办教育，都是我国教育的优势和特色，我们所要构建的德智体美劳全面培养的教育体系，是更高水平的人才培养体系。我们也吸取国外商科技术技能人才培养的成功经验，加大政府、社会、企业与高校的联合培养和协同育人力度，提升新商科人才培养的综合效能。

三是启发我国商科人才培养应构建模块化课程体系。美国沃顿商学院最早在出现了商科人才培养课程规划的个性化、模块化发展倾向后，提出了“商科 +X”的课程模式，通过开展课程改革，课程的时效性、灵活性以及对社会发展、产业更新的适应性有效增强。德国、澳大利亚、日本等各个国家的课程体系建设均有自身特色。

在我国，当前许多高职院校商科人才培养的课程设置还存在着缺乏职业教育类型特征的滞后性问题。关于这一点，中共中央办公厅、国务院办公厅 2021 年印发的《关于推动现代职业教育高质量发展的意见》中已经高度重视，并指出，普遍开展项目教学、情境教学、模块化教学，推动现代信息技术与教育教学深度融合，提高课堂教学质量。可见，构建适应职业岗位新需求的课程体系，适应新技术变化、新商业模式转变、新商业规则，是目前职业教育课程体系建设的重中之重，并且构建的课程体系要以项目为载体，开展情景化课堂教学，实现人才培养与岗位能力、岗位职责、岗位标准和岗位需求有效匹配。为了达到这一目的，高职商科院校可从以下两个方面开展工作，一方面是课程结构注重理论与实践相结合，加大实践课程的教学比例。以职业能力、岗位要求为标准，建立有效的合作共享的实践教学资源开发体制机制。另一方面是合理设置校企融合的模块化课程。学校建设由校企专家共同组成的专业教学指导委员会，根据各专业具体对应的职业岗位需求，梳理并细化各核心能力及其要素，将课程知识点与能力模块进行有效匹配。需要注意的是，能力模块中需要体现专业知识素养、专业技术能力培养、专业核心技能的积累和转化，以及人才职业发展能力培养等多方面的内容。

四是启发我国商科人才培养应系统化推进技能培养体系。国外的应用型商科人才培养十分重视学生技术技能的培养与塑造，例如英国的“三明治”工读交替式人才培养模式，将技术技能训练放到了十分重要的地位。我国高职商科人才培养，由于在发展历程中，曾经一度借鉴普通高等教育的人才培养模式，以至于虽然认识到了并一直强调职业教育技术技能培养的重要性，但在实践过程中依然存在短板。基于这一弱点，在广泛借鉴国际先进的职业教育培训做法的基础上，2019年国务院印发的《国家职业教育改革实施方案》中提出，深化复合型技术技能人才培养培训模式改革，制订工作方案和具体管理办法。目前，高职商科人才培养加强学生技能主要通过以下路径。一方面，强化专业技能训练，搭建训练竞赛平台。高职院校与企业共商共讨，共同搭建专业性、技能性的实战训练空间与训练平台，倡导创新类竞赛、专业技能竞赛、科研类竞赛等各级各类比赛与学生学习的知识内容、学习的过程方式相对接，以提升学生的商业思维、实操能力与适岗能力。另一方面，通过实施“1+X”职业技能考核，加强技能的培养、培训。各专业（群）内系统化推进并实施“1+X”教学，实现课证融合、书证融通。通过深入挖掘新商科专业的优势及核心技能，通过各类各级职业技能等级证书（包括初级、中级、高级）的考核，检验新技术、新工艺、新规范和新要求在教育教学中的融入成效。

五是启发我国商科人才培养应不断加强“双师型”师资队伍建设。国外的应用型教育人才培养，对于“双师型”教师队伍的建设有着丰富而广泛的实践经验，而且这种经验并不仅限于商科类人才培养。美国CBE模式认为实践教学师资队伍是培养学生具备适应岗位群所需职业能力的保障。德国应用科技大学（FH）更是积极聘请企业、科技单位、研发机构的工作人员和高级工程师，同时要求校内教师同时具备“教师”和“工程师”两种素质，确保应用型人才的培养质量。

我国也十分重视双师型教师队伍的构建，在《国家职业教育改革实施方案》中明确提出，要多措并举打造“双师型”教师队伍。教育部、财政部联合印发的《关于实施中国特色高水平高职学校和专业建设计划的意见》中更是要求，以“四有”标准打造数量充足、专兼结合、结构合理的高水平双师队伍。因此，商科高职人才培养领域，要组建具有“双师”能力的教学团队，可以从以下几个方向努力。一是充分发挥教学名师的作用和效应，以名师为核心建立教学团队。以教研活动为平台载体，由教学名师带队制定教学计划，建设精品课程，总结教学案例、开发教学资源与实训项目。二是充分发挥企业导师的作用，建立工学结合的“双导师”项目化教学团队。学校可以联合来自企业一线的员工，共同组建师资队伍，针对新商科人才培养进行专题教研，促进校内教师知识结构、实践项目的更新，提升商科专业教学团队的“双师”水平。学校还可以与企业合作，共同研发创新平台，根据专业的特点与优势，组建技术服务与项目创新团队，承接企业项目，为企业提供技术服务，同时能够将技术服务项目进行整合、转化，补充进专业课程教学案例库，进而推进新商科师资团队项目化教学的开展，提升教师队伍的“双师”能力。三是充分发挥专业群内共享的作用与优势，打破原有专业的界限，形成以项目为依托、专业群内资源高度共享、课程设置高度包容的教学团队，聚集各优势专业，建设校企共建的产、学、研、用四方面协同创新平台，来适应产业转型升级与产业集群式发展的新趋势，进而提升高等职业教育人才培养和社会服务能力。

六是启发我国商科人才培养注重教育评估与质量管理。日本的应用型学校人才培养积极推进人才质量评估系统的建设。通过自我评估运营委员会、教学研究会等机构进行内部评估，通过大学评价与学位授予机构进行外部评估，通过大学基准协会进行自我约束，评估体系十分完备。

而我国从进入二十一世纪以来开展职业教育专业评估，到2015年后不断建立并完善职业院校内部质量保证体系，进行了大胆的尝试，并取得了丰硕的成果。2015年，教育部发布《高等职业院校内部质量保证体系诊断与改进指导方案（试行）》（教职成司函〔2015〕168号），开始要求职业院校建立内部质量保证体系。2019年，《国家职业教育改革实施方案》中明确提出，建立健全职业教育质量评价和督导评估制度，在国外应用型人才培养成功经验的启发下，我国对教育质量的管理与评估的要求逐渐科学、系统。同时还要求不断完善政、行、企、校等共同参与的质量评价机制，支持第三方机构开展评估，不断完善职业教育督导评估办法，逐步建立职业教育定期督导评估以及专项督导评估制度。对于职业院校来说，学校自身还要借鉴企业产品质量保证机理来研究专业质量保证机制，建立目标链，同时与行业企业合作开发专业设置标准和“双师型”教师认定标准等，形成标准链。再根据目标链和标准链开展对照分析，依托院校内部教育质量诊断与改进平台，生成诊改报告，不断循环推进，形成持续教育质量诊改螺旋和保证机制。

七是启发我国商科人才培养要植根中国大地，构建中国特色话语体系。国外商科人才培养诚然有着各种成功的理论探索与实践经验，但如果我们一味地学习效仿，借助国外理论，研究国外案例，那么，无论我们开展多少研究、进行多少实践终究是纸上谈兵。通过对国外商科人才培养开展研究，进行探索，启示我们要植根中国大地，构建中国特色话语体系。

商科专业与社会发展、经济生活与广大群众利益都息息相关，商贸服务业又是国家促进就业、推动经济结构调整、转变经济增长方式、保障和改善民生的产业。在新技术催生的新时代，新环境倡导的“新商科”建设中，我国一方面要积极吸收西方商科人才培养体系的优势营养，另一方面，更要建立文化自信、教育自信、办学自信，积极摆脱西方商科人才培养的话语体系，从而着力构建中国特色的话语体系，真正做到服务企业发展建设、服务区域经济发展，服务中国产业结构调整，服务民生福祉。

第四章

“SPADE”五维质量保证体系

第一节　商科人才培养质量保证体系

一、商科人才培养的特征

高职院校商科是旨在培养现代商贸服务活动的高水平技术技能型人才的学科。一直以来，为商贸服务业一线培养了大量的应用技术人才。由于从事商务活动需要具备理论基础、管理能力、经营能力、沟通协调能力，因此，高职院校商科专业的人才培养工作具有一定的复杂性和特殊性。一方面，商科专业培养的技能很多是隐性技能，操作上难以量化和标准化；另一方面，从事商务活动的工作对象主要是人，而非物品。与形形色色的人打交道，处理的事务复杂而多变。正因为如此，高职院校商科专业教育教学具有很强的实践性。

学校作为人才培养的主体，尤其是强调技能的职业院校，应更加注重围绕市场需要培养人才。一般来说，高职院校商科专业主要是培养面向商贸服务企业的一线工作人员。因此，商科院校要主动联系企业，了解企业一线所需，反复研讨、论证企业一线的商科人才所需要具备的职业技能和素养，共同制定人才培养目标，确保目标既能满足学生就业首岗需求，更考虑到学生未来的职业发展，在帮助学生学习理论知识的同时，提升实践能力和综合素质。

随着数字科技的发展和社会产业转型升级，信息革命对传统商科带来冲击，2018 年，教育部等 13 个部门联合启动“六卓越一拔尖”计划 2.0。次年，启动大会在天津召开，开始了大力发展新工科、新医科、新农科、新文科的征程，推动了高等教育内涵式发展，由此，综合类院校与各级各类商科院校开启了对新商科建设的探索。在这样的时代背景下，要求新商科的建设发展具备以下几个特征：一是要推进跨学科开展专业建设；二是要深度开展产教融合；三是要凝练专业特色。这对商科院校产教融合提出了新的要求，同时给产教融合政策、资源融合、课程建设、教师队伍建设等带来新的影响。

二、商科人才培养质量保证体系

自 2017 年开始，教育部大力推进“新工科”研究与实践，复旦大学、天津大学等国内高校相继开展“新工科”建设。随着经济社会发展、科学技术进步、商业环境变迁、商业模式、业态甚至形态的升级，针对"新商科"建设的研讨多次开展，商科教育的模式、内容、过程、评价等也应相应改变，以应对新时代、新技术、新业态。比如，新技术改变了商业环境，传统商科教育已经不能满足"互联网+"时代的需要，商科教育需要与人工智能、法学、计量经济学、管理学、统计学、数据挖掘、数据分析等学科交叉融合，适应数字经济时代的生产方式、组织形态、商业模式、金融范式、商务规则。商科教育要与时俱进，定位明确，专业设置合理，课程体系科学，教学模式有效，人才培养标准清晰。这就要求商科院校紧跟时代发展，更新教育理念，构建商科类院校质量保证体系，提高人才培养质量。[1]

可见，新商科人才培养主体更加重视学校、社会、学生等主体的协同性，人才培养工作更注重内涵式发展。因此，当前，在新商科的建设背景下，商科人才培养质量保证体系的构建，倡导更加全面合理的主体与制度。

（一）领导有力，全员参与

ISO9000质量管理体系强调，"最高管理者的领导作用、承诺和积极参与，对建立并保持一个有效的和高效的质量管理体系，并使所有相关方获益是必不可少的。"威廉·爱德华兹·戴明认为，绝大多数的质量问题是由于过程设计不良和组织管理不力造成的，它们共同指向的是组织的管理者，质量管理必须从提高管理者素质入手。学校党委应该强化对质量保证工作的领导作用，针对商科院校的自身情况，系统推进体系建设工作。增强全员质量意识、落实全员质量责任、提高全员质量能力，实施质量保证体系是学生、教师、教辅和教学管理人员共同的责任。

（二）完善制度，形成文化

捷克的民主主义教育家夸美纽斯指出，制度是学校一切工作的"灵魂"，哪里制度动摇，那里便一切动摇；哪里制度松垮，那里便一切松垮和混乱。蒋冀聘认为，有什么样的制度就有什么样的教育质量，一所高等学校成功与否在于其制度的合理性、适应性和优越性，是制度在制造质量，分隔教育质量的高低。质量保证体系是一个制度综合体，质量保证方案、标准、执行以及反馈情况和管理制度都关系着质量保证体系的构建和运行情况，因此，需要进一步完善适合商科院校的质量保证制度，明确标准、规范、诊断和改进的全方位、系统性管理制度，并且可复制、可借鉴、可推广。在完善制度的基础上，形成深入人心的质量文化，从根本上建立起提高质量的长效保证机制。

（三）控制过程，反馈结果

美国质量管理大师威廉·爱德华兹·戴明曾说，质量是生产出来的，不是检查出来的。高职院校质量保证体系建设需要严格控制过程。首先要明确工作过程，理清过程的关键环节，

[1] 肖安法."新"之所在——新商科的内涵及建设路径探讨[J].南通职业大学学报，2019，33（4）：47-50.

确定关键环节的质量标准或管理制度，保证过程的科学性和合理性。其次要对过程实施全周期、全方位的监控，及时发现、纠正实施过程中出现的问题，确保质量标准的落实，输出评价结果，支撑系统改进提高。[1]

第二节 “SPADE”模型

一、构建原则

“SPADE”模型是广西国际商务职业技术学院在新时代职业教育背景下，针对商科的行业特征与职业教育的类型特征，构建的高职院校内部质量保证体系诊改模型，遵循了以下原则：

1. 目标性原则。以开展内部质量保证体系诊改与发展性评价为主要目标，强化学校、专业、课程、教师、学生内部质量管理，明确质量诊断点，构建质量保证体系。

2. 系统性原则。指标体系的构建具有层次性，包括重（Emphasize）、力（Power）、度（Dimension）、特（Special）、到（Achievement）五个层面，每个层面均按照学校、专业、课程、教师、学生 5 个维度，自上而下，从宏观到微观，系统科学设立质量诊断点，明确质量指标，并且指标之间既相互独立，又彼此联系。

3. 动态性原则。评价指标体系各项指标的选择有相对的稳定性，也可进行调整，即层面、维度和诊断点项目基本保持不变，各诊断指标的具体项目和标准根据不同时期、不同区域等动态变化。

4. 开放性原则。在指标体系的固有原则外，留有一定的发挥空间及多样化的理解方式，即可单独设立额外诊断指标参与评价体系，使得评价指标不断地拓展外延，充实和完善指标体系。

5. 操作性原则。定性定量结合设立评价指标体系，即既有定性的文字材料指标、数据，也有定量数据，指标项目全面，且指标度量和计算方法统一，可借助信息化平台完成。

6. 针对性原则。区别于其他院校，商科类院校有其特殊性，“SPADE”模型专门针对商科类院校特点，构建专属质量保证体系和评价指标。

二、构建思路

自 2015 年 6 月提出以保证人才培养质量为目的的工作机制以来，教育部和相关部门相继出台了有关高等职业院校内部质量保证体系诊断与改进工作的一系列文件，进而引发了各地教育部门对高职院校内部质量保证体系建设工作的重视，同时掀起了全国高职院校进行内部

[1] 陈寿根，万里亚．高职院校内部质量保证体系的内涵、建构原则与实践模式［J］．职业技术教育，2017，38（1）：31-36.

质量保证体系内诊工作的高潮。高职院校内部质量保证体系，是以不断提升教育教学质量为目标，由高职院校为主体进行的有效且不间断的质量管理活动体系。在职业教育教学质量的体系中，职业院校作为主办方，应承担起保证教学质量的主体责任，同时应通过不断地对教学工作全员、全方位、全过程的"自我诊断与改进"，不断改进和完善学校内部质量保证体系，达成教学质量和人才培养水平的持续提升。

在"一切为了学生，为了一切学生，为了学生一切"教育理念的指导下，学校一直将教育教学活动置于学校工作中心地位，并且教育教学活动的开展紧紧围绕课程进行，课程是教学活动的主导，是教学活动中教师和学生行为存在的依据，决定着教师如何辅导学生，以及学生如何进行学习。教师、课程、学生作为教学的三要素，互相依存，缺一不可；教师、课程、学生三要素互相交融，共同决定着教学活动的质量和效果，并且对专业人才培养目标的实现起着至关重要的决定性作用。因此，应该遵循"以学生为中心，以学校为办学主体，以专业为载体，以课程和教师为两翼"的路径，科学、合理地开发职业院校内部质量保证体系，并形成诊改模型。广西国际商务职业技术学院内部质量保证体系"SPADE"诊改框架（图 4.1）就是基于以上逻辑建构的。

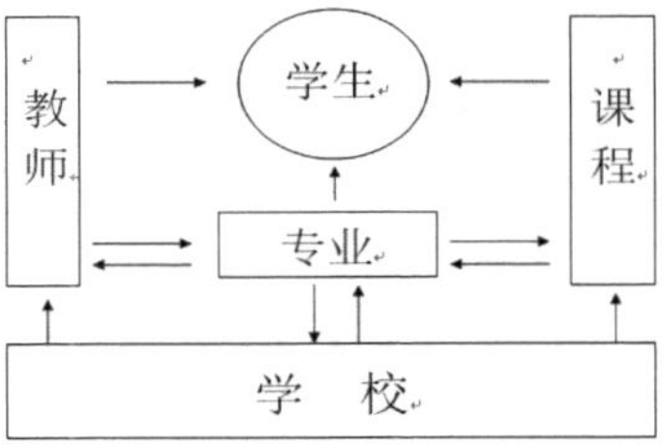

图 4.1　职业院校内部质量保证体系"SPADE"诊改框架

三、"SPADE"诊改模型的构建

广西国际商务职业技术学院于 2017 年构建了内部质量保证体系模型即"SPADE"模型，"SPADE"一词来源于诊改模型中学校发展五重、专业建设五力、课程建设五度、教师发展五特、学生成长五到这五个诊改层面的核心词"重（Emphasize）、力（Power）、度（Dimension）、特（Special）、到（Achievement）"的英语首字母组合，在每个层面中又包含五个维度，共设立了 100 余个诊断点。

其中，学校发展五重指的是：重规划、重体系、重制度、重考核、重保障；专业建设五力指的是：专业发展潜力、教师魅力、课程保证力、就业竞争力、社会影响力；课程建设五度指的是：符合度、完整度、满意度、创新度、达成度；教师发展五特指的是：育人情操特高、教学能力特强、科研能力特优、教师魅力特有、仁爱之心特显；学生成长五到指的是：知识学到、技能习到、素质修到、情商悟到、胆商练到。其模型结构如表 4.1 所示：

表 4.1 “SPADE”模型架构

学校	专业	课程	教师	学生
重规划	专业发展潜力	符合度	育人情操特高	知识学到
重体系	教师魅力	完整度	教学能力特强	技能习到
重制度	课程保证力	满意度	科研能力特优	素质修到
重考核	就业竞争力	创新度	教师魅力特有	情商悟到
重保障	社会影响力	达成度	仁爱之心特显	胆商练到

（一）学校发展五重

在学校层面，围绕“建成现代商务特色鲜明的国际化高等职业教育强校”的“十三五”发展目标，设计“学校发展五重”层面，从重规划、重体系、重制度、重考核、重保障五个维度，合理设置了 21 个诊断点，对学校的发展能力以及人才培养质量进行全面诊改。重规划包括了三个诊断点，分别是学校发展规划、专项规划和部门规划。重体系包括四个诊断点，具体为组织体系、规划体系、目标体系和标准体系。重制度包含党建、行政管理、教育教学、科研管理、师资管理、学生管理和国际交流七个诊断点。重考核包含过程性考核、结果性考核和发展性考核三个诊断点。重保障包括四个诊断点，分别是组织保障、制度保障、技术保障和经费保障。

1. 在学校建设重规划方面

规划的作用是为学校整体办学质量与各项事业的建设引领前进方向，是“SPADE”模型开展诊断的重要维度。其中包含有学校“十三五”规划、专项规划、部门规划等三个方面，旨在从学校发展宏观视角观测评估学校在一段历史时期内的战略规划是否科学并合理落实；学校各项事业发展是否符合国家发展战略、区域经济需求以及行业发展需要；学校所有党政管理部门、教学辅助部门以及各教学单位规划发展是否符合学校发展需要。

学校建设发展规划通常以一个“五年规划”为发展阶段，“十三五”建设发展规划是学校在“十三五”建设时期制定的，符合区域国民经济和社会发展，也与职业教育发展指导规划相一致，是学校在一段时间内的办学定位、发展目标和战略举措的指导性文件，代表着整个院校特定时期的发展方向。“SPADE”模型将建设发展规划作为学校层面实施诊改的重要诊断点，充分考虑了国家发展战略、区域政策和经济发展需求、前瞻性的产业发展分析和区域龙头企业的市场人才需求等方面的问题，从办学定位、办学目标、发展战略、主要任务、建设举措、规划实施六个观测点全面监控学校在“十三五”建设发展规划的完整性、合理性、可持续性，目标分解的科学性，以及落实层面的可行性和完成度。

专项规划指的是学校各项事业建设的发展规划，"SPADE"模型围绕党的建设、专业建设、师资发展、国际交流与合作、科研工作、社会服务、校园建设七项重大战略性专项工作设置观测点。重点监控专项事业规划是否符合国家各项事业发展的战略性政策，区域行政管理单位与教育行政管理单位的各项政策的前沿需求，是否能够有效支撑学校"十三五"建设发展规划，并且在学校的专项事业工作中，具有指导性意义。

部门规划是学校下辖各个单位在一定的历史时期内，为配合学校整体发展，针对部门自身业务职责而制定的建设发展规划。"SPADE"模型在学校层面开展诊改工作，重点在党务和学校事务管理机构、教学辅助机构、各二级教学部门开展三个观测点的监控与反馈。确保数据能够有效支撑学校建设发展规划的总体要求，指导部门业务工作，与其他部门进行高效配合。

2. 在学校建设重体系方面

在学校建设重体系方面，包含四个方面的诊断点，分别是组织体系、规划体系、目标体系和标准体系，旨在从体系建设的完整度方面，达到各组织部门间高度协同，各项事业合理规划，目标链清晰合理，标准链完整有序。

组织体系是学校事业发展体系建设中，在组织结构层面开展学校办学质量诊断与改进。"SPADE"模型从部门设置、流程运转、职能规划、组织变革四个观测点，全方位监控学校各类行政、教学、教辅部门的设置情况、办事流程、职能归属等各方面工作，并监测组织变革机制是否能够根据学校的发展需要，具备动态调整性特征，以确保学校组织体系建构、运转的科学高效。

规划体系是学校事业发展体系建设中，对各项事业建设发展、各部门建设发展的契合度开展质量诊改工作。"SPADE"模型所设置的规划体系诊断点内含完整性、层次性、协调性、功能性等四个方面。一是监控学校各项事业以及各个部门的发展建设规划的完整性、科学性、合理性、可持续性并进行反馈与改进；二是监控各级各类发展规划之间是否能够有机衔接，互相配合，形成合力，共同支撑学校建设发展总框架、总要求。

打造清晰、合理的，符合国家、区域、院校发展战略需要的目标链与标准链是学校开展质量保障诊断与改进工作的应有之义。高职院校在具体落实诊改工作时，"目标链"的打造应符合客观实际，学校能够"跳一跳摸得着"，"标准链"制定应科学有效，能够起到检查监督和促进提高的双重作用。[1]"SPADE"模型精准判断自身国际化、商务专业的办学需求和发展方向，对接区域经济需求与特征，找准诊改的逻辑起点，打造科学、系统的目标体系与标准体系。目标体系从目标链、目标层次、目标结构、目标完整性、目标关联性等五个层次着手

[1] 王作成，孔祥华，云亮. 打造"目标链"，做实"标准链"[J]. 职业技术，2019，18（4）：26-29.

打造；标准体系包含岗位标准体系、专业标准体系、课程标准体系、教师标准体系、学生标准体系五个观测点，打通“五横”，贯穿“五纵”，共同支撑了网络结构、互相依存的质量保障体系。

3. 在学校建设重制度方面

“治国凭圭臬，安邦靠准绳。”制度建设是高职院校提高办学效益、实现教学目标、提升人才培养质量的根本保证，能够确保各项事业建设朝着行动目标逐步实现，在维护稳定、指引方向、提高效率、规范行为、防范化解风险等方面发挥着重要的作用。2019 年，教育部财政部印发《关于实施中国特色高水平高职学校和专业建设计划的意见》(简称“双高计划”)，明确提出健全内部治理体系，完善以章程为核心的现代职业学校制度体系，形成学校自主管理、自我约束的体制机制，推进治理能力现代化。为我国职业院校破除管理机制障碍、推进治理现代化提供了历史发展机遇。在“SPADE”模型中，“重制度”也是学校开展内部质量保证整改工作在质量生成层面的重要抓手，包含了党建、行政管理、教育教学、科研管理、师资管理、学生管理、国际交流七个方面。

加强党的建设是“双高计划”明确要求的改革发展任务之一，“SPADE”模型在党建诊断点中从校党委领导下的校长负责制、落实党风廉政建设党委主体责任制、党建工作制度、党务公开制度、基层党组织建设情况考核评价制度、党员干部业绩考评和民主评议制度和个人重大事项报告等六个方面开展实时观测，将党的建设与学校事业发展结合起来，同部署、同落实、同考评，为学校改革发展提供坚强的组织保证。

在行政管理诊断点，“SPADE”模型以动态性为建构原则，从业务管理与学习、业务培训与会议管理、议事决策制度以及信息公开制度四个方面实施观测，针对行政工作的制度规范性、业务办理流畅性、机制的动态调整性等方面开展质量的诊断与改进。

教育教学是学校落实立德树人根本任务的核心工作，教育教学制度建设是提升学校人才培养质量的保障。“SPADE”模型从教学管理组织机构制度、教学运行管理制度、教育教学建设管理制度及教学质量监控制度四个方面设置观测点。

科研力量方面，“SPADE”模型以制度建设为纲，从课题管理及经费使用制度、学术机构及学术活动制度、科研奖励制度、学术行为制度等方面实施观测，不断提升科研管理规范性，提升教师的科研能力、科研水平与学术品质。

师资管理方面，“SPADE”模型的师资管理诊断点包含师德师风制度、师资队伍建设管理制度、教师职称评审及管理制定、教师评先评优制度、教师企业实践管理制度、兼职教师管理制度等六个观测点，充分考量教师师德建设、教师的职业成长、激励机制、“双师型”教师队伍建构、专兼职教师管理等多方面的元素，实现教师队伍的结构化、合理化发展。

学生是学校教学工作的主体，"SPADE"模型坚持"以学生为中心"的原则，设立学生管理诊断点，从学生管理制度，学生学分管理制度，学生奖学、助学、贷款管理制度，学生先进班集体、先进个人制度等四个方面进行观测，全面覆盖到学生的学习、生活以及班级管理。

国际交流是衡量院校办学质量、彰显院校办学实力的重要指标。"SPADE"模型充分发挥学校商科职业院校"国际化"的特色，深化国际化人才培养模式改革，从外事活动制度、涉外人员工作制度、外籍教师管理制度、国际学生管理制度等四个方面开展观测，覆盖"走出去"与"引进来"的双向交流活动，将学校建设为特色鲜明的国际化高职院校。

总的来说，"SPADE"模型重视学校的制度建设，在行政管理、教育教学、科研建设、学生工作、人事管理、国际化建设等各项事业建设方面配套了制度建设质量的诊断与改进工作，包含了决策指挥、资源建设、支持服务、质量生成、监督控制等一系列重要的质量保障"纵向"体系，有力促进学校行政办事规范性、高效性。

4. 在学校建设重考核方面

"考核"是在学校层面开展质量诊改过程中的监督控制环节工作，保证学校层面的诊改工作与事业建设能够按照标准落地实施，最终达成既定目标。"SPADE"模型力图搭建网络化、全覆盖的内部质量保证体系，设置了学校建设重考核维度，包含了过程性考核、结果性考核和发展性考核三个诊断点。

过程性考核重在学校建设的过程监督，强调考核结果的实施反馈与运用改进，具有导向性。"SPADE"模型从出勤率、月度考核、学期考核、现场考核四个方面观测，通过考核的动态积累，帮助各项事业建设建立动态调整机制。

结果性考核具有诊断性特征，能够为学校一段时期内各项事业建设进行结论性评价。"SPADE"模型结果性考核诊断点设立了目标达成度、任务完成率两个观测点，以静态呈现的方式，诊断学校各项事业是否按照规划方案落实落地。

发展性以"教育可持续发展"为理念，侧重于学校事业建设可持续性，具有目标性。"SPADE"模型发展性考核诊断点设立了经济性、示范性、持续性三个观测点，观测学校各项事业未来的发展潜力。

5. 在学校建设重保障方面

保障是院校各项事业建设发展的支持和基础，贯穿在院校实施质量诊改的各项工作过程中，在物力、财力、人力、智力等四个方面的"支持服务"，保障质量生成。在"SPADE"模型中，包括组织保障、制度保障、技术保障以及经费保障四个方面的诊断点。

组织保障是人力保障，是支持"SPADE"模型五维质量保证体系正常运行的人员组织形式、职责分配以及合作原则。包含组织架构、人员组成、机制运行等三个观测点，确保决策指挥、资源建设、质量生成、支持服务和监督控制等一系列诊改工作的顺畅运行。

制度保障是规则保障，是职业院校实施诊改过程中落实“支持服务”的重要方面，是质量保证体系运行的法规与准则。“SPADE”模型制度保障诊断点从制度建设、制度执行、团队配备、设备投入等四个方面进行观测，旨在建立能够动态调整的制度制定、运行、调整机制。

技术保障是智力支持。“SPADE”模型包含了团队配备、设备投入等两个观测点，为学校实施诊改汇聚资源，提供技术服务。

经费保障是财力支持，是支持质量保证体系有效、高效、长效实施的有力保证。“SPADE”模型制度保障诊断点设立了资金筹措、资金管理、资金使用、监督机制四个观测点，形成了以“筹措—使用—管理—监督”为闭环的经费保障管理机制。

（二）专业建设五力

在专业层面，以“产教融合、校企合作、服务区域经济发展和培养现代商务高素质应用型人才”为建设理念及目标，构建了“专业建设五力”的模型，从专业发展潜力、师资实力、课程保证力、就业竞争力和社会影响力五个方面对专业的建设进行诊改。

1. 专业发展潜力

专业发展潜力包含在校生规模与培养质量、专业论证与岗位分析、校企合作、专业建设与创新发展、目标定位及能力结构、诊断与改进等六个诊断点。

“SPADE”模型坚持“以学生为中心”的诊改理念，重视对在校生规模与培养质量的诊断与改进，从招生完成率、报到率、招生规模、国际学生与进修生四个方面进行观测，从学生入校一端把好生源质量，并持续观测学生的数量、质量、广度。

根据“专业建设五力”模型，专业论证与岗位分析是专业发展潜力的重要诊断点之一，包含区域产业需求、专业建设委员会、职业岗位及人才需求、专业定位等四个维度的观测点。结合学校实际情况，围绕“专业群对接产业链”的建设思路，紧密对接广西三大定位、六大新兴产业、引金入桂以及“数字广西”战略，构建智慧商科立体专业群体系，并辐射、带动相关专业建设与发展。依托专业建设委员会，分析智慧商科职业岗位人才需求，找准专业办学定位，系统论证，科学分析。

校企合作是“SPADE”模型专业发展潜力诊改维度中最能够体现职业教育特色的诊断点，包含专业设置、人才培养方案、课程及教材、实训实习平台、人才培养质量标准、教学团队等六个维度的观测点，从专业建设、课程建设等多个层面，加大企业融入力度，推进“三教”改革。充分调动政、校、行、企育人积极性，深化校企合作体制机制改革，创新职业教育人才培养模式，形成专业群人才培养机制，并推进产教融合教育教学改革，提高专业人才培养质量和社会服务能力。

专业建设与创新发展从创新办学模式、实践教学占比、专业动态调整机制等三个方面开展观测。通过加大专业结构优化、调整的力度，结合新技术、新业态的发展，积极推动专业教学改革与课程调整，提高教学质量和专业竞争力。重点打造会计、国际商务和物流管理三大优势、特色专业，建成省级一流、全国知名的王牌专业，不断获得国家级、省级标志性成果。

目标定位及能力结构是专业发展潜力的诊断指标之一，SPADE模型针对新时代商科高职院校专业建设发展特点，从人才培养的目标定位、人才培养的能力结构以及毕业生的质量标准三个维度进行观测，把好学生的出口一端，保证人才培养质量。

诊断与改进旨在专业建设层面搭建诊断与改进体系，"SPADE"模型从机制建设、运行效果两个维度进行观测。在机制建设方面考察目标链、标准链是否清晰合理；在运行效果方面考察是否能够在"8字螺旋"中有效开展专业诊断与改进。

2. 师资实力

师资实力是专业建设的人力资源保障，在"SPADE"模型的专业层面的构建中，包含专业带头人资质与条件、专业带头人成果与荣誉、教师团队数量结构、专业教师能力素质、专业教师发展等五个诊断点。

在高职院校中，专业带头人一般指在"专业"这一基层教学组织单位中，承担着规划专业发展、整合教学资源、推动专业教学问题诊断与改革、开展专业教学团队建设与管理等重要职责，能够通过多种方式和途径，影响专业教师并带领本专业教师团队，实现专业建设目标的学术骨干。[1] 专业带头人在专业建设与发展中发挥着重要作用，因此，应当具有一定的资质条件与能力结构。

在资质条件层面,"SPADE"模型注重专业带头人的学术背景、专业知识技能以及科研能力，从学历、职称、教学经验、教学任务、科研项目五个维度观测其资质条件，旨在筛选各项条件最优者牵头专业建设。

在能力结构层面，"SPADE"模型作为诊改模型，注重借鉴可量化的数据进行参考，从论文发表、课题研究、获奖情况三个维度观测带头人的教学与科研两个领域的成就与荣誉。

新时代高职教育，需要在不断深化产教融合的过程中，打造数量充足、专兼结合、结构合理的高水平双师队伍，"SPADE"五维模型在专业建设诊断层面，注重将教师团队数量结构作为诊断点，以学生为中心，突出职业教育特色，从师生比例、学历比例、双师比例、职称比例、兼职教师五个维度观测专业教师团队的结构。

专业教师是专业建设的主力军与实践主体，高等职业院校一方面要求专业教师需要具备一定的教学能力和业务能力，符合教学岗位的需求，另一方面，学校也应当为专业教师提供

[1] 王亚南．高职院校专业带头人能力模型构建及发展研究［D］．华东师范大学 .2018：55.

素质保持与能力发展的渠道。“SPADE”五维模型同时关注了这两方面，提出了专业教师能力素质、专业教师发展两个诊断点。

在专业教师能力素质方面，“SPADE”模型兼顾高等教育与职业教育特征，体现出了商科高职院校的针对性原则，从课题研究、比赛竞赛两个方面进行观测，要求教师同时具备专业技术技能以及科研能力。

在专业教师发展方面，“SPADE”模型从商科职业教育的角度出发，从制度、企业实践、信息化技术、培训等四个维度观测教师能力提升的渠道，综合发挥政、校、企多元主体作用，共同促进教师能力的发展和提升。

3. 课程保证力

课程保证力包含教学模式与成效、课程设置、课程标准、课程资源、课堂建设内容和成效、校内实训基地以及校外实习实训基地等七个诊断点。

“SPADE”模型立足“三教”改革，把握教学的基本途径，针对商科高等职业教育，将校企合作引入课程建设，重视学生实践能力的培养，将教学模式与成效作为课程保证力维度的重要诊断点，从教学改革、课程教学、教学资源、考核通过率、教学模式等五个角度进行观测，涵盖教学前、中、后全过程。

“SPADE”模型以商科职业教育针对性为建构原则，以突出岗位适应能力为主线，设置课程体系、课程标准、建设课程资源与课堂内容。

课程设置是专业建设过程中，选定的各类课程的设立和安排。包含课程体系、产教融合、岗位能力等三个观测点，重视课程设置的科学性和企业介入的深度。课程标准在强调产教融合的基础上，突出了学校国际化商科职业院校办学特征，从内容定位、国际标准、标准输出、企业参与四个方面进行观测。在建设课程资源方面，立足“三教”改革，推动混合式教学改革，从课程资源、国际教学资源、线上课程资源、教材编写、教材选用、网络学习条件等六个观测点，涵盖线上与线下、国内与国际、实体与虚拟等多种方式与维度。在课堂建设内容方面，从教学方法、教学内容、考核方式三个方面进行观测，通过建设与人才培养规格、岗位适应能力相契合的课程内容，开发“教学做”一体的教学方法和多样化的考核方式，彰显课程建设内容成效。

实训基地是职业院校开展技术技能人才专业技能训练的必要场地。“SPADE”模型具有极强的商科职业教育针对性，重视校内外实训基地的建设。对于校内实训基地，模型从基地数量及条件、建设方式、国际合作、管理制度等四个方面进行观测，以校企合作为切入点，引入国际化校企共建，打造兼具合作深度与广度，并且具有时效性的校内实训基地。对于校外实习实训基地，侧重管理，从基地数量、管理制定两个方面进行观测。

4. 就业竞争力

就业竞争力是专业层面开展诊改工作的重要维度，体现着专业的人才培养质量与规格，"SPADE"模型包含了学生综合素质、学生就业与创业两个诊断点。

学生综合素质是学生在校期间综合能力的体现，包含课堂教学、第二课堂、生活和社会参与等多个方面。"SPADE"模型在此诊断点中设置了参赛获奖、毕业生、社团活动、"1+X"证书等四个维度的观测点，多角度观测学校对学生知识、能力、素质的培养是否符合标准，全方位彰显学校各个环节的建设质量和管理力度。

学生就业与创业作为学校就业竞争力的重要诊断点，体现了学生在学期间通过学习与训练，在毕业节点所具备的专业知识技能与创新能力。"SPADE"模型立足商科职业教育，多维度培养学生知识、技能、素质、情商与胆商，培养符合时代需求的有胆有识的商业从业人才。模型通过毕业生的就业与创业数据，从就业率、就业对口率、就业协议签订率、就业满意度、创新创业五个方面解读学生是否符合专业人才培养目标，是否具备行业、企业所需要的岗位适应性能力。

5. 社会影响力

社会影响力有效提升是专业高质量发展的体现，也是专业实现内涵式发展的成果之一。"SPADE"模型在社会影响力层面设置了继续教育与培训及社会服务、国际影响力、技术服务与研发三个诊断点，围绕广西壮族自治区的产业转型升级和职业教育发展，调整专业群的结构与专业建设的模式，实现国内外的影响力提升。

高等职业教育发展的生命力在于紧密联系地方经济，为区域经济发展服务。"SPADE"模型从职业教育培训、横向课题、社会服务、社会培训、国际培训五个方面观测学校是否能够为政府、行业、企业发展提供智力支持，彰显学校反哺社会的能力。

为适应经济社会发展的新常态，学校进一步发挥自身"国际化"的特色，深化国际化商务人才培养模式改革，努力将学校建设成为特色鲜明的国际化高职院校。"SPADE"模型从国外留学、国外培训、国外任职任教、国际论坛、国际就业、国际合作等六个方面构建国际影响力这一诊断点，进一步提升专业建设的国际影响力。

技术服务与研发是高职院校作为社会智库的主要职责之一。学校重视通过科研成果向社会资源有效转化，服务社会，"SPADE"模型从技术服务、发明专利、资源应用、资源开放四个方面观测学校的技术服务与研发能力，为广西商业产业发展贡献智慧力量。

（三）课程建设五度

在课程层面，以"学习者为中心"，严格监控课程开发、课程实施与课程反馈三个阶段的课程质量，按照"目标—标准—运行—诊改"构建"课程建设五度"模型，从符合度、完整度、满意度、创新度以及达成度 5 个维度的 19 个诊断点对课程建设与教学实施进行诊改。

1. **课程符合度**

课程符合度是学校在“课程”层面，对“决策指挥”方面实施诊改。“SPADE”模型以针对性为原则，以岗位需求为最终目的，从符合人才培养目标、符合教学标准、符合学生成长需求、符合岗位需要等四个方面进行观测，倒推课程在设计、实施等各阶段、各方面的符合度。

人才培养目标是专业在一定的教育思想和教育理念的引导下，培养学生要达到的规格以及就业后需要具备的素质、知识、技能目标，是专业构建课程体系的决策指挥。通过设立有关质量文化的人才培养目标，将与学校办学特色有关的质量文化列入人才培养目标的素质目标范畴，重点观测课程设置是否经过科学的专业论证，课程内容是否符合专业能力培养的需求。

教学标准是一个专业开展教学过程中各方面需要遵循的准则，体现着专业办学质量。教育部职成司在 2019 年发布了 20 个大类 80 个专业的教学标准，其中财经商贸大类专业标准 8 个，为商科 32 个专业从入学要求、修业年限、职业面向、培养目标、培养规格、课程设置及学时安排、教学基本条件和质量保证等各方面建立了办学准则。“SPADE”模型与国家政策保持高度一致，从专业教学标准、课程标准、岗位标准三个观测点，开展质量诊改。

按照“SPADE”模型构建，推动质量文化课程体系相融合，将质量文化融入思想品德教育课程、人文素质课程、专业基础课以及专业核心课程中。观测课程在思想品德教育、职业能力训练、专业知识传授三个方面是否符合学生成长成才的需求。

岗位需要是课程符合度的最终落脚点，根据学校着力培养商科人才的特点，结合行业需求，增加与岗位有关的质量文化要求，将质量文化渗透于人才培养质量管理的全过程。从岗位能力、岗位知识、实训条件三个方面对课程符合岗位需求度实施诊改。

2. **课程完整度**

课程完整度是学校在“课程”层面实施诊改，在“标准体系”建设中的一环，包括教学方案完整、教学环节完整、课程团队完整、课程资源完整等四个诊断点。

教学团队是支持专业建设质量的师资人才保证。“SPADE”模型充分考虑了高等职业院校的师资团队结构化要求，从职称结构、年龄结构、双师结构、学历结构、企业实践五个方面进行观测，从质量上保证每一个专业都能打造一支专业背景、知识结构、技术技能、社会实践等多方面能力强、质量优的教学团队。

教学方案是教师实施教学过程的计划安排与依据。高质量的教学方案应当包含完整而可行的教学计划、合理的实施方案和高效的教学进度，这也是“SPADE”模型重点观测的三项内容，覆盖教学活动从计划到实施的各个方面。

教学环节是教学活动中链锁式结构的诸多组成部分以及其衔接活动。运用“SPADE”模型，从学情分析、教学设计、教学手段、教学评价四个维度观测课程教学环节是否完整，对课前、课中、课后全过程实现全覆盖诊断。

课程资源是课程诊改在"资源建设"方面所开展的工作，为了促进教学活动更好地开展，教师需要将各种条件和材料，包含实物的课程资源和电子课程资源运用到教学活动中。"SPADE"模型从教材、电子教学资源、试题库及习题库三个维度观测课程资源的完整性，力求涵盖课前与课后，线上与线下，做到全面完整。

3. 课程满意度

课程满意度是重要的课程诊断维度，在"SPADE"模型中包括教师满意度、学生满意度、企业满意度、社会满意度等四个诊断点。

学生是教学活动的主体，是教学活动最直接的利益相关方。"SPADE"模型坚持"以学生为中心"的诊改理念，坚持将学生的利益作为出发点实施教学质量诊断与改进，设置"学生满意度"诊断点，从师德师风、课堂教学、课外互动、学习效果等四个观测点开展工作，有效覆盖第一课堂与第二课堂。

教师是教学活动的主导者，能否为教师提供优越的教学环境，关乎着课程建设的质量，"SPADE"模型从课程资源、授课条件、网络教学平台三个维度观测课程建设的教师满意度，涵盖线上与线下，虚拟平台与实体资源等多个角度。

职业教育培养国家、社会、行业、企业所需的应用型技术技能人才，校企"双元"育人也是在"双高"建设背景下，未来职业院校实现内涵式发展的重要途径之一。[1]"SPADE"模型是针对商科高等职业教育的诊改模型，在课程建设中除了要满足学生和教师的期待，还高度关注"企业满意度"，从课程开发、课程实施、课程内容等三个维度，加大企业参与力度，观测课程建设是否符合实际生产与商业活动需求，培养真正符合企业需求的高素质技术技能人才。

社会服务是现代大学的三大功能之一，高职院校作为技能教学型高校，高职教育的特征与社会服务的特征密不可分，具有鲜明的区域性以及行业性的特征。[2]运用"SPADE"模型，从开放度、共享度、服务度三个方面观测课程建设是否具有社会服务属性，以及所具备的社会服务能力，可以科学评价高职院校的办学质量。

4. 课程创新度

课程创新度是更高阶层的课程建设质量维度，包含建设模式创新、课程内容创新、教学模式创新以及考核方式创新等四个诊断点。

[1] 胡英芹．"双高计划"视域下高等职业教育内涵式发展的诉求、特征与路径［J］．职业技术教育，2020，41（14）：11-14.

[2] 伍文彬．高职院校提高社会服务功能的实践与思考——以广州铁路职业技术学院的社会服务能力建设为例［J］．文教资料，2011（22）：230-232

建设模式创新是课程创新的主体框架，在课程层面实施诊改中，肩负着课程创新维度的“决策指挥”工作。“SPADE”模型坚持“以学生为中心”的理念，遵循学生成长成才的规律、发展需求、心理特点，通过整合课程的知识、方法等逻辑关联，形成相对独立的课程建设模式。充分考虑建设主体、新技术、国际合作三个方面的内容，建设主体多元、技术先进、具有国际特色的新时代商科课程模式。

课程内容是课程创新的内涵和灵魂，“SPADE”模型以“1+X”建设为引领，立足“三教”改革，树立“三全育人”的大格局视野，打通专业课程与思政课程，使二者形成同向同行的协同效应。通过观测课程思政、证书内容、技能赛项、新体例教材等思想内容是否融入课程建设，助力课程内容创新建设。

教学模式是一种稳定的教学活动结构框架和活动的程序，应当同时具有科学性、有序性和可操作性。“SPADE”模型以可操作性为建构原则，从校企合作、教学与实训、知识及能力等三个维度进行观测，从新知识、新技术融入专业课程的深度诊断课程校企合作的力度。

考核方式是课程建设的最后一环，也是检验课程教学效果的重要环节。“SPADE”模型立足校企合作，实行全方位的课程考核方式创新诊断，从考核方式、考核依据、企业考核、考核内容等四个维度观测课程考核的多角度、全方位、多元化和科学性。

5. 课程达成度

课程达成度是在课程层面上的诊改工作，对标“决策指挥”，最终在质量生成层面所达成的效果。包含规划达成、质量达成、成效达成三个诊断点。

课程规划是围绕育人目标搭建的课程建设的总体方案，“SPADE”模型以“计划—实施—诊断—改进”为路径，从计划达成、方案达成、诊断与改进三个维度进行观测，打造有目标、高标准、可实施、可检验的课程规划闭环体系。

当前，我国职业教育迈入了提质培优、增值赋能的高质量发展的新阶段，实现职业教育高质量发展是一切工作的核心要义。“SPADE”模型在课程层面重视对于质量达成的诊改投入。从参赛、评价、评学、学生成绩四个方面着手，通过可量化的数据，观测课程建设质量达成度。

通过全方位的课程建设，是否能达到预期成效，还要从一些可量化的数据上观测课程内涵式建设的质量要求是否达成。“SPADE”模型从示范效果、教改立项、国际认可三个维度考量课程获奖、教研立项和国际知名度的建设成效，旨在打造国际化高质量商科课程体系。

（四）教师发展五特

在教师层面，根据教师的成长规律，构建“教师发展五特”模型，按“入职期—成长期—成熟期—发展期”的职业成长阶段，分别对新教师、骨干教师、教学名师以及专业带头人分类设定诊改的关键指标，按照不同的评价指标，从育人情操特高、教学能力特强、科研能力特优、教师魅力特有、仁爱之心特显五个方面实施教师的自我诊改。

1. 育人情操特高

以"SPADE"模型为引领，"育人情操"是院校在教师层面开展诊改的第一维度，包含师德师风、教育情怀两个诊断点。

师德师风建设重点突出教师思想政治素质和职业道德水平，对于教师育人品德的提升和教师成长为学生健康成长的引路人的推动具有十分重要的意义。在该诊断点中，"SPADE"模型从教师职业行为、以德施教、为人师表三个方面开展观测，促进教师在职业情操、道德水平与个人魅力等方面进行提升。

教育情怀指的是教师对教育事业的热爱与执着，对于职业教育教师而言，还包含精工重技的匠人情怀。"SPADE"模型秉持商科职业院校针对性特征，在教育情怀开展诊断，包含爱岗敬业、奉献精神、工匠精神等三个方面，督促职业教育教师生成职业认同感、职业自豪感。

2. 教学能力特强

教学是职业院校教师的主责主业，"SPADE"模型坚持以学生为中心，以高标准来要求教师的教育教学能力，此维度包含教学设计能力、教学组织能力、教学执行能力、技能应用能力以及整合能力五个诊断点。

教学设计能力是指教师基于对教学内容的理解和对学生情况的把握，来设计总体的教学进程、选择教学方法和开展教学组织的能力。简而言之，就是教师课前对教学过程中的各要素进行最佳优化组合的能力。"SPADE"模型从教学内容、过程设计、教学环节、课程标准、教学方法等五个方面观测，要求教师以"三教"改革为契机，以学校整体课程改革为载体，深入钻研教材，认真研究教学内容、教学目的以及学生实际之间的内在联系，通过多种教学方法实施教学，在教育教学中游刃有余，实现"传道、授业、解惑"的目标。

教学组织能力是教师在课堂教学环节，有效开展教育教学活动所必须具备的能力，是教师获得教育教学成功的重要保证。"SPADE"模型以学生为中心，从学生到课率、学生评价、教学宣难点、课外实践四个方面开展观测，要求教师能够有效地利用课堂环境，活跃课堂的教学气氛，调动学生的学习兴趣，引导学生积极思考，发展学生创新能力，维护课堂的秩序，此外，还能创造性地组织学生开展课外活动。

教学执行能力是指执行已确定的教学策略的能力，即完成既定教学目标的能力。"SPADE"模型要求教师从教学进度、教学活动、教学过程、教学语言四方面开展观测，对教师教育教学全过程实施的严密讨论、持续跟进、有效落实，保证教师保质、保量、按时完成教育教学工作。

技能应用能力是教师在教学中应用各种技能解决教学实践问题的能力。以"三教"改革为引领，以疫情背景下开展大规模的线上教学为契机，技能应用能力已经成为高职院校教师的必备教学技能之一。“SPADE”模型从教学手段、技能训练、信息技术手段三个方面开展观测，要求作为教育教学活动的指导者、组织者、实施者、管理者，教师广泛具备利用现代化信息技术获取、分析、加工、处理和传播信息的基本技能，实现线上教学与线下课程的整合，提高教师的知识水平和业务能力。

整合能力是指教师为了提升教学效果而整合各种资源的能力。在当前一轮的诊改实践中，教学资源整合是必然要求。教育部《关于全面深化课程改革 落实立德树人根本任务的意见》中明确指出，要在发挥各学科独特育人功能的基础上，充分发挥学科间综合育人功能，开展跨学科主题教育教学活动，将相关学科的教育内容有机整合，提高学生综合分析问题、解决问题能力。在“SPADE”模型中，从校企协同育人、教学技能比赛、指导学生参赛三个方面开展观测，引导教师借助职教联盟平台，通过校企协同合作，整合教育教学资源，开展学科建设、人才培养、课程开发、科学研究以及技能培训等工作，推进优质教育资源在教师群体间共建共享，提高教师教育水平和教育发展能力。

3. **科研能力特优**

科研能力是高等教育教师的必备能力之一，综合体现教师的业务知识能力和研究能力，“SPADE”模型有效针对高等职业院校开展诊改，在科研能力特优方面，建设了创新思维、科研水平、成果推广、团队协作四个诊断点。

创新思维彰显教师对于专业前沿知识、技术的理解、应用能力和教师的思维能力水平。但创新思维是内隐性的，为客观的定量分析和测定带来了一定的困难，因此，需要创设科学有效的观测点。“SPADE”模型从技术研发、技术服务、创新创业团队三个方面观测教师创新思维能力，通过组建团队，促进对新产品、新工艺、新技术、新材料的开发、运用，将隐形的创新思维外化。

科研水平是“SPADE”模型中“科研能力特优”维度的核心观测点。2020 年 10 月，中共中央、国务院印发了《深化新时代教育评价改革总体方案》，提出坚决克服唯分数、唯升学、唯文凭、唯论文、唯帽子的顽瘴痼疾，“SPADE”模型贯彻落实党中央对“教育指挥棒”的政策要求，从论文著作、科研课题、专利发明、荣誉与获奖四个方面开展观测，既能彰显教师在专业领域内出色的研究能力，又能体现教师对于学校建设发展的贡献度。

成果推广能力是高校教师将科研成果转化为经济效益和社会效益，进而服务学校、服务企业、服务行业、服务社会的能力。“SPADE”模型在发挥高职院校的社会服务功能方面，从科研成果转化、社会与经济效益两个方面进行观测，通过实施诊改，增强学校反哺行业企业、服务社会的能力。

高校科研团队是指为了实现某个科研目标而明确分工协作，具有良好的互动性与凝聚力的正式群体。高校创新科研团队的建设，有利于发挥教师的团体优势，聚集学科优势，凝练出特色的研究方向。"SPADE"模型针对职业院校办学特色，从双师型团队、团队精神两个方面实施观测，促进教师在团队中发挥自身在教育教学和技术技能方面的优势，有效互补，明确科研目标，形成具有"双师型"特色的、协同高效的科研团队。

4. 教师魅力特有

教师魅力是教师发展目标与标准的重要维度，"SPADE"模型在教师层面开展全面诊改，在教师魅力特有方面，设置了职业素养、扎实学识、影响力、感染力四个诊断点。

职业院校教师是一个特殊的群体，需要同时具备教师教育教学能力、专业知识能力、专业技术技能，以及一定高度和广度的育人视野。"SPADE"模型体现职业教育类型特征的同时，充分展现自身国际化办学特色，在诊断过程中设置外化观测指标，包含教师资格证、专业技术职称、职业资格证书、国际化视野等方面内容。

教师的基本素质包括扎实的知识功底、过硬的教学能力、勤勉的教学态度以及科学的教学方法。衡量一位好老师的标准，非常重要的一条是要有扎实的学识。习近平总书记曾指出，过去讲，要给学生一碗水，教师要有一桶水，现在看，这个要求已经不够了，应该是要有一潭水[1]。这高度说明了教师拥有扎实的知识在教书育人工作中的重要性。在"SPADE"模型的构建中，充分考虑高等职业院校教师需要具备的知识功底的要求，设置专业知识、专业技能、继续教育等三个维度的观测点，要求教师在保证自身高质量的知识功底和技术技能的基础上，还要不断参与学校与企业主办的各项培训，促进自我提升。

影响力是教师在专业技术领域综合实力的外显，具有影响力的教师通常是专业综合能力过硬，且有一定的行业、社会贡献度的教师。"SPADE"通过媒体报道、学术团体、社会服务三个观测点来衡量教师的影响力，充分考虑教师的个人荣誉，以及教师为所在的行业和就职的院校带来的荣誉和发展。

感染力是教师个人魅力的集中展现，是教师将自身的知识、技能、道德素养，职业精神等内隐素养外化成为一种可感知的力量，并成功影响学生、影响他人的能力。在"SPADE"模型中，从立德感染力、授课感染力、课外感染力三项观测内容出发，帮助教师实施系统全面的质量诊改，从品德、专业、生活等方面全方位引导学生成长成才。

5. 仁爱之心特显

习近平总书记在与北京师范大学师生开展座谈时，提出"四有"好教师标准。习近平总书记指出，做好老师，要有仁爱之心。教师一定要平等对待每一个学生，尊重学生的个性，

[1] 习近平：做党和人民满意的好老师［N］. 人民日报，2014-09-10（2）.

理解学生的情感，善于发现每一个学生的长处和闪光点，并且包容学生的缺点和不足，让所有学生都成长为有用之才。在“SPADE”模型重视对教师仁爱之心方面进行诊改，设置仁心、爱心、耐心、细心四个诊断点。

仁心是指教师的社会帮扶能力。“仁”是我国儒家思想的核心理念，“仁，亲也，从人从二”，意在指关怀他人，不以一己私利为念。“儒”，作为一个社会群体，在传统文化中，也承担着教育的职能。可见，从古至今，“仁心”就是教师这一职业应具备的德行操守之一。“SPADE”模型传承我国优秀的传统文化，从脱贫攻坚、帮扶行动两个方面观测教师的“仁心”品质，从服务社会和服务行业两个角度彰显教师专业能力的社会价值。

爱心是指教师主动投身公益的高尚品行。教育是一项爱的事业，教师也是一个充满爱的职业。教师主动助力国家公益事业既能彰显个人品格，也能以此来带动学生投身公益的热情。在“SPADE”模型的建构中，爱心诊断点包含了志愿服务、公益活动两个观测点，促进教师对社会公益事业的热心与激情。

“仁心”与“爱心”是社会赋予教师行业的责任，“耐心”与“细心”则是教育行业自身对教师的品质要求。“耐心”包含答疑解惑、学习辅导两个观测点，以此诊断教师在必要的教学任务之外，是否能够通过丰富的辅导工作帮助学生实现学业成长，体现学生在学习活动中的主体性特征。而“细心”诊断点从课内指导、学生身心健康、课外交流三个方面进行观测，督促教师以学生为中心，尊重教育规律、尊重学生的成长规律、尊重学生个性发展，设计、开展教育教学活动。

（五）学生成长五到

习近平总书记在全国教育大会上的讲话中指出，培养什么样的人，是教育的首要问题，并从理想信念、爱国情怀、品德修养、知识见识、奋斗精神、综合素质等各个方面对教育工作提出了具体要求。“SPADE”模型坚持“以学生为中心”的建构理念，重视在学生层面开展质量诊改，设计学生成长“五到”的诊改模型，从知识学到、技能习到、素质修到、情商悟到、胆商练到5个维度的17个诊断点对学生综合素质进行全面诊改。

1. 知识学到方面

知识是高职院校实现人才培养目标的首要层次，“SPADE”模型在学生层面开展诊改，重视对学生所学知识的检测，设置“知识学到”维度囊括专业知识、社科知识、人文知识三个诊断点。

专业知识是学生在校期间，需要达到成才规格中最重要、最基础的习得层次，也是未来求职、就职、服务行业、贡献社会所需要的基本功。“SPADE”模型从专业基础知识、专业核心知识以及专业拓展知识三个维度开展观测，以由低到高的递进层次观测学生对专业知识的习得程度。

社科知识是学生作为社会人所必需的社会公共基础知识，强调的是基础性和普遍性。习得丰富、多样的社科知识对于塑造、坚定学生的世界观、人生观和价值观有着重要的作用。"SPADE"模型从思想政治理论知识、科学文化基础知识和政治、经济、文化、历史等相关知识方面实施观测，开展诊改，落实立德树人根本任务，塑造德智体美劳全面发展的社会主义建设者和接班人。

此外，"SPADE"模型从商科针对性的建构原则出发，设置人文知识诊断点，从中华优秀传统文化知识、专业相关的法律法规及环境保护知识、中国传统商业文化和世界经济发展趋势等三个方面开展观测，帮助学生深度探索商业文化、建立商业意识。

2. 技能习到方面

技能也是人才培养规格中的重要层次，"SPADE"模型坚持以学生为中心开展诊改，在技能习到层面设置了专业能力、社会能力、方法能力三个诊断点。

专业能力是学生在学期间所需要习得的专业技术技能，是职业能力的核心，"SPADE"模型中所包含的专业基础能力、专业核心能力以及专业拓展能力三个诊断点，呈递进关系。专业基础能力是基础、必备能力，衡量学生未来是否能够踏足行业，胜任岗位需求，具有普及性，能够正常按照教学进度参加课程技能训练即可掌握，需要全部在校生掌握并运用；专业核心能力是学生在学期间需要掌握的具有一定的难度的技术技能，可衡量学生是否具备未来在行业中深耕的能力；专业拓展能力是学生选择性掌握的高阶专业技能，是学生未来在行业中成为卓越人才的需要，难度较高，需要学生借助第二课堂或各类竞赛进行锻炼。

社会能力是"SPADE"模型中最能体现商科专业特色的职业能力之一，包含服务社会能力、社会交往能力以及团队协作能力三个观测点。商业活动作为一种社会活动，社会能力成了商科职业院校人才培养质量的目标与标准。

方法能力是学生在专业学习中遇到问题，设计并运用方法解决问题的能力，是学生实现自我提升的可持续发展的途径。"SPADE"模型从语言交流能力、计算机应用能力、艺术鉴赏能力、时间管理能力、自我管理能力五个维度开展观测，以商科专业特色为核心打造学生在社会交往、数据管理、审美能力、自我管控等多个方面的能力，促使学生不断提升社会适应力。

3. 素质修到方面

素质也是人才培养目标制定的重要层面，"SPADE"模型着力培养德智体美劳全面发展的新时代商科职业技术技能人才，注重对学生素质层面的诊断与改进，在素质修到方面包含价值观、职业素养、身体素质、心理素质等四个诊断点。

价值观是认定事物、辨定是非的一种思维或取向。"SPADE"模型从爱国精神、遵纪守法、劳动态度、诚信友善四个方面进行观测，对学生的价值取向开展诊断，塑造热爱祖国、遵纪守法、热爱劳动、慎独自律的高素质技术技能人才。

职业素养是个体在从事职业活动时需要遵守的劳动规范，体现在品质、能力、行为三个层面。“SPADE”模型在工匠精神、社会适应能力、爱岗敬业、职业道德、社会责任感和使命感五个方面开展观测，实施诊断。以工匠精神、职业道德、社会责任感和使命感等道德品质作为思想引领，以社会适应力作为能力保障，以爱岗敬业作为行为引导，多方位塑造高素质商业从业人才。

身体素质教育方面，受到了党中央的高度关切。2020 年，中共中央办公厅、国务院办公厅印发《关于全面加强和改进新时代学校体育工作的意见》提出，以立德树人为根本，以社会主义核心价值观为引领，以服务学生全面发展、增强综合素质为目标，坚持健康第一的教育理念，帮助学生在体育锻炼中享受乐趣、增强体质、健全人格、锤炼意志，培养德智体美劳全面发展的社会主义建设者和接班人。“SPADE”模型从运动技能、体测成绩、体育活动、体育竞赛等方面开展观测，着力培养学生运动的技能、健康的身心、健全的人格、竞技的精神。

心理素质是个体性格品质和心理能力的综合体现。而对于商科类学生而言，心理素质更是职业所要求具备的品质特征和素质能力之一。“SPADE”模型立足商科高等职业教育，在心理素质方面构建诊断点，包含了品格与态度两方面。品格方面重在从坚韧、无畏等方面衡量学生的意志品质；态度重在从积极乐观、主动适应等方面衡量学生参与学习的表现。

4. 情商悟到方面

商业活动是一种以商品或劳务交换为主要内容的营利性的经济活动，具有极强的产品流通性和社会交往性，对于学生的情商有着较高的要求标准。“SPADE”模型立足行业特征，在情商悟到层面设置交际能力、健康人格、情绪管理、内驱力四个诊断点。

交际能力是商科类学生在商业活动中需要具备的重要能力。“SPADE”模型从岗位需求出发，充分考虑学生需要具备的沟通技巧，设置交际能力包含：领导能力、沟通协调能力、同理心和换位思考、参加学校社团情况等四个观测点，综合诊改学生在第一课堂、第二课堂的表现。

健康人格方面侧重从心理健康的视角考查学生个人学习生活的态度与能力。“SPADE”模型从心理状态、感恩之心、担当精神三个不同层面开展观测，逐级递进，助力培养人格健全、积极向上的商务从业者。

情绪管理是个体对自身情绪的认识、协调、引导、互动和控制，通过充分挖掘和培植个体情绪智商，培养个体的驾驭情绪能力。情绪管理能力是学生未来积极乐观、科学有效地从事商业活动的重要能力之一，“SPADE”模型在情绪认识、情绪控制、问题处理三个方面开展观测，全面覆盖学生对情绪的认知水平和自控能力。

内驱力是指个体在需要的基础上产生的一种内部唤醒状态或紧张状态，表现为推动个体活动来达到满足需要的内部动力。"SPADE"模型从终身学习意识、自我激励能力、可持续发展力三个层面进行观测，帮助学生适应产业发展和技术进步，不断更新知识、提升技能，实现职业生命的可持续发展。

5. 胆商练到方面

胆商（Daring Intelligence Quotient）是指个体的胆量、胆识、胆略的度量，其本质体现为一种冒险精神。也是商人在对商业形势科学研判的基础上，果断出手，临危不乱的实施商业活动的胆量、能力的综合体，需要集视野、学识、洞察力、判断力、应变能力于一身。"SPADE"模型作为商科高职院校的质量保证模型，将"胆商练到"列为学生必备的能力之一，包含了创新创业、竞争意识、逆境处理、冒险精神四个诊断点。

商业活动具有前沿性特征，创新创业就成了商科专业人才培养的重要能力之一。对于创新创业而言，创新是能力特质，具有内隐性，创业是达到目标，具有外显性。"SPADE"模型综合考虑"创新"与"创业"的实质，制定可操作的观测点，从创业实践、创新创业大赛、自主创业三个方面实施诊断，以创业实践为抓手培养学生创新意识，进行项目孵化，继而以竞赛为平台考察创业人与创业项目的潜力，最后以市场为试金石，检验创新项目的核心竞争力，通过递进式前进，培养创新创业人才。

商业活动包含着竞争和博弈，商科专业学生也要常备竞争意识，保持竞争状态。竞争意识不可量化，但表现出来的竞技成绩是可量化的，彰显着学生对于竞争的认知与追求。"SPADE"模型从比赛、荣誉两个层面进行观测，量化衡量学生的竞争意识、竞争能力、竞技水准。

商业活动具备一定的风险性，商科学生应当具备对于风险的应对与危机处理的能力。"SPADE"模型从危机应对能力、受挫能力两个层面观测学生对危机与挫折的认知与对逆境的处理能力。

冒险精神是胆商最集中、最明显的表现之一。作为商科院校的质量保证模型，从立德树人的根本任务出发，不仅要考虑培养学生应对商业风险的能力，也要综合考量学生的正义精神、社会责任。"SPADE"模型从挑战精神、参军入伍、支援西部及贫困地区建设、见义勇为等方面进行观测，从商业活动到家国情怀，面面俱到，真正培养有理想追求、有道德品质、有责任担当的高素质商业人才。

第三节 “SPADE”标准

一、“SPADE”模型标准指标

“SPADE”模型作为商科高职院校内部质量保证体系模型，共包含五个层面，每个层面包含五个维度，共设立了100余个诊断点。如表4.2所示：

表4.2 “SPADE”模型架构具体指标

层面	维度	诊断点数	观测点数
学校	5	21	84
专业	5	23	92
课程	5	19	63
教师	5	19	58
学生	5	18	58
总计	25	100	355

（一）学校发展五重标准指标

在学校层面，围绕学校发展目标，构建“学校发展五重”模型。从定位与目标、发展战略、任务及举措、规划实施四个方面完善学校总规划，细化党建规划、专业建设规划、师资发展规划等七项专项规划以及党务和学校事务管理机构、二级教学院部、教学辅助机构的部门规划，明确发展目标。厘清各部门工作职责，优化岗位设置，建立岗位工作标准，形成规划、目标和标准体系。完善制定包括党建、行政管理、教育教学、科研管理、师资管理、学生管理、国际交流七个方面的管理制度，坚持过程性考核、结果性考核与发展性考核相结合的考核方式，组织保障、制度保障、技术保障以及经费保障的四重保障下，确保质量保证标准确立。

（二）专业建设五力标准指标

在专业层面，以“产教融合、服务地方区域经济发展和培养高素质应用型技能人才”为目标，构建“专业建设五力”模型，明确专业发展、教师、课程、就业以及社会影响等五个方面的具体诊断点和观测点，提高专业建设与区域经济发展对人才需求的契合度，进一步优化人才培养方案，梳理课程知识、技能点与岗位能力关系，细化毕业要求与课程的关系，制定相应的课程标准、资源标准，培养符合区域经济产业发展需求的复合型技术技能人才。

（三）课程建设五度标准指标

在课程层面，体现以“学习者为中心”的宗旨，构建“课程建设五度”模型。结合岗位要求和人才培养目标，形成具体的课程标准，根据职业岗位的知识、能力、素质结构的要求，围绕课程与岗位的融合度，开展课程内容教学以及教学资源建设，合理设置课程教学团队，创新教学方法，改革考核评价方式，并不断优化，提高课程教学质量。

（四）教师发展五特标准指标

在教师层面，根据教师发展成长规律，构建“教师发展五特”模型。以师德建设为中心、围绕教学能力、科研能力、实践能力、管理以及服务能力等方面建立教师评价标准，引导教师将个人职业发展与学生成长成才、学校长远发展紧密联系起来，建立教师评价标准体系，形成国家、省级、院级教学名师、双师、大师的成长机制。

（五）学生成长五到标准指标

在学生层面,以“立德树人”为核心,构建“学生成长五到”模型。综合考虑学生全面发展，学习生涯、职业生涯以及个性成长等要素，制定学生综合评价标准，涵盖学业职业能力、思想政治素质，身心健康素质等学生全面发展标准，提高人才培养质量。

二、“SPADE”标准的制订说明

通过分析国外职业教育质量标准评价模式，并借用其成熟经验，构建商科院校 SPADE 评价标准，主要包括学校、专业、课程、教师与学生五个层面，每个层面分别设置五个维度，并将五个维度细化为具体的诊断点，再具体为诊断标准内涵和说明，赋予相应的分值，并依据分值，对应评价等级。根据院校、专业、课程、教师、学生的实际情况，得出相应的分数，学校层面是质量管理的基础和前提，决定学校发展的总体方向；专业层面连接着学校、课程、教师和学生，是质量管理的动力；课程层面是质量管理的过程保障，决定着人才培养质量，教师层面是质量管理的组织保障，学生层面是学校质量管理的重要体现。

（一）“SPADE”模型学校层面标准内涵及说明

学校层面是围绕学校发展目标，从重规划、重体系、重制度、重考核以及重保障五个维度对学校发展能力及人才培养质量进行全面诊改，分值为 100 分，详见表 4.3 所示，主要包括各项规划、体系建设、制度建设、考核评价和保障机制五个方面，共 21 个诊断点，针对每个诊断点，细化为具体内涵说明，并设置预警和评价指标。

表 4.3　“SPADE”模型学校层面内涵说明

维度	诊断点	内涵及说明	预警	评分
1.1 重规划（20 分）	1.1.1 学校发展规划（8 分）	1. 指导思想明确，发展定位准确，发展战略合理； 2. 科学制定发展目标，目标清晰明确； 3. 有涵盖人才培养、教师队伍、社会服务、国际交流合作、特色校园文化、管理效能、办学条件等方面的具体建设内容、任务及举措； 4. 规划实施与保障具有较强的可行性、可操作性； 5. 目标任务按部门和年度进行合理分解。 说明：1. 实际质量优于内涵要求得该项分数 90% 以上；2. 其他根据规划质量酌情打分	目标任务没有按部门和年度进行分解	A 级：评分≥ 18 分； B 级：18 分＞评分≥ 12 分； C 级：评分＜ 12 分
	1.1.2 专项规划（8 分）	1. 与学校发展规划有机衔接； 2. 专项规划完整； 3. 各专项规划定位、目标清晰明确，措施保障有力； 说明：1. 缺两项专项规划及以上该项不得分；2. 其他根据规划质量酌情打分	缺两项专项规划及以上	
	1.1.3 部门规划（4 分）	1. 根据学校发展需要制定部门发展规划； 2. 各部门目标制定科学合理，部门之间目标互相呼应； 3. 目标完成时间安排合理。 说明：1. 实际质量优于内涵要求得该项分数 90% 以上；2. 其他根据规划质量酌情打分	缺两个部门发展规划及以上	
1.2 重体系（18 分）	1.2.1 组织体系（5 分）	1. 部门设置合理，职能明确； 2. 流程规范，行政效能高； 3. 组织变革符合学校发展需要。 说明：1. 组织机构僵化，缺乏灵活性等该项得分不高于 60%；2. 其他根据组织运转情况酌情打分		A 级：评分≥ 16 分； B 级：16 分＞评分≥ 10 分； C 级：评分＜ 10 分
	1.2.2 规划体系（3 分）	1. 各类规划完整，有机衔接，对学校总规划形成合理支撑； 2. 各专项规划、各部门计划之间互相配合无冲突； 3. 规划体系内容涵盖高校五大功能并有机融合。 说明：1. 实际效果优于以上内涵指标，得到该项分数 90% 以上；2. 其他根据规划质量酌情打分		

续表

维度	诊断点	内涵及说明	预警	评分
1.2 重体系（18 分）	1.2.3 目标体系（3 分）	1. 目标制定符合 SMART 原则，形成清晰合理的目标链； 2. 根据区域经济社会发展需要和学校发展定位设置人才培养目标、专业发展及课程建设目标； 3 科学制定党建、办学规模、科学研究、师资发展、社会服务、国际化办学等目标。 说明：1. 实际表现优于以上内涵指标，得到该项分数 90% 以上；2. 缺两个目标体系及以上该项不得分；3. 其他酌情打分	缺两个主要目标体系及以上	A 级：评分≥16 分； B 级：16 分>评分≥10 分； C 级：评分<10 分
	1.2.4 标准体系（7 分）	1. 岗位工作职责、标准明确，岗位工作流程规范； 2. 建立完整的专业设置标准、专业动态调整标准等专业系列标准； 3. 建立完整的课程建设标准、课堂教学实施标准等课程系列标准； 4. 建立顶岗实习标准、实训条件建设标准等； 5. 建立完整的师德师风标准、企业人员兼职教师聘任标准、专业技术资格评审（认定）标准等教师系列标准； 6. 建立学生管理标准、先进班集体、先进个人评选标准等学生系列标准。 说明：1. 实际效果优于以上内涵指标，得到该项分数 90% 以上；2. 缺两个标准体系及以上该项不得分；3. 其他酌情打分	缺两个标准体系及以上	
1.3 重制度（19 分）	1.3.1 党建（5 分）	1. 制定了党建主要制度； 2. 制度执行规范； 3. 制度修订及时； 4. 制度更新符合上级文件要求及学校党建实际。 说明：1. 缺乏主要制度的，得分不高于该项得分的 50%；2. 其他酌情打分	缺乏党建主要制度	A 级：评分≥17 分； B 级：17 分>评分≥11 分； C 级：评分<11 分
	1.3.2 行政管理（3 分）	1. 制定了行政管理主要制度； 2. 制度执行规范； 3. 制度修订及时； 4. 制度更新符合学校行政管理实际。 说明：1. 缺乏主要制度的，得分不高于该项得分的 60%；2. 其他酌情打分	缺乏行政管理主要制度	

续表

维度	诊断点	内涵及说明	预警	评分
1.3 重制度 （19 分）	1.3.3 教育教学 （3 分）	1. 制定了教育教学主要制度； 2. 制度执行规范； 3. 制度修订及时； 4. 制度更新符合学校教育教学实际。 说明：1. 缺乏主要制度的，得分不高于该项得分的 60%；2. 其他酌情打分	缺乏教育教学管理主要制度	
	1.3.4 科研管理 （2 分）	1. 制定了科研管理主要制度； 2. 制度执行规范； 3. 制度修订及时； 4. 制度更新符合上级文件要求及学校实际。 说明：1. 缺乏主要制度的，得分不高于该项得分的 60%；2. 其他酌情打分	缺乏科研管理主要制度	
	1.3.5 师资管理 （2 分）	1. 制定了师资管理主要制度； 2. 制度执行规范； 3. 制度修订及时； 4. 制度更新符合上级文件要求及学校实际。 说明：1. 缺乏主要制度的，得分不高于该项得分的 60%；2. 其他酌情打分	缺乏师资管理主要制度	A 级：评分 ≥ 17 分； B 级：17 分＞评分≥ 11 分； C 级：评分 ＜ 11 分
	1.3.6 学生管理 （2 分）	1. 制定了学生管理主要制度； 2. 制度执行规范； 3. 制度修订及时； 4. 制度更新符合上级文件要求及学校学生实际情况。 说明：1. 缺乏主要制度的，得分不高于该项得分的 60%；2. 其他酌情打分	缺乏学生管理主要制度	
	1.3.7 国际交流 （2 分）	1. 制定了国际交流主要制度； 2. 制度执行规范； 3. 制度修订及时； 4. 制度更新符合上级文件要求及学校实际。 说明：1. 缺乏主要制度的，得分不高于该项得分的 50%；2. 实际表现优于以上内涵指标，得到该项分数 80% 以上；3. 其他酌情打分	缺乏国际交流主要制度	
1.4 重考核 （25 分）	1.4.1 过程性考核 （10 分）	1. 考核细则、考核内容明确，可操作性强； 2. 考核流程、要求、程序等操作性强、详细规范； 3. 考核评价高，考核结果运用效果好。 说明：1. 无现场考核的，得分不高于该项得分的 70%；2. 其他根据考核运行情况酌情打分		A 级：评分 ≥ 22 分； B 级：22 分＞评分≥ 15 分； C 级：评分 ＜ 15 分

续表

维度	诊断点	内涵及说明	预警	评分
1.4 重考核 （25分）	1.4.2 结果性考核 （7分）	1. 目标达成度高； 2. 任务完成率高。 说明：1. 实际表现优于以上内涵指标，得到该项分数 90% 以上；2. 其他根据目标达成及任务完成情况酌情打分		A 级：评分 ≥ 22 分； B 级：22 分 > 评分 ≥ 15 分； C 级：评分 < 15 分
	1.4.3 发展性考核 （8分）	1. 有发展性考核相关制度； 2. 考核符合经济性要求，示范性效果显著，注重持续性发展要求。 说明：1. 实际效果优于以上内涵指标，得到该项分数 90% 以上；2. 其他酌情打分	无发展性考核相关制度	
1.5 重保障 （18分）	1.5.1 组织保障 （6分）	1. 组织机构健全，人员组成合理； 2. 职责明确，机制运行顺畅。 说明：1. 无组织架构则该项不得分；2. 其他根据机构运行情况酌情打分		A 级：评分 ≥ 16 分； B 级：16 分 > 评分 ≥ 10 分； C 级：评分 < 10 分
	1.5.2 制度保障 （6分）	1. 有废改立相关制度； 2. 定期集中清理制度，制度废除、修订或继续执行的意见及时和符合学校发展实际。 说明：1. 无废改立相关制度的，得分不高于该项得分的 60%；2. 其他根据制度废改立情况酌情打分		
	1.5.3 技术保障 （3分）	1. 根据需要配置专业的工作团队； 2. 仪器设备、生均教学仪器设备投入值符合上级要求及学校实际。 说明：1. 实际质量优于以上内涵指标，得到该项分数 90% 以上；2. 其他根据团队配备及设备投入情况酌情打分		
	1.5.4 经费保障 （3分）	1. 资金筹措顺畅，能满足学校发展需求； 2. 资金管理规范，使用合理； 3. 监督机制完善。 说明：1. 有资金使用违规情况的，得分不高于该项得分的 50%；2. 其他根据资金管理及使用效果情况酌情打分	1. 无资金管理制度 2. 无监督机制	

（二）“SPADE”模型专业层面标准内涵及说明

专业层面是以“产教融合、服务地方区域经济发展和培养高素质应用型技能人才”为目标，从专业发展潜力、师资实力、课程保证力、就业竞争力以及社会影响力五个维度对专业建设与发展能力进行诊改，分值为 100 分，主要内容详见表 4.4 所示。

表 4.4　SPADE 模型专业层面内涵说明

维度	诊断点	内涵及说明	预警	评分
2.1 发展潜力（25 分）	2.1.1 在校生规模与培养质量（5 分）	1. 近 3 年全日制招生完成率应达 90%； 2. 近 3 年平均报到率应高于 85%； 3. 近 3 年招生规模保持持平或增长； 4. 近 3 年有招收国际学生、进修生。 说明：1. 实际质量优于内涵要求得该项分数 90% 以上；2. 有一项未达要求得分不高于该项分数 60%	当年招生完成率低于 50%	A 级：评分 ≥ 22 分； B 级：22 分 > 评分≥ 15 分； C 级：评分 < 15 分
	2.1.2 专业论证与岗位分析（3 分）	1. 专业论证及岗位分析报告与区域产业对接，形成专业分析报告； 2. 有头部企业参与共建专业建设委员会及运行情况良好； 3. 开展职业岗位及人才需求分析； 4. 专业定位与学校办学定位契合。 说明：1. 有头部企业参与共建专业建设委员会得该项分数 90% 以上；2. 其他酌情打分	无专业建设委员会	
	2.1.3 校企合作（3 分）	1. 校企共同研究专业设置，适应市场需求； 2. 校企共同设计人才培养方案，协同育人； 3. 校企共同开发课程及教材，切合岗位要求； 4. 校企共同建设实训实习平台，资源共享； 5. 校企共同制定人才培养质量标准，与职业、行业、企业标准对接； 6. 校企共同组建教学团队，参与教学实施和教学改革与研究。 说明：1. 企业未参与内涵要求任何一项的得分不高于该项分数 60%；2. 其他酌情给分	无企业参与合作	
	2.1.4 专业建设与创新发展（5 分）	1. 创新办学模式符合人才培养需求； 2. 实践教学占比超过 50%； 3. 建立专业动态调整机制，并有效实施； 说明：1. 实践教学占比低于 50% 得分不高于该项分数 70%；2. 其他酌情给分	实践教学占比低于 50%	
	2.1.5 目标定位及能力结构（5 分）	1. 人才培养目标定位清晰，符合产业发展，与学校办学定位目标契合； 2. 人才培养能力结构合理，实时根据产业发展滚动修改； 3. 毕业生质量标准明确，人才质量符合企业要求。 说明：1. 实际质量优于内涵要求得该项分数 90% 以上；2. 其他酌情给分		

续表

维度	诊断点	内涵及说明	预警	评分
2.1 发展潜力（25 分）	2.1.6 诊断与改进（4 分）	1. 专业诊断与改进体系合理规范，目标链、标准链清晰合理； 2. 依据 8 字螺旋有效开展专业诊断与改进，有工作开展的过程性材料。 说明：1. 未开展专业诊断与改进工作此项不得分；2. 其余根据专业诊断与改进机制运行情况酌情给分	未开展专业诊断与改进工作	
2.2 师资实力（26 分）	2.2.1 专业带头人资质与条件（3 分）	1. 具有相关专业本科以上学历； 2. 副教授以上职称； 3. 教学经验 8 年以上； 4. 担任 1 门以上主干课程教学； 5. 近 5 年曾主持或作为主要参与者（排前三名）参加科研项目。 说明：1. 教学经验不满 8 年以上不高于此项分数的 80%；2. 近 5 年无科研项目此项不得分		
	2.2.2 专业带头人成果与荣誉（6 分）	1. 近 5 年发表 1 篇以上核心刊物论文； 2. 近 5 年主持至少 1 项省级以上课题并结题。 3. 指导学生参赛获国家级奖项； 4. 教师参赛获省级奖及以上。 说明：1. 实际质量优于内涵要求得该项分数 90% 以上；2. 其他酌情给分		A 级：评分 ≥ 23 分； B 级：23 分 > 评分 ≥ 15 分； C 级：评分 < 15 分
	2.2.3 教师团队数量结构（5 分）	1. 师生比例合理，不低于 1 ∶ 18； 2. 学历比例合理，具有海外教育背景、工作背景教师占 30% 以上； 3. 双师比例合理； 4. 职称比例合理； 5. 兼职教师比例合理，来自企业占比高。 说明：1. 师生比例低于 1 ∶ 18 的得分不高于该项分数 50%；2. 其他情况酌情给分	师生比低于 1 ∶ 18	
	2.2.4 专业教师能力素质（7 分）	1. 近 5 年内有 2 名以上教师作为核心成员（排名前三）参与省级以上教研、科研课题 1 项以上并结题； 2. 近 3 年内在教师教学竞赛中至少获得 1 项省级以上奖，或指导学生至少获得 1 项省级以上奖。 说明：1. 获得 1 项省级以上奖的得该项分数 90% 以上；2. 其他酌情给分		

续表

维度	诊断点	内涵及说明	预警	评分
2.2 师资实力（26 分）	2.2.5 专业教师发展（5 分）	1. 有完善可行的教师发展相关制度； 2. 近 5 年教师企业实践时间累计不少于 2 个月； 3. 教师在教学中注重信息化技术的应用，并重视个人信息化技术应用能力的提升； 4. 教学部门有专项教师培训经费并使用合理。 说明：1. 教学系部无专项教师培训经费，或使用不合理此项不得分；2. 其他酌情给分	教学部门无培训经费	
2.3 课程保证力（28 分）	2.3.1 教学模式与成效（5 分）	1. 开展理实一体化教学改革，效果突出； 2. 行业企业师资参与课程教学； 3. 校企合作共同开发专业课程与相关教学资源，电子教学资源丰富，使用便捷； 4. 学生的课程（含实践课程）考核通过率不低于 85%； 5. 课程采用以职业实践为主线的教学模式。 说明：1. 考核通过率低于 85% 得分不高于此项分数 60%；2. 其他酌情给分	考核通过率低于 80%	A 级：评分≥26 分； B 级：26 分＞评分≥16 分； C 级：评分＜16 分
	2.3.2 课程设置（3 分）	1. 课程体系体现能力本位、凸显职业能力为主线； 2. 校企共建产教深度融合课程； 3. 岗位能力与课程设置匹配说明（含视频、图片、报告）。 说明：1. 实际质量优于内涵指标的得该项分数 90% 以上；2. 其他酌情给分		
	2.3.3 课程标准（4 分）	1. 课程标准与岗位标准对接； 2. 至少 1 门专业课程融入国际教学标准； 3. 课程标准向国外输出； 4. 联合行业企业共同制定课程标准； 5. 课程内容融入行业企业新技术、新要求。 说明：1. 课程标准向国外输出得该项分数 90% 以上；2. 其他酌情给分	无行业企业共同制定课程标准	
	2.3.4 课程资源（4 分）	1. 校企联合开发课程资源，共享课程资源； 2. 引入国际化教学资源； 3. 线上课程资源丰富，满足混合式教学要求； 4. 校企联合开发新型活页式、工作手册教材； 5. 教材选用、更新和开发制度完善； 6. 网络学习条件满足学生学习要求。 说明：1. 实际质量优于内涵要求得该项分数 90% 以上；2. 无校企联合开发课程资源得分不高于 60%；3. 其他酌情给分	无校企联合开发课程资源	

续表

维度	诊断点	内涵及说明	预警	评分
2.3 课程保证力（28分）	2.3.5 课堂建设内容与成效（4分）	1. 教学内容与人才培养目标适配度、学生能力适配度高； 2. 教学方法体现“教学做”一体理念； 3. 考核方式多样化。 说明：1. 实际质量优于内涵要求得该项分数 90% 以上；2. 其他酌情给分		A 级：评分 ≥ 26 分； B 级：26 分 > 评分≥ 16 分； C 级：评分 < 16 分
	2.3.6 校内实训基地（4分）	1. 校内实习实训基地数量、条件能够满足专业教学需求； 2. 校企共建实训基地； 3. 与国外企业或国外院校共建校内实习实训资源或基地； 4. 校内实训基地管理制度健全。 说明：1. 无校内实训基地管理制度此项不得分；2. 其他酌情给分	无校内实训基地管理制度	
	2.3.7 校外实习实训基地（4分）	1. 合作满 3 年的校外实训基地数不少于 10 个； 2. 校外实习实训基地管理制度健全，规范管理，使用率高。 说明：1. 实际质量优于内涵要求得该项分数 90% 以上；2. 其他酌情给分	校外实训基地数少于 3 个	
2.4 就业竞争力（11分）	2.4.1 学生综合素质（6分）	1. 学生参加专业技能大赛或创业类大赛获省级一等奖 2 项以上，或国家级三等奖 1 项以上； 2. 近 3 年学生获自治区优秀毕业生 1 人以上； 3. 学生参加社团比例不低于 50%； 4. 获职业技能等级证书比例不低于 30%。 说明：1. 获省级一等奖 2 项以上，或国家级三等奖 1 项以上得该项分数 90% 以上；2. 其他酌情给分		A 级：评分 ≥ 10 分； B 级：10 分 > 评分≥ 6 分； C 级：评分 < 6 分
	2.4.2 学生就业与创业（5分）	1. 近 3 年毕业生就业率不低于 90%； 2. 近 3 年就业对口率不低于 80%； 3. 当年度就业协议签订率不低于 80%； 4. 近 3 年毕业生就业满意度不低于 90%； 5. 毕业生自主创业保持增长。 说明：1. 近 3 年毕业生就业率低于 90% 得分不高于此项分数 60%；2. 其他酌情给分		

续表

维度	诊断点	内涵及说明	预警	评分
2.5 社会影响力（10分）	2.5.1 继续教育、培训及社会服务（3分）	1. 为政府、企业与社会开展职业教育培训； 2. 近3年有横向课题立项及结题； 3. 为行业企业提供生产、咨询和技术服务； 4. 开展社会培训； 5. 开展国际专项培训。 说明：1. 实际质量优于内涵要求得该项分数90%以上；2. 其他酌情给分		A级：评分≥9分； B级：9分>评分≥6分； C级：评分<6分
	2.5.2 国际影响力（3分）	1. 在校生在国（境）外进行留学2个月以上； 2. 有教师赴国（境）外参与培训； 3. 有教师赴国（境）外任职、任教； 4. 专业教学标准或课程标准被国（境）外院校使用； 5. 有学生在国外就业； 6. 教师在国际论坛作学术发言； 7. 与国外企业或国外院校开展合作办学。 说明：1. 签订国际合作项目协议的得该项分数90%以上；2. 其他酌情给分		
	2.5.3 技术服务与研发（4分）	1. 教师参与社会服务； 2. 专业教师作为第一发明人获得国家发明专利； 3. 专业教学资源应用于社会与行业服务； 4. 专业教学资源对社会或其他学校开放。 说明：1. 实际质量优于内涵要求得该项分数90%以上；2. 其他酌情给分		

（三）“SPADE”模型课程层面标准内涵及说明

课程层面重视课程开发、课程实施、课程在线反馈三个阶段的课程质量，从符合度、完整度、满意度、创新度以及达成度五个维度对课程建设进行诊改，分值为100分，主要内容详见表4.5所示。

表4.5 “SPADE”模型课程层面内涵说明

维度	诊断点	内涵及说明	预警	评分
3.1 符合度（19分）	3.1.1 符合人才培养目标（5分）	1. 课程设置科学合理，经过召开专业工作分析会充分论证，符合专业人才培养目标要求； 2. 课程内容符合专业能力培养需求。 说明：1. 实际质量优于内涵要求得该项分数90%以上；2. 其他酌情打分		A级：评分≥17分； B级：17分>评分≥11分； C级：评分<11分

续表

维度	诊断点	内涵及说明	预警	评分
3.1 符合度（19 分）	3.1.2 符合教学标准（5 分）	1. 课程符合教育部发布的《高等职业学校专业教学标准》或行业标准要求； 2. 校企共同制定课程标准、岗位标准。 说明：1. 课程参赛获得省级以上奖项得该项分数 90% 以上；2. 缺课程标准得分不高于该项分数 50%；3. 其他酌情打分	无课程标准	A 级：评分 ≥ 17 分； B 级：17 分 > 评分≥ 11 分； C 级：评分 < 11 分
	3.1.3 符合学生成长需求（5 分）	1. 思政元素融入课程内容； 2. 课程内容与职业岗位任务对接，符合学生职业发展需要； 3. 课程教学设计体现以学生为中心的理念。 说明：1. 实际质量优于内涵要求得该项分数 90% 以上；2. 其他酌情打分		
	3.1.4 符合岗位需要（4 分）	1. 课程符合岗位能力需求； 2. 课程符合理实一体要求； 3. 课程实践教学条件满足教学需要。 说明：1. 实际质量优于内涵要求得该项分数 90% 以上；2. 其他酌情打分		
3.2 完整度（22 分）	3.2.1 课程团队完整（6 分）	1. 职称、年龄、双师、学历结构合理； 2. 专业课程教师团队按要求参加企业实践。 说明：1. 研究生学历比例高于 50%，或双师比例高于 75% 得该项分数 90% 以上；2. 其他酌情打分		A 级：评分 ≥ 20 分； B 级：20 分 > 评分≥ 13 分； C 级：评分 < 13 分
	3.2.2 教学方案完整（3 分）	1. 教学计划完整，可行性高； 2. 教案完整，教案设计科学合理； 3. 实践教学方案可行，便于实施； 4. 教学进度与计划相符，与学校教学校历要求同步。 说明：1. 缺一项得分不高于该项分数 50%；2. 其他酌情打分	三项不全	
	3.2.3 教学环节完整（5 分）	1. 教学设计包含教学内容、目标、教学重难点、教学准备及过程计划、板书设计及教学反思等； 2. 教学过程体现导入、新知呈现、操练、知识拓展与巩固及总结； 3. 教学手段使用合理，注重信息化技术应用； 4. 突出学生中心，实行因材施教； 5. 考核方式多样，考核内容贴合教学实际。 说明：1. 课程参赛获得省级以上奖项得该项分数 90% 以上；2. 其他酌情打分	无教学反思	

续表

维度	诊断点	内涵及说明	预警	评分
3.2 完整度（22 分）	3.2.4 课程资源完整（8 分）	1. 选用新型活页式、工作手册式教材； 2. 校企合作共建教学课件、教学视频、教学案例等教学资源； 3. 试题库及习题库动态升级。 说明：1. 实际质量优于内涵要求得该项分数 90% 以上；2. 不符合内涵要求的酌情打分		A 级：评分≥ 20 分； B 级：20 分＞评分≥ 13 分； C 级：评分＜ 13 分
3.3 满意度（21 分）	3.3.1 学生满意度（6 分）	1. 教师教书育人，师德垂范； 2. 因材施教，耐心辅导； 3. 授课重点突出，难点讲清； 4. 教法灵活，师生互动高效； 5. 学生学习效果好。 说明：1. 学生对任课教师评教成绩在学校前 20% 得该项分数 90% 以上；2. 其他情况酌情打分		A 级：评分≥ 19 分； B 级：19 分＞评分≥ 12 分； C 级：评分＜ 12 分
	3.3.2 教师满意度（5 分）	1. 课程资源丰富，使用便捷； 2. 教学条件便利，满足多样化教学需要； 3. 能有效利用和发挥网络教学优势，在课程实施上有可创新的空间。 说明：1. 实际质量优于内涵要求得该项分数 90% 以上；2. 其他情况酌情打分		
	3.3.3 企业满意度（5 分）	1. 专业及课程建设委员会参与课程开发； 2. 企业参与课程实施； 3. 课程融入行业企业新技术、新模式、新业态。 说明：1. 实际质量优于内涵要求得该项分数 90% 以上；2. 其他情况酌情打分		
	3.3.4 社会满意度（5 分）	1. 课程面向其他学校、企业、社会开放； 2. 课程与其他学校共享； 3. 课程用于国内外培训。 说明：1. 课程用于国外培训得该项分数 90% 以上；2. 其他情况酌情打分		
3.4 创新度（18 分）	3.4.1 建设模式创新（4 分）	1. 课程建设主体多元化； 2. 应用新技术建设课程； 3. 国际合作建设课程。 说明：1. 有国际合作建设课程得该项分数 90% 以上； 2. 其他情况酌情打分		A 级：评分≥ 16 分； B 级：16 分＞评分≥ 10 分； C 级：评分＜ 10 分

续表

维度	诊断点	内涵及说明	预警	评分
3.4 创新度（18 分）	3.4.2 课程内容创新（6 分）	1. 能够有机融入思想政治教育元素； 2. "1+X" 证书内容融入课程； 3. 课程与竞赛内容有机结合； 4. 开发或选用新体例教材。 说明：1. 课程参赛获得省级以上奖项得该项分数 90% 以上；2. 其他情况酌情打分		A 级：评分 ≥ 16 分； B 级：16 分 > 评分 ≥ 10 分； C 级：评分 < 10 分
	3.4.3 教学模式创新（4 分）	1. 头部企业参与教学过程； 2. 创新教学与实训模式，提供深刻的学习与实践体验； 3. 教学融入相关领域新技术、新工艺、新规范。 说明：1. 头部企业参与教学模式创新得该项分数 90% 以上；2. 其他情况酌情打分		
	3.4.4 考核方式创新（4 分）	1. 注重过程性考核、实时考核和分层考核； 2. 基于数据和事实的评价和考核； 3. 建立企业参与考核机制，实行多元化考核； 4. 考核方式与课程内容相匹配。 说明：1. 实际质量优于内涵要求得该项分数 90% 以上；2. 其他情况酌情打分		
3.5 达成度（20 分）	3.5.1 规划达成（6 分）	1. 能较好完成课程教学计划，按课程实施方案开展教学活动； 2. 课程开展有效的诊断与改进工作。 说明：1. 有效开展课程诊断与改进工作得该项分数 90% 以上；2. 其他情况酌情打分	未开展诊断与改进工作	A 级：评分 ≥ 18 分； B 级：18 分 > 评分 ≥ 12 分； C 级：评分 < 12 分
	3.5.2 质量达成（8 分）	1. 课程参赛获奖成果丰富； 2. 学生、同行、督导三个层面的评价好； 3. 学生成绩的分布合理。 说明：1. 课程参赛获得省级以上奖项得该项分数 90% 以上；2. 其他情况酌情打分		
	3.5.3 成效达成（6 分）	1. 课程示范效果佳； 2. 课程教改获得立项； 3. 课程获得国际认可。 说明：1. 实际质量优于内涵要求得该项分数 90% 以上；2. 其他情况酌情打分		

（四）"SPADE" 模型教师层面标准内涵及说明

教师层面，根据教师发展成长规律，从育人情操特高、教学能力特强、教师魅力特有、科研能力特优以及仁爱之心特显五个维度按不同的评价指标实施教师自我诊改，分值为 100 分，主要内容详见表 4.6。

表 4.6 “SPADE”模型教师层面内涵说明

维度	诊断点	内涵及说明	预警	评分
4.1 育人情操特高 （16 分）	4.1.1 师德师风 （8 分）	遵守教育部《新时代高校教师职业行为十项准则》 说明：1. 获得省部级以上优秀教师、模范教师、教学名师等荣誉可得该项分数 90% 以上；2. 有师德失范行为不得分；3. 其他根据情况酌情打分	发生教学事故	A 级：评分 ≥ 14 分； B 级：14 分 > 评分 ≥ 9 分； C 级：评分 < 9 分
	4.1.2 教育情怀 （8 分）	1. 热爱社会主义祖国，热爱社会主义教育事业； 2. 遵守教育部《高等学校教师职业道德规范》。 说明：1. 获得省部级以上优秀教师、模范教师、教学名师等得该项分数 90% 以上；2. 有师德失范行为不得分；3. 其他根据情况酌情打分	发生教学事故	
4.2 教学能力特强 （32 分）	4.2.1 教学设计能力 （7 分）	1. 教学内容有效支撑教学目标的实现； 2. 教学设计体现学校专业人才培养方案和课程标准。 说明：1. 教师参加各类教学能力比赛获省部级以上奖项可得该项分数 90% 以上；2. 学生评教成绩在学校排名后 10 名且评教成绩低于 60 分的不得分；3. 其他根据情况酌情打分	学生评教低于 60 分且学校排名后 10 名	A 级：评分 ≥ 29 分； B 级：29 分 > 评分 ≥ 19 分； C 级：评分 < 19 分
	4.2.2 教学组织能力 （9 分）	1. 课堂教学组织能有效反映学生整体与个体情况，学生到课率高； 2. 准确预判教学重难点及其掌握可能，教学效果可评可测。 说明：1. 教师参加各类教学能力比赛获省部级以上奖项可得该项分数 90% 以上；2. 学生评教成绩在学校排名后 10 名且评教成绩低于 60 分的不得分；3. 其他根据情况酌情打分	学生评教低于 60 分且学校排名后 10 名	
	4.2.3 教学执行能力 （5 分）	1. 按照教学进度实施教学，教学活动安全有序； 2. 教学环境满足需求，教学活动安全有序，教学互动广泛深入，教学气氛生动活泼。 说明：1. 教师参加各类教学（职业）能力比赛获省部级以上奖项可得该项分数 90% 以上；2. 其他根据情况酌情打分	无教学进度计划表	
	4.2.4 技能应用能力 （6 分）	1. 合理运用云计算、大数据、物联网、虚拟 / 增强现实、人工智能等信息技术应用于教学； 2. 有数字资源、信息化教学设施设备。 说明：1. 信息技术使用效果突出可得该项分数 90% 以上；2. 其他根据情况酌情打分		

续表

维度	诊断点	内涵及说明	预警	评分
4.2 教学能力特强（32 分）	4.2.5 整合能力（5 分）	1. 教师参加各级各类教学技能大赛； 2. 教师指导学生参加各级各类专业技能比赛； 3. 校企共同开发、合作开展人才培养各类项目。 说明：1. 教师参赛或指导学生参赛获省部级以上奖项可得该项分数 90% 以上；2. 其他根据情况酌情打分		A 级：评分 ≥ 29 分； B 级：29 分 > 评分≥ 19 分； C 级：评分 < 19 分
4.3 科研能力特优（19 分）	4.3.1 创新思维（3 分）	1. 积极开发新工艺、新技术、新产品、新材料； 2. 能解决行业企业生产中重大、关键性技术问题； 3. 建立或参与创新创业团队。 说明：1. 实际效果显著可得该项分数 90% 以上；2. 其他根据情况酌情打分		A 级：评分 ≥ 17 分； B 级：17 分 > 评分≥ 11 分； C 级：评分 < 11 分
	4.3.2 科研水平（7 分）	1. 公开发表论文、出版著作； 2. 主持或作为核心成员参与课题获省部级及以上立项； 3. 获得省部级科研成果奖。 说明：1. 科研成果突出的可得该项分数 90% 以上；2. 其他根据科研成果情况酌情打分	年度内无任何论文发表、著作出版，以及没有发明专利或新专利开发，且未主持或参加任何课题	
	4.3.3 成果推广（6 分）	1. 开展生产、咨询和技术服务，行业培训； 2. 成果推广社会效益和经济效益突出。 说明：1. 成果推广起典型示范作用可得该项分数 90% 以上；2. 其他根据情况酌情打分		
	4.3.4 团队协作（3 分）	1. 在“双师型”师资队伍建设中发挥积极作用； 2. 能与其他教师共同备课、合作进行课题研究等。 说明：1. 实际效果优于指标内涵要求可得该项分数 80% 以上；2. 其他根据情况酌情打分		
4.4 教师魅力特有（17 分）	4.4.1 职业素养（8 分）	1. 具有高校教师资格证； 2. 积极申报技术职称； 3. 取得职业资格证书（含行业特许的资格证书及具有专业资格或专业技能考评员资格者及行业公认的证书）； 4. 积极参加国内外学习、培训、进修。 说明：1. 实际效果优于内涵要求可得该项分数 80% 以上；2. 其他根据情况酌情打分	无高校教师资格证	A 级：评分 ≥ 15 分； B 级：15 分 > 评分≥ 10 分； C 级：评分 < 10 分
	4.4.2 扎实学识（3 分）	1. 具有专业相关的学历学位； 2. 专业教师每五年到企业实践相关活动累计不少于 2 个月，新任教师岗前企业实践不少于 6 个月； 3. 参加本专业教学和科研专题培训。 说明：1. 实际成果优于内涵要求可得该项分数 90% 以上；2. 其他根据情况酌情打分		

续表

维度	诊断点	内涵及说明	预警	评分
4.4 教师魅力特有（17分）	4.4.3 影响力（3分）	1. 在专业领域的行业协会、职业教育指导委员会任职或承担过相关的行业企业标准制定、规章制度起草等工作； 2. 担任职业技能比赛裁判工作； 3. 先进事迹得到媒体报道。 说明：1. 在省部及以上行业协会、职业教育指导委员会任职或承担过相关专业领域的行业企业标准制定、规章制度起草等工作的可得该项分数80%以上；2. 其他根据情况酌情打分		A级：评分≥15分； B级：15分＞评分≥10分； C级：评分＜10分
	4.4.4 感染力（3分）	1. 行为举止得体，注重立德树人； 2. 关注学生的全面成长。 说明：1. 学生评教学校排名前20%的可得该项分数80%以上；2. 其他根据情况酌情打分		
4.5 仁爱之心特显（16分）	4.5.1 仁心（4分）	1. 服务经济社会发展，参与脱贫攻坚行动； 2. 利用专业资源开展生产、咨询和技术服务，行业培训。 说明：1. 实际效果显著可得该项分数80%以上；2. 其他根据情况酌情打分		A级：评分≥14分； B级：14分＞评分≥9分； C级：评分＜9分
	4.5.2 爱心（4分）	1. 开展三下乡、义务支教等志愿服务工作； 2. 赞助支持义务植树、无偿献血、助学等社会公益活动。 说明：1. 实际效果显著可得该项分数80%以上；2. 其他根据情况酌情打分		
	4.5.3 耐心（4分）	1. 通过各种教学手段、方式和资源答疑解惑； 2. 根据学生需求进行课内课外辅导。 说明：1. 实际效果显著可得该项分数80%以上；2. 其他根据情况酌情打分		
	4.5.4 细心（4分）	1. 专心致力学生个性化指导和学习能力培养； 2. 关注学生心理健康发展。 说明：1. 实际效果显著可得该项分数80%以上；2. 其他根据情况酌情打分		

（五）“SPADE”模型学生层面标准内涵及说明

学生层面，以“立德树人”为核心，从知识学到、技能习到、素质修到、情商悟到以及胆商练到五个维度开展学生发展能力诊改，分值为100分，主要内容详见表4.7所示。

表 4.7　“SPADE”模型学生层面内涵说明

维度	诊断点	内涵及说明	预警	评分
5.1 知识学到（25 分）	5.1.1 专业知识（13 分）	依据人才培养方案要求按时取得相关课程学分 说明：1. 上一学期所有考试（查）科目成绩总分排名在同年级同专业学生前 20% 得到该项分数 90% 以上；2. 成绩排名后 10% 并有专业课程不及格的不得分；3. 其他酌情打分	没有按进度完成学分	A 级：评分 ≥ 22 分； B 级：22 分 > 评分 ≥ 15 分； C 级：评分 < 15 分
	5.1.2 社科知识（6 分）	1. 积极参加各种思想政治学习、讲座、知识竞赛和科学文化活动等； 2. 依据人才培养方案要求按时取得相关课程学分 说明：1. 上一学期所有考试（查）科目成绩总分排名在同年级同专业学生前 20% 的得到该项分数 90% 以上；2. 成绩排名后 10% 并有社科类课程不及格的不得分；3. 其他酌情打分	没有获得相关课程学分	
	5.1.3 人文知识（6 分）	1. 积极参加优秀传统文化进校园活动、与本专业相关的法律法规讲座、商业文化活动等； 2. 依据人才培养方案要求按时取得相关课程学分 说明：1. 上一学期所有考试（查）科目成绩总分排名在同年级同专业学生前 20% 的得到该项分数 90% 以上；2. 成绩排名后 10% 并有人文类课程不及格的不得分；3. 其他酌情打分	没有获得相关课程学分	
5.2 技能习到（30 分）	5.2.1 专业能力（12 分）	1. 积极参加专业训练、综合技能实训、创新创业活动、第二课堂活动以及专业技能比赛； 2. 依据人才培养方案要求按时取得相关课程学分，完成毕业设计和毕业实习。 说明：1. 参加专业技能比赛获得省级以上奖励，得到该项分数 90% 以上；2. 不参加任何专业技能比赛，得分不高于该项分数 50%；3. 其他酌情打分	没有完成实习实训课程、毕业设计学分	A 级：评分 ≥ 27 分； B 级：27 分 > 评分 ≥ 18 分； C 级：评分 < 18 分
	5.2.2 社会能力（7 分）	1. 积极参加社会实践活动、志愿者服务、公益服务活动等； 2. 加入社团或积极参加社团活动，在活动中注重合作，讲究团队精神，具有较强社会适应能力和社交能力； 3. 具有敏锐的商业意识、较强的心理承受力、良好的沟通技巧和顽强的创新创业精神。 说明：1. 获得优秀班团干、社团积极分子等，得到该项分数 80% 以上；2. 不参加任何社团及社会服务活动，得分不高于 30%；3. 其他酌情打分	没有完成相应的素质教育学分	

续表

维度	诊断点	内涵及说明	预警	评分
5.2 技能习到（30 分）	5.2.3 方法能力（11 分）	1. 具有运用辩证唯物主义的基本观点以及方法认识、分析和解决问题的能力； 2. 具有熟练操作计算机常用软件以及处理业务工作的能力； 3. 具有一定获取、分析以及使用信息的能力； 4. 具有终身学习以及岗位迁移能力； 5. 具有良好的语言、文字表达能力以及较好的跨文化沟通能力。 说明：1. 实际表现优于以上内涵指标，得到该项分数 80% 以上；2. 其他酌情打分	没有完成相关的课程学分	A 级：评分 ≥ 27 分； B 级：27 分 > 评分≥ 18 分； C 级：评分 < 18 分
5.3 素质修到（18 分）	5.3.1 价值观（4 分）	1. 认同和践行社会主义核心价值观； 2. 具有热爱祖国、热爱人民的良好情怀，自觉遵守法律法规，遵守学校的规章制度； 3. 积极参加劳动，为人诚信友善； 4. 具有敬畏生命、以身作则、慎独自律的道德觉悟，自觉锤炼明大德、守公德、严私德的道德品格。 说明：1. 实际表现优于以上内涵指标，得到该项分数 80% 以上；2. 其他酌情打分	1. 未参加国防教育； 2. 达到《学生违纪预警制度》的预警范围； 3. 没有取得劳动课程的学分	A 级：评分 ≥ 16 分； B 级：16 分 > 评分≥ 10 分； C 级：评分 < 10 分
	5.3.2 职业素养（6 分）	1. 践行工匠精神，怀匠心、铸匠魂、守匠魂、践匠行； 2. 遵守职业道德，乐于助人； 3. 具有正确的就业观和创业观； 4. 有良好的社会责任感和使命感； 5. 具有一定的审美和人文素养，具有感受美、表现美、鉴赏美、创造美的能力，能够形成 1～2 项艺术特长或爱好。 说明：1. 实际表现优于以上内涵指标，得到该项分数 80% 以上；2. 其他酌情打分	没有完成相应的素质教育学分	
	5.3.3 身体素质（3 分）	1. 热爱体育活动，掌握一定的运动技能，积极参加体育活动和体育竞赛； 2. 具有健康的体魄和心理、健全的人格，能够掌握基本运动知识和 1～2 项运动技能，养成良好的健身和卫生习惯，以及良好的行为习惯。 说明：1. 参加体育类比赛获区级以上奖，得到该项分数 90% 以上；2. 体测不达标或未获得体育相关课程学分，得分不高于 50%。3. 其他酌情打分	1. 体测不达标； 2. 未获得体育相关课程学分	

续表

<table>
<tr><th>维度</th><th>诊断点</th><th>内涵及说明</th><th>预警</th><th>评分</th></tr>
<tr><td>5.3 素质修到（18 分）</td><td>5.3.4 心理素质（5 分）</td><td>1. 具有积极乐观的态度和积极心态，有坚韧的品格，不害怕失败；
2. 具有健全的体魄和良好的心理调节、适应能力；心理健康，心理普测正常。
说明：1. 实际表现优于以上内涵指标，得到该项分数 80% 以上；2. 其他酌情打分</td><td>心理普测达到高风险值</td><td>A 级：评分 ≥ 16 分；
B 级：16 分 > 评分≥ 10 分；
C 级：评分 < 10 分</td></tr>
<tr><td rowspan="4">5.4 情商悟到（15 分）</td><td>5.4.1 交际能力（8 分）</td><td>1. 积极参加各种集体活动、校园文化活动等，合群不孤僻；
2. 具备同理心和换位思考的能力；
3. 具有良好的适应环境的能力。
说明：1. 获得优秀班团干、社团积极分子等，得到该项分数 80% 以上；2. 不参加任何社团及社会服务活动，该项得分不高于 30%；3. 其他酌情打分</td><td></td><td rowspan="4">A 级：评分 ≥ 13 分；
B 级：13 分 > 评分≥ 9 分；
C 级：评分 < 9 分</td></tr>
<tr><td>5.4.2 健康人格（3 分）</td><td>1. 热爱学习，热爱生活，心理状态良好，具有感恩之心，勇于担当；
2. 能正确认识自我、悦纳自我和有效调控自我。
说明：1. 实际表现优于以上内涵指标，得到该项分数 80% 以上；2. 其他酌情打分</td><td>心理普测达到高风险值</td></tr>
<tr><td>5.4.3 情绪管理（2 分）</td><td>1. 能正确认识自身情绪、接纳或调节消极情绪，做到理智控制情绪，能进行积极防御，具有客观分析、解决实际问题的能力；
2. 具有足够的内在安全感，建立积极态度应对情绪。
说明：1. 实际表现优于以上内涵指标，得到该项分数 80% 以上；2. 其他酌情打分</td><td></td></tr>
<tr><td>5.4.4 内驱力（2 分）</td><td>1. 注重增强学习意识，具备良好的自我激励能力；
2. 能将终身学习内化于心，注重增强自身可持续发展力。
说明：1. 实际表现优于以上内涵指标，得到该项分数 80% 以上；2. 其他酌情打分</td><td></td></tr>
</table>

续表

维度	诊断点	内涵及说明	预警	评分
5.5 胆商练到（12 分）	5.5.1 创新创业（4 分）	1. 积极参加创新创业类讲座等活动； 2. 参加互联网 + 大学生创新创业大赛等创新创业类比赛； 3. 参与创业实践或进行自主创业。 说明：1. 自主创业或参加创新创业大赛获得省级以上奖励，得到该项分数 90% 以上；2. 其他酌情打分	没有获得相关课程学分	A 级：评分 ≥ 10 分； B 级：10 分 > 评分≥ 7 分； C 级：评分 < 7 分
5.5 胆商练到（12 分）	5.5.2 竞争意识（2 分）	1. 积极参加学生技能或专项竞赛； 2. 获得各级各类奖励。 说明：1. 获得省级以上比赛奖励或荣誉称号，得到该项分数 90% 以上；2. 其他酌情打分		A 级：评分 ≥ 10 分； B 级：10 分 > 评分≥ 7 分； C 级：评分 < 7 分
	5.5.3 逆境处理（3 分）	1. 具有强烈的危机意识，在危机面前能积极应对； 2. 勇于接受挫折，有较强的受挫能力。 说明：1. 实际表现优于以上内涵指标，得到该项分数 80% 以上；2. 其他酌情打分		
	5.5.4 冒险精神（3 分）	1. 符合条件的学生积极报名参军入伍以及支援西部及贫困地区建设等； 2. 具有正义感，面对大是大非敢于亮剑，面对矛盾敢于迎难而上，面对危机敢于挺身而出，面对失误敢于承担责任，面对歪风邪气敢于坚决斗争。 说明：1. 报名参军入伍、西部志愿者或见义勇为者，得到该项分数 80% 以上；2. 其他酌情打分		

第四节 “SPADE”体系

根据教育部发布的《高等职业院校内部质量保证体系诊断与改进指导方案（试行）》（教职成司函〔2015〕168 号）的要求，在职业院校范围内，推进内部质量保证体系工作，提高职业院校教育质量的自我保证能力，承担保障教学质量的主体责任，提高人才培养质量，是职业院校面临的重大问题。高职院校是职教教学质量体系的主体，应当主导开展质量管理活动体系，以各个具体的专业为载体，并通过一系列相关并且系统化的课程体系，来实现人才培养职能。通过对教育教学工作全员、全方位、全过程的不间断的“自我诊断与改进”，不断完善学校内部质量保证体系，来达到教学质量以及人才培养水平持续提高的目标。因此，需要构建科学合理的职业院校内部质量保证体系的诊改模型。

广西国际商务职业技术学院以全面质量管理思想为指导，按照"学生中心、目标导向、持续改进"的理念，坚持目标性、系统性、动态性、开放性、操作性以及针对性的原则，沿着"领导有力，全员参与—完善制度，形成文化—控制过程，反馈结果"的路径，通过完善标准体系和制度体系，建立实施体系，形成保证体系，全面推动质量建设，搭建了具有预警功能和激励作用的"五纵五横一平台"内部质量保证体系（图 4.2），实施"8 字形质量改进螺旋"。按照教学、管理、服务三条主线，充分发挥学校、政府、行业、用人单位、学生、家长以及社会机构等多元主体的责任作用，开展从入口到出口人才培养的全过程质量诊改工作。并且院校质量治理框架涵盖了全员、全过程、全方位，做到了"全覆盖"，不留质量管理体系顶层设计层面的"真空"与"缺失"。

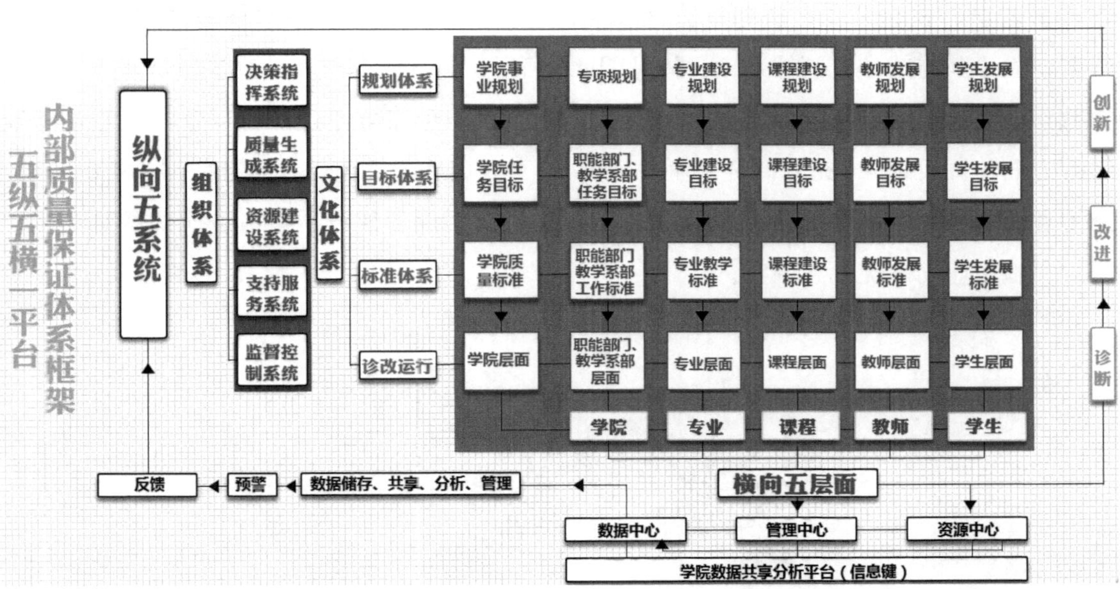

图 4.2 "五纵五横一平台"内部质量保证体系框架

一、以"五横"为纬，实施质量保证多层面开展

"五横"是内部质量保证体系中五个不同的开展层面，即学校、专业、课程、教师和学生。高职内部质量保证体系诊改需要高校明确自身的主体地位，发挥主体作用。广西国际商务职业技术学院推动诊改工作，强调学校在人才培养过程中的主要位置，在人才培养的各个环节力求将诊改工作融入常规工作，实现诊改"常态化"。在理念上，院校从领导层到师生个人都从内心认可和接受诊改，在积极探索的基础上展开诊改行动。"SPADE"五维质量保证模型取自学校、专业、课程、教师、学生这五个诊改层面核心要求，即"重（Emphasize）、力（Power）、度（Dimension）、独（Special）、到（Achievement）"的英语单词首字母的组合。

（一）在学校层面开展诊改

在学校层面，学校应围绕发展目标，明确开展质量保证工作的总体要求，构建全面质量保证建设理念，对学校发展能力和人才培养质量进行全面诊改。广西国际商务职业技术学院注重系统统筹性，一方面，培育“8 字形质量改进螺旋”，促进学校建立独立的自我质量保证机制，促使各项诊改工作的有效运行和管理；另一方面，建设智能化信息平台，做好数据采集与数据平台数据的整理和分析工作，提高诊改工作的有效性和科学性。

（二）在专业层面开展诊改

在专业层面，专业设置必须围绕相关产业发展，将产业发展对高素质技术技能人才需求的更新体现在学校人才培养过程中，将专业建设与产业发展紧密联系起来，形成命运共同体，通过产教融合、校企合作，服务地方区域经济发展，培养高素质技术技能人才。以“五纵”为线索建立诊断与改进控制体系，具体见图 4.3 所示。以此为基础，建立决策指挥系统，基于国家政策、行企发展、教师队伍、毕业生的就业状况、第三方单位评价以及学生理论和实践成绩等方面的调研结果，充分评价专业质量情况，并及时作出调整。在状态数据分析的基础上，实施专业考核性诊断。打造专业建设目标链，层层落实确保建设质量，进而开展对专业质量分析，实施专业动态优化和调整。

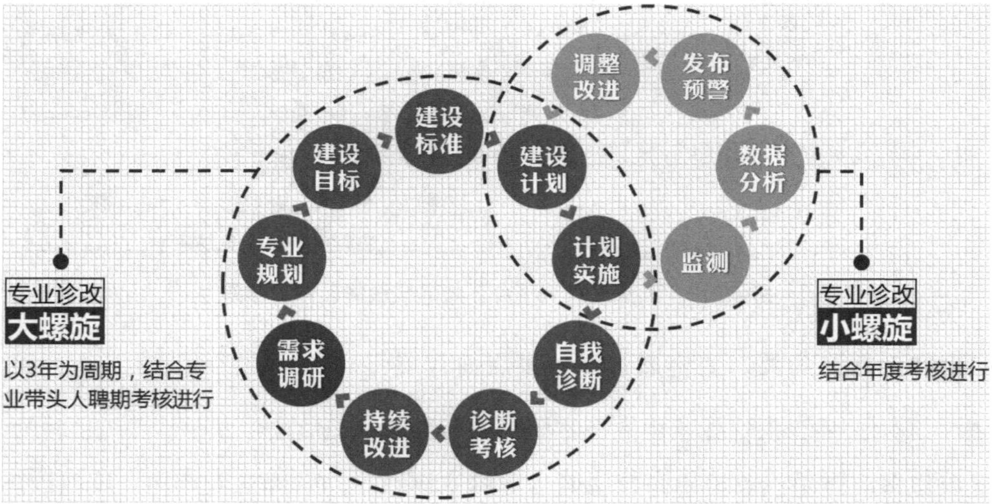

图 4.3　螺旋递进的自我诊改

（三）在课程层面开展诊改

在课程层面，体现以“学习者为中心”的宗旨，形成专门的课程标准，重视课程开发、课程实施和课程反馈三个阶段的课程质量，比如国际商务、电子商务、市场营销等专业，大部分是多学科交叉的专业，培养学生获得适合企业需求的复合商业技能。课程内容不仅仅在于培养学生专业能力和职业素养，更要培养创新创造力、国际视野、沟通及跨文化交际能力、终身学习和职业发展的能力、领导力等，提高毕业生的社会适应能力。一是完善目标体系，确立了建成现代商务特色鲜明的国际化高等职业教育强校的目标，且顺应新时代发展的需要，打造智慧商科立体专业群。全校 47 个专业均制订了专业及课程建设规划，并明确了年度目标任务。二是建立标准体系，制定了 3 个与课程相关的标准。三是健全制度体系，系统修订完善了《广西国际商务职业技术学院网络教学课程管理办法（试行）》等课程建设和管理相关的规章制度。四是通过人才培养数据平台采集工作推进质量诊改，根据大数据分析发现学校在教学质量、管理质量方面存在的问题，加强数据深度应用，为推动学校诊改工作提供强有力的支撑。

（四）在教师层面开展诊改

在教师层面，根据教师发展成长规律，从师德师风、教学能力、科研能力、职业素养和家国情怀等五个方面关注职业发展和自我成长，鼓励教师多途径多方式贴近行业、走进企业，建成一支数量充足、结构合理、适合职业教育发展需要的教师队伍。学校以落实立德树人根本任务为己任，坚持“以学生为中心”，彰显商科院校职业特征，综合考虑教师教书育人能力，开展质量诊改工作。一方面从五个维度建立教师发展的诊改标准，系统科学设计激励提升机制完善薪酬制度，设立不同形式的鼓励政策；同时，不断强化教师提升自身知识和能力的意识。其次，以信息化平台为支撑，利用大数据记录教师个人发展，促使教师牢固掌握专业知识，提高教师专业能力以及教师专业成长。

（五）在学生层面开展诊改

在学生层面，商科学生从事某种职业应具备综合商业技能，主要包括学生入职企业后表现的专业技能素养、职业技能素质、职业生涯管理能力等。通过专业学习，学生应具备自主学习能力、工作规划能力、沟通表达能力、团队协作能力、信息技术应用能力、创新创业能力以及职业态度等综合能力。学校应通过综合评价的方式，对学生的培养质量进行全面评价，包括专业知识掌握情况、专业技能实操情况、职业素养综合情况等，判断学生是否达到专业人才培养目标。[1]学校有效借助信息化管理平台，完善机制建设。首先开展学生状态数据分析，对学生相关的一系列工作进行自测诊断，由教学管理部门、学生管理部门、教学单位、心理咨询室等多个单位协同开展，多方式、多角度对学生开展调查分析，保证了数据的全面合理，并由专业人员对采集数据进行科学分析，形成诊断意见。继而开展改进，畅通学生意见反馈渠道，对于所涉问题，相关部门作出解决承诺，限期完成，为学生营造良好的学习和生活环境。

［1］倪莹莹．新商科背景下高职商科学生商业技能培养的保障机制研究［J］．农村经济与科技．2020，31（19）：327-329.

最后，完善健全各类机制，包含学生管理机制、学生评价机制、应急工作运行机制、心理教育机制等多方面，形成学生层面诊改常态，为学生成长营造良好环境。

二、以“五纵”为经，深挖质量保证体系构建深度

“五纵”是指质量保证体系运行的五个步骤，即决策指挥、质量生成、资源建设、支持服务以及监督控制。五个步骤应落实到教育教学过程中的每一个质量环节，各职能部门及二级学院相互配合，达到学校办学质量、专业建设质量、课程建设质量、师资建设质量、学生工作质量齐头并进的效果，建立系统的质量保证体系。

（一）决策指挥

学校加强各个层面的建设规划，“SPADE”模型五维质量保证体系兼顾了科学性、合理性、明确性、指导性、可操作性、可持续性。首先是加强学校的整体事业发展规划，明确办学定位、找准发展目标、拟定战略举措、着手实施建设等方式是否符合学校的战略发展需要。其次加强学校各项事业发展的专项规划，包含院校党的建设、专业建设、师资发展、国际交流与合作、科研工作、社会服务、校园建设等各大战略性专项工作。三是加强专业建设规划，突出办学特色及优势，服务地方产业发展，以“课程共融、师资共享、教学共育、基地共用、管理共通”为指导思想，加强专业群的布局规划，调整专业群布局结构。四是加强课程建设规划，重新规划、整合专业群内课程。五是加强教师发展规划，合理提升教师育人水平、专业教学能力、科研能力、个人魅力、仁爱之心。六是加强学生发展规划建设，规划设计好第一、第二课堂，并有效衔接，全面培养学生专业知识、技术技能、道德品质、人文素养和社会竞争能力。

（二）质量生成

教学质量生成论指出，教学活动是一个复杂的动态系统，教学质量生成受到系统内外诸多因素的影响，是许多复杂教学过程和环节的聚合与凝结。[1]职业院校应当加强教学质量生成活动以及环节的管理，在中外教育史上，比较有影响的教学质量生成思想可概括为三种模式，即教学质量的教师生成模式、教学质量的学生生成模式、教学质量的技术生成模式。[2]但都有所偏颇，教学质量生成的因素是复杂的、多方面的，教学质量不是由某种单一因素生成的，而是由几种因素综合生成的。“SPADE”模型五维质量保证体系从学校、专业、课程、教师以及学生五个维度构建教学质量生成体系，打造目标链与标准链，与决策指挥精准对接，确保各项政策的实施运行。

（三）资源建设

［1］杨光丽，黄晓燕．职业院校教学质量系统管理生成模式研究［J］．重庆电子工程职业学院学报.2018，27（3）：1-4.

［2］郝保文．教学质量概念及生成模式初探［J］．内蒙古师大学报（哲学社会科学版）.1995（4）：41-46.

资源建设是质量保证体系落实的物质条件基础。“SPADE”模型五维质量保证体系从不同层面全方面落实资源建设物质基础，学校层面做好社会资源建设、专业层面做好专业教学资源建设、课程层面做好课程教学资源与实训资源建设、教师层面做好教学设施，工作场地建设、学生层面做好学习设施与生活场地的建设。

（四）支持服务

支持服务是质量保证体系落实的制度保障与服务措施。一是政策支持激励制度。完善高等职业院校招生计划安排、新专业备案以及人事绩效考核的质量导向奖惩制度。对于内部质量保证体系诊改“有效”的单位可以适当增加招生计划安排，优先新专业备案，以及自主提高奖励性绩效工资总额等。反之，对于内部质量保证体系诊改“异常”的教学单位要限期整改，并减少招生计划，暂停新专业备案，扣减奖励性绩效工资金额等。二是项目申报激励制度。完善实施高等职业院校在教学资源库和精品开放课程的建设、教育教学改革研究、科技创新研究等项目申报的质量导向奖惩制度。对于内部质量保证体系诊改“有效”的部门，应适当增加前述项目的申请计划数量。对于内部质量保证体系诊改“异常”的部门限期整改，并适当减少前述项目的申请计划数量。

（五）监督控制

监督控制是质量保证体系的反馈改进环节，是质量保证体系成为闭环，落实质量诊断与改进常态化的重要环节。一是建立健全内部质量全程监控体系，主要包括课堂教学监控、实验实习监控以及顶岗实习监控等。二是建立健全内部质量多元评估体系，主要包括教师同行评价、学生评课评教、教学督导评价、行业企业评价以及独立第三方评价等。三是建立健全内部质量定期发布制度，主要包括学校年度人才培养质量报告、学校就业创业质量报告、二级学院人才培养质量报告以及各专业人才培养质量报告等。四是建立健全的内部质量绩效激励制度，主要包括内部质量绩效考核制度以及内部质量奖励制度等。学校层面，形成信息监测分析机制，建立质量预警制度与诊改工作制度；专业层面，生成专业预警机制，形成常态化专业诊改制度；课程层面，开展课程诊断与改进工作；教师层面，针对师德师风、教学能力、服务能力等方面，开展全面诊改；学生层面，对专业知识、技术技能、道德品质、人文素养和社会竞争能力等多方面开展诊改。最终，从学校、专业、课程、教师以及学生五个层面生成各自的年度质量报告，用于后续的调整改进。

三、打造 8 字螺旋

学校为准确把握内部质量保证体系建设内涵，在内部质量保证体系建设完成的基础上，按照“目标—标准—实施—诊改”的流程，正式对“学校、专业、课程、教师以及学生”五大层面实施“8 字形”螺旋诊改，具体见图 4.4 所示，并形成《内部质量保证体系自我诊断报告》。通过自我诊断，直面当前问题，分析问题成因，拟定改进措施，为学校系统化、全方位地开展内部质量保证体系诊断与改进工作提供参考。

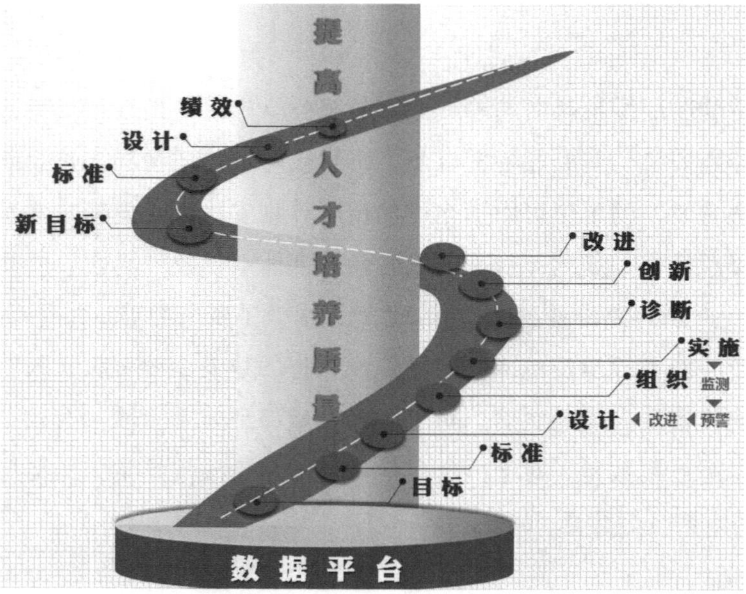

图 4.4　“8 字形”螺旋诊改示意图

四、打造“目标体系”与“标准体系”

职业教育作为区别于普通教育的一种类型教育，主要用于培养服务区域经济社会发展的应用型技术技能人才。在构建职业院校内部质量保证体系诊改模型过程中，职业院校要牢牢把握人才培养目标的唯一内核地位，也就是说，必须将培养学生成才成长作为办学的出发点和落脚点，同时构建与职业院校办学定位以及人才培养目标相吻合的目标链与标准链。

（一）建立健全质量保证标准体系

建立健全专业教育目标体系，主要包括质量标准纲要、专业教学标准、课程教学标准、师资条件标准以及实践教学标准等。广西国际商务职业技术学院构建的内部质量保证体系坚持“以学生为中心”的理念，逐渐从“对口”走向“适应”。“对口”指的是根据岗位需要制定人才培养目标与基本规格；而“适应”更加注重对学生基础文化素养、职业精神等认知能力和态度的培养，进一步强调毕业生适应社会和行业发展，符合技术更新的需求。学校通过平衡通识教育与专业教育之间的关系，构建支持型学习环境，强化对学生综合性培养、实践性培养、个体性的培养，同时重视对学生学习兴趣、学习时间、学习方式的研究，促进学生综合能力与素质的提高，提升毕业生对经济社会发展的适应性。

（二）建立健全内部质量目标体系

建立健全内部质量目标定位体系，主要包含院校精神文化价值、办学思想理念、办学定位与发展目标、专业人才培养目标与规格、课程教学目标等。在“一切为了学生，为了一切学生，为了学生一切”教育理念的指导下，以各实际专业为载体，并通过一系列相关且系统化的课程体系来实现，指导教师教学以及学生学习，保证课程、教师与学生互相依存，共同决定教学的质量和效果，同时对专业人才培养目标的实现起决定性作用。“SPADE”内部质量保证体系按照“以学生为中心，以专业为载体，以学校为办学主体，以课程和教师为两翼”的路径，建立起多维度、全方位的内部质量目标体系。

五、诊改平台

信息化建设是学校诊断与改进工作的强大助力，给学校内部质量保证体系高效化运行提供技术支撑和数据支持。为确保内部质量保证体系诊断与改进工作能够再上新台阶，学校积极推进开展诊改信息化管理平台建设。

按照内部质量保证体系的“五纵五横”架构，学校结合自身的实际情况，将原有业务平台进行再造和整合，升级为数据中心，对状态数据实施即时采集、源头采集、信息共享，实现数据分析、改进过程管理以及数据监测及预警等功能，用于动态实时掌握及分析人才培养工作状态，分析判断未来发展变化趋势，为学校的内涵建设和常态化诊改工作提供全面、即时可靠的数据参考。以信息化平台为基础和载体，打通各个层级管理系统之间的相互关系，形成纵横交错网络化的内部质量保证体系，推动各项诊断与改进工作提质增效。

六、构建质量文化体系

在学校内部质量保证体系的建构中，质量制度的建立、质量诊断与改进工作的开展起着直接而重要的作用，然而，要激发院校质量提升的内生动力，真正促进教育质量的发展和提高，还需建立深入人心、形成共识的“质量文化”。“SPADE”模型五维质量保证体系通过学校、专业、课程、教师及学生多层级开展诊改工作，创设质量保证意识的文化氛围，培养全体人员的质量文化，增强质量保证意识，深刻认识到自己是学校质量保证工作的重要主体，进而为高职院校内部质量保证体系建设夯实精神保障基础，主动适应社会需求与人的全面发展需求。对于质量文化的塑造与发展工作，主要分为以下几个方面：

（一）树立多元质量观

建立科学的质量生成观与主体观是学校开展质量诊改工作应遵循的逻辑，也是实现诊改目的的现实诉求。质量生成观是指任何诊改制度的设计，如打造目标链和标准链、建设学校各层管理系统、建设信息化平台等都需要在学校基本现实基础以及师生需求的基础上制定，并且要符合社会需求、学校自身发展水平、教育教学管理规律以及师生身心发展特点。质量主体观指在诊改工作中，把责任落实到职业院校每个部门、每个工作人员以及每位师生身上，要做到每个人职责明确。

“SPADE”模型五维质量保证体系充分调动各类诊改实施主体责任，形成生成观与主体观。并将质量管理的具体责任落实到每个部门乃至每一个人，积极引导教师、学生、部分基层工作人员等利益相关者转变管理理念，形成“事事有人管，全程有人管”的局面，由传统的“对上负责”“向下管理”理念转变为“向上管理”“对下负责”理念，树立现代质量文化观。

（二）全面构建质量文化认同的长效机制

“SPADE”模型五维质量保证体系始终坚持以学生为中心，面向全体学生学习成长的成效，建设形成持续改进的质量文化，主动接受政府、行业企业组织、学生、校友、家长和第三方评估机构的质量评估。建立健全院校质量文化体系，树立质量思想观念，建立质量目标任务体系，提升质量责任意识，营造质量环境氛围，建立完善质量保证体制机制与质量保证制度等。

七、凝聚力量、夯实责任

“SPADE”模型五维质量保证体系凝聚多方力量，激发学校、教师、学生多方主体责任，积极落实政府主导的质量评估制度，引入第三方机构实施评估，真正实现全员、全过程、全方位育人。

（一）夯实院校主体的质量保证制度

全面落实学校实施质量保证的主体责任，实行内部质量保证责任制度。“SPADE”模型五维质量保证体系是包括校党委行政领导班子及成员职责、职能处室监管支持职责、院系实施主体职责、教师学生自身职责等在内的全方位的内部质量保证责任体系，并且将教育质量保证转变成为学校与师生的自觉行为。

（二）落实教师责任

全面落实教师自觉履行质量保证工作的责任。学校领导带头参与教育教学质量保证体系诊改工作，充分发挥以上率下的示范性作用；学校各职能处室干部、学院领导班子成员带头落实教育教学质量保证责任；在教育教学质量保证指导督查中，质量保证机构管理工作人员的权威性作用；在教育教学质量保证实施反馈改进中，各学科带头人、专业带头人以及骨干教师的基础性作用，应做到严谨治学、为人师表、传道授业，严格遵守教学管理制度与考试制度，自觉维护学校教学秩序，主动负责抓好各类教学组织实施与考核评价，经常与学生面对面辅导交流，认真听取学生反馈的意见，积极创新教学方法，切实提高教学水平质量。

（三）学生自律支持质量保证的责任

全面落实学生自律支持质量保证的责任。“SPADE”模型五维质量保证体系建立健全学生服务系统，在提高学生在质量保证体系中的地位，公正平等对待学生的利益诉求，经常性、即时式、多渠道、多方式收集处理学生的评教意见等方面发挥重要作用。学生做到爱国敬业、知行合一、德技并重、学思结合，严格遵守学校的教学管理制度、教学评价制度与考试制度，自觉维护学校教学生活秩序，主动配合、客观、公正地做好各类教学评价，向学校、教师提出教学改进的合理化建议。

（四）夯实第三方参与的评估机制

建立健全独立第三方质量诊断评估制度。为更好地提升人才培养水平,学校在“专业”和“课程”两大层面的诊断与改进工作上狠下功夫，不仅强调内部的自我诊改，更是力求全面，积极引进第三方机构强化诊断。结合学校“SPADE”诊改模型，从专业五“力”和课程五“度”出发，通过第三方机构，对学校跨境商务、现代流通、新旅游业态等专业群及专业群课程，以及“1+N+X”专业建设模式中所有核心专业和相关专业课程，开展了全方位专业诊断，并形成多个专业的2019年度诊改报告。学校通过“自我诊断为主，外部诊断为辅”的方式，更好地促进了“专业”与“课程”两大层面的诊断与改进工作的客观性和全面性地实施。

第五章

商科人才培养"铁三角"模式

第一节　商科人才培养"铁三角"模式的内涵与结构

一、商科人才培养"铁三角"模式提出的时代背景

国务院在2019年印发的《国家职业教育改革实施方案》中明确指出，职业教育是与普通教育完全不同的另一种教育类型，并且与普通教育享有同等重要的地位。同时也指出了我国的职业教育存在着体系建设不完善、人才培养质量水平不齐等问题，需要下大力气抓好。党的十八大以来，习近平总书记围绕"质量"和"质量强国战略"发表了一系列的重要论述，特别是在党的十九大报告中进一步指出，质量强国的重要性、可行性和紧迫性。人才培养模式是明确人才培养目标、确保人才培养质量的重要手段，在当今职业教育发展背景下，职业教育应牢牢把握以就业为导向，不断创新人才培养模式，进而持续提升职业院校教育教学质量的自我保证能力和水平，确保职业院校的生存与发展。

广西国际商务职业技术学院以学生成长成才为中心，坚持育技并修，全面落实立德树人根本任务。学校现有专业48个，其中商科专业占到85%以上，在长期的办学实践中，逐渐形成了"信仰、信念、信心、信用"的"四信"价值观引领以及"职业底色、创业本色、国际特色"的"三色"商科人才培养模式。在践行"一中心、二任务"以及"三色、四信"人才培养理念过程中，学校根据教育部《高等职业院校内部质量保证体系诊断与改进指导方案（试行）》的要求，科学合理地构建了教师发展五特（Special）、专业建设五力（Power）、学生成长五到（Achievement）、课程建设五度（Dimension）、学校发展五重（Emphasize）的"SPADE"五维质量保证体系，创新形成了虚拟平台与实体相结合、竞赛与实践相融通的"商咖小镇"和由商萌咖、商小咖、商战咖、商大咖、商名咖五个阶段组成的"五级进阶"实践教学体系。通过6年实践推广，取得了令人瞩目的成果。

二、商科人才培养"铁三角"模式的内涵

学院坚持立德树人根本任务，紧跟职业教育发展方向，将提高商能、培养商才、服务商企的商科院校根本职能与人才培养国际化、师资队伍国际化、社会服务国际化、文化交流国

际化的办学特色相融合，从而培养出知商明礼、精商善行、崇商厚德且具备国际化视野和创新创业能力的“现代商务人才”。为此，学院基于“商学结合”“育训并举”“素创融通”“中高衔接”“质量保障”五大维度，构建和完善十大教学建设体系，全面推进学院教学建设与改革工作，持续提高教学质量和人才培养工作水平，形成了商科人才培养“铁三角”模式。

商科人才培养“铁三角”模式的内涵是在“一切为了学生，为了一切学生，为了学生一切”教育理念的指导下，结合“做中学、学中做”职业教育理念，以促进广西现代商务事业发展为己任，牢牢把握服务广西开放合作战略以及新兴产业发展的定位，以培养“知商明礼、精商善行、崇商厚德”高素质国际化商务应用人才为目标，以“SPADE”五维商科人才培养质量保证体系为标准，以建设云上云下“商咖小镇”为平台，融入第二课堂、桂商文化、民族风俗、创新创业以及国际交流五大元素，打造从低到高的商萌咖、商小咖、商战咖、商大咖、商名咖“五级进阶”实践教学体系，明确咖位晋升规则，提升学生商科综合技能，形成结构严谨、稳定的商科人才培养铁三角模式，培养商科实战型人才。

三、商科人才培养铁三角模式的结构

（一）“SPADE”五维商科人才培养质量保证体系

广西国际商务职业技术学院紧紧围绕商科类高职院校办学特色，坚持以学生为中心，以学校为主体，以专业为载体，以课程及教师为实施路径，构建以“学生中心，目标导向，持续改进”为理念的新商科人才培养“SPADE”模型。

一是建立全面系统高效的学校运行机制，保证教学的中心地位。围绕突出教学中心地位，构建“SPADE”学校五重标准体系，从“重规划、重体系、重制度、重考核以及重保障”等五个方面全面系统建立学校的发展目标、目标体系、组织保障等 21 个顶层设计关键指标（即诊断点），设立 84 个观测点，确保学校运行机制中的教学中心地位不动摇，推动学校人才培养高质量发展。二是构建专业评价标准体系，提升专业服务行业产业的能力。立足服务地方区域经济社会发展，构建“SPADE”专业五力标准体系，从“发展潜力、师资实力、课程保证力、就业竞争力以及社会影响力”等五个方面梳理商科专业与岗位要求的关系，通过业务流程再造，明确专业发展、教师、课程、就业以及社会影响等方面的 23 个具体诊断点和 92 个观测点，健全专业标准与评估系统，提高专业与区域经济社会发展需求的契合度。三是完善课程建设标准，增强课程体系与专业人才培养目标的符合度。围绕新时代商科专业人才培养目标，构建“SPADE”课程五度标准体系，从“符合度、完整度、满意度、创新度以及达成度”五个方面的 19 个具体诊断点和 63 个观测点来建立课程评价指标体系，开展课程内容教学以及教学资源建设，同时根据职业岗位的素质、知识、能力结构要求，围绕课程与岗位的融合度，合理设置课程教学团队，创新教学方法，改革考核评价方式，不断优化提高课程教学质量。四是优化教师考核指标，提高教师育人能力与学生需求的匹配度。遵循职业教师发展成长规律，构建“SPADE”教师五特标准体系，从“育人情操特高、教学能力特强、科研能力特优、教师魅力特有以及仁爱之心特显”五个方面的 19 个具体诊断点和 58 个观测点来优化健全教师考核标准，引导教师将个人职业发展与学生的成长成才、学校的长远发展紧密联系起来，激发教师不断提升自身的教育教学能力和专业实践能力的内生动力。五是搭建学生评价指标，“SPADE”模型坚持“以学生为中心”的建构理念，重视在学生层面开展质量诊改，设置学生成长“五到”诊改模型，从“知识学到、技能习到、素质修到、情商悟到以及胆商练到”等 5 个维度及 17 个诊断点对课程的建设与教学实施进行诊改。

（二）商咖小镇

广西国际商务职业技术学院紧紧围绕学生“五到”培养标准，以“三商两化”为核心，树立以礼为核心的商本文化、以仁为核心的商道文化、以信为核心的商魂文化，打造国际化语言及国际化视野，坚持“校企共建、创新创业、成果共享”的原则，建设虚拟平台与实体相结合、竞赛与实践相融通的“商咖小镇”。通过承办、举行各级各类技能竞赛，鼓励更多学生通过参与多样化的实践活动，提高专业技能和职业素质，提升学生的专业实践能力。学校依托“SPADE”“学生五到”模型，根据“职业能力 + 创业能力”的工作思路，依托大学生创业园，构建“必修 + 选修”创业理论教学体系。

（三）打造“五级进阶”实践教学体系

广西国际商务职业技术学院遵循循序渐进的人才培养规律，坚持校企合作“九共同”，即共同开展招生、研究专业设置，共同设计人才培养方案，共同制定人才培养质量标准，共同改革课程，共同编制教材，共同组建教学团队，共同管理学生，共同建设实训实习平台，共同安排实习就业，深化产教融合，科学地将实践教学各环节划分为五个阶段，建立职业认知期—商萌咖，虚拟商战期—商小咖，实战操练期—商战咖，跟岗实习期—商大咖，顶岗锤炼期—商名咖，形成“五级进阶”式的实践教学体系。在入学初期，帮助学生初步了解职业特征，认知职业环境，树立从业理想；进而通过实际商战案例转化的校企结合实训项目以及使用高度仿真的实践技能训练场地与训练设备加大学生专业实践技能的训练力度，培养专业知识牢固，专业技能扎实的职业人；进入到在校学习的中期阶段，通过大赛训练、创新项目等专项实践技能训练，对学生的职业实践技能进行精雕细琢，培养技艺精湛并具有精益求精的工匠精神的卓越人才；在学生学习的成熟期，学校积极对接企业，为学生提供跟岗实践的机会，帮助学生快人一步具备企业实际生产服务所需要的实践技能；在学生学习的尾声阶段，深度与企业合作，为学生提供顶岗实习的机会，在实际的生产与服务中检验自己的专业实践能力。学校在"五级进阶"实践教学体系的创新实践过程中，建立并不断健全"咖位"能力标准与晋升机制，帮助学生不断明晰学习目标，并根据自身的认知规律合理安排学习任务，稳步提升职业技术技能。

第二节　商科人才培养铁三角模式的特征与价值

一、人才培养铁三角模式的特征

职业教育是由各层次的职业教育与职业培训所构成的一个有机整体，是一种重要的教育类型。经过几十年的改革与发展，我国职业教育已基本形成一个规模庞大、结构复杂的教育类型，初步建成了具有中国特色的现代职业教育体系，能够满足不同发展需要，为学生成长提供多元选择，服务国家经济社会发展。在职业教育发展过程中，形成了许多有价值的实践经验和教育教学成果，并且有效地推动了人才培养模式改革，提高了人才培养的质量。其中，职业学校设置标准、专业标准、课程标准及教师专业标准等一系列职业教育标准体系是具有职业教育特征的成果之一。按照"一四五"国家经济社会发展以及 2035 年远景目标对职业教育的要求，在科学分析产业、职业、岗位与专业关系的基础上，教育部印发了《职业教育专业目录（2021 年）》，进一步优化专业布局结构，确保调整后的专业设置更加符合现代产业体系，更好的服务产业基础高级化、产业链现代化，是职业教育类型特征的重要体现。随着教育改革的不断深化，以产教融合、校企合作为基本特征和基本形态的职业教育更加深入地嵌入经济转型、产业升级、技术提升之中。只有不断地提升职业教育管理水平，使用正确的管理与教学手段，才能有效解决社会对人才的需求与学校供给的技术技能人才之间的矛盾，促进职业教育快速发展。职业院校作为培养技术技能型实践人才的摇篮，应更加注重搭建实体与虚拟相结合、实践与竞赛相融通的人才培养平台，实现标准体系的落实，确保人才培养过程的实施。随着经济的全球化以及科技日新月异的发展，人才作为市场竞争力的重要支撑已成为共识，而职业教育作为与社会经济关系最为密切的教育类型，直接为经济发展输送服务一线的技术技能人才，在培养过程中，应更加注重学习和积累处理实际问题的实践能力，确保人才培养适应新型产业链的不断成熟和发展。经济社会发展与教育事业的改革给职业教育发展带来了新的发展机遇，如何正确迎接机遇，培养高素质技术技能人才，形成培养标准、模式、体系、路径，以及平台构建的一般方式，确保相应的制度标准落地尤为重要。

三角形是一种简单的稳定结构。受三角形结构原理以及其稳定性特征的启示，人们在研究社会生活中各个领域的问题的影响因素以及说明各种因素之间的相互作用关系时，常常将需要研究的影响因素的核心作用要素描述为三角形的三个顶点，并借助三角形的结构原理对核心要素之间的作用关系进行进一步的说明。在研究事物的进程时，研究人员往往用到“铁三角”来比喻某种事物的逻辑结构以及其所具备的坚实的作用力。“铁三角”理论的提法在教育领域中已有先例，例如巴纳特（Barnett）在高等教育质量保证的研究中，就提出了“三角保证理论”，他认为市场影响、国家权力以及学术权力能够在不同程度上影响各个国家的高等教育系统，在质量保证方面主要体现在，市场、政府和学术界是高校面对的三个主要利益群体。约翰·丹尼尔教授曾借助规模、成本和质量这三个矢量构成的“铁三角”来说明大多数教育技术、特别是开放与远程式学习的成功，并认为三者之间相互制约、互相影响。查代春通过研究远程开放大学内部质量保证体系中的“教”“学”“管”三个要素的功能与地位，及三者与质量之间的关系分析，提出影响远程开放大学内部质量保证的三大要素及其关系能够用“三角形”来表示，称其为远程开放大学内部质量保证“铁三角”框架。他认为，要提升远程开放大学的教育教学质量，必须从“教”“学”“管”三个要素方面来解决，缺一不可。[1]

商业作为我国现代服务业的重要支撑，其从业一线的服务人员为我国经济社会发展做出了相当大的贡献。高职商科类专业人才培养需要在紧密对接现代商业产业体系的基础上，借助三角理论，精准找到人才培养质量的有效支撑点，并不断深入探讨支撑点之间的交互关系，从而建立属于商科职业教育的“铁三角”人才培养模式。

二、商科人才培养“铁三角”模式的特征

广西壮族自治区拥有着天然的区位优势及重大的发展机遇，经过多年的建设发展，形成了特色鲜明的地方经济体系，同时也需要大量与之相适配的专业技术人才作为支撑。广西国际商务职业技术学院作为广西壮族自治区以商科专业为主的高等职业院校，一直以来，都在积极回应区域经济产业发展，强化内涵建设，打造具有国内影响力的特色高职学校，实现高校与产业的紧密对接，打造办学特色，创新人才培养模式，促进商科人才培养与飞速发展的地方产业相适配，扩大服务地方经济的功能。在“一切为了学生，为了一切学生，为了学生一切”教育理念的指导下，提出以“SPADE”五维质量保证体系作为人才培养标准，以“商咖小镇”作为建设平台，以“五级进阶”的实践教学体系为人才培养路径，构建了“标准领航、平台支撑、路径支持”商科人才培养“铁三角”模式，人才培养改革理念和创新举措成效显著。

在“铁三角”商科人才培养模式中，“SPADE”五维质量保证体系是标准，是学校依据职业院校内部质量保证体系的构建思路，结合多年的诊断与改进工作实践经验，遵循“以学生

[1] 查代春，远程开放大学内部质量保证“铁三角”原理［J］，中国远程教育，2011（11）：28-33.

为中心，以专业为载体，以学校为办学主体，以课程与教师为两翼”的路径，科学合理地构建具有商科专业特色的职业院校内部质量保证体系模型。“SPADE”五维质量保证体系以“学校发展五重（Emphasize）、专业建设五力（Power）、课程建设五度（Dimension）、教师发展五独（Special）、学生成长五到（Achievement）”为五个诊断与改进工作层面，每个诊断与改进工作层面又包含五个维度，共设立了100余个诊断点。在质量保证体系的基础上，进一步细化并出台学校部门认定文件及评价指标、专业认定文件及评价指标、课程认定文件及评价指标、教师认定文件及评价指标以及学生认定文件及评价指标，形成商科专业人才培养系列标准，规范人才培养过程，使人才培养过程标准化、科学化、有效化。“商咖小镇”人才培养平台是重要支撑。学校坚持“校企共建＋创新创业＋成果共享”的原则，建设虚拟平台与实体相结合、竞赛与实践相融通的“商咖小镇”。在知识体系建设方面，积极主动与行业企业合作，以商科类岗位的工作过程为主线，以典型的工作任务为载体，根据工作岗位职业技能要求，重新设计专业课程教学内容，实现专业教育性和职业性的有机统一。在实践教学体系建设方面，通过建立校内、校外专业实训室和实训基地，与企业共建校外实践基地，系统训练学生的实际岗位操作技能，全面提升学生综合实践能力。在商科素养方面，将第二课堂、桂商文化、民族风俗、创新创业与国际交流等五大元素融入学生素质培养工作，坚持创新创业教育作为学校育人的本色，提高学生就业创业竞争力。“五级进阶”人才培养路径是重要支持。学校依托“SPADE”五维质量保证体系，深化产教融合，在科学分析学生认知规律与成长成才规律的基础上，将实践教学划分为五个阶段，即职业认知期—商萌咖，虚拟商战期—商小咖，实战操练期—商战咖，跟岗实习期—商大咖，顶岗锤炼期—商名咖，通过科学、系统设置多样化的教学和实践活动，形成“五级进阶”实践教学体系，提升学生的专业实践能力。

“SPADE”五维质量保证体系、“商咖小镇”人才培养平台以及“五级进阶”实践教学体系在商科人才培养质量提高方面发挥着非常重要的作用。利用三角形形成原理，三者分别位于同一个三角形顶点的位置，共同构成了商科人才培养的“铁三角”模型。一方面，根据三角形的形成原理，三个顶点之间相互支撑，处于一种相对稳定的平衡状态之中，因此，“SPADE”五维质量保证体系、“商咖小镇”“五级进阶”式的实践教学体系在商科人才培养过程中也必定相互支持，相互配合，共同存在，缺一不可。另一方面，由于三角形各个点的位置移动及边长的变化将导致该“三角形”的形状改变。作为构成商科人才培养的“铁三角”的三个顶点，在实际实施过程中，根据三者的具体实施情况，商科人才培养的“铁三角”也存在一定的变形可能，也正因如此，“铁三角”模式才更有韧性，有着与时俱进的可能性，学校才可以根据教育教学过程中遇到的实际情况和问题，对这三个方面具体进行适当调整，确保其始终在一个顺畅协调的关系中运行，共同保证和促进教育教学质量的提升。[1]

综上所述，商科人才培养“铁三角”拥有稳定的结构和坚实的力量，同时又具有一定的灵活性，每个“角”都有其独特而丰富的理论内涵，“SPADE”五维质量保证体系、“商咖小镇”“五级进阶”式的实践教学体系所体现的支撑力推动着学校商科人才培养在创新改革的实践中稳步进行。当然，任何一种人才培养模式的育人成效最终靠实践来检验，并能够在实践中不断与时俱进，不断创新，不断发展。

三、铁三角模式的价值

商科人才培养“铁三角”中蕴含的“SPADE”五维质量保证体系、“商咖小镇”人才培养平台，以及“五级进阶”实践教学体系均是围绕着提高人才培养质量这一核心来运行，因此，三个环节各自独立而又紧密相关，虽然作用的形式和方式各有特点，但是其最终目标均指向提高商科人才培养质量。

（一）“SPADE”五维质量保证体系的价值

“SPADE”五维质量保证体系主要是从学校层面、专业层面、课程层面、教师层面与学生层面系统的开展学校内部的质量诊改工作。一是在学校方面，围绕学校发展目标，明确了开展质量保证工作的总体要求，建立了独立的内部质量保证机制，各项诊改工作有效运行。同时，利用信息化诊改平台采集、汇总、分析、提取各类数据，提高诊改工作的时效性、有效性和科学性。此外，定期对标发展战略目标，及时发现和纠正偏离目标战略的各种行为，确保各项人才培养目标的实现，学校的办学实力和影响力明显提升。二是在专业方面，将专业发展与产业发展紧密联系起来，将产业发展对人才技能需求的不断更迭体现在学校人才培养过程中。通过广泛深入的调研工作，专业人才培养方案得到持续优化。结合“1+N+X”专业群建设模式，开展专业 A 级认定，专业建设水平大幅提升。三是在课程方面，体现以“学习者为中心”的宗旨，结合岗位要求和人才培养目标，形成了具体可行的课程标准，通过开展课程 A 级认定，助推课程建设水平稳步提升，培养学生专业知识、专业能力及职业素养的同时，培养创新创造力、国际视野、沟通及跨文化交际能力、终身学习和职业发展的能力，提高了毕业生的社会适应能力。四是在教师方面，以师德建设为中心，通过完善薪酬制度等各项工作的开展，系统设计了激励机制。通过记录教师个人发展等形式，持续提升教师的教学能力、科研能力和社会服务能力，打造出一支数量充足、结构合理、适应职业教育发展需要的教师队伍，服务学生成长成才。学生方面，通过综合评价的方式对学生的培养质量进行全面评估，包括专业知识掌握情况、专业技能实操情况、职业素养综合情况等，评价体系既彰显了职业

[1] 查代春，远程开放大学内部质量保证“铁三角”原理［J］，中国远程教育，2011（11）：28-33.

教育类型特征，也突出了商科专业特征。根据评价反馈情况，形成学生层面诊改常态，确保学生通过专业学习，具备自主学习能力、工作规划能力、沟通表达能力、团队协作能力、信息技术应用能力、创新创业能力、职业态度等综合能力，保证学生技能水平得到提升，并且就业竞争力不断提高。

（二）“商咖小镇”人才培养平台的价值

“商咖小镇”人才培养平台通过云上云下两种方式进行建设，从知识体系、实践教学体系以及商科素养体系三个方面彰显其育人价值。在知识体系建设方面，以课程改革为切入点，以岗位能力需求为导向，以“理论知识—职业素养—职业标准—技能训练”为主线，改善职业教育培养人才技能不匹配的情况，实现课程与职业岗位紧密对接，课程内容与职业标准紧密对接，毕业证书与职业资格证书紧密对接，为学生后期的实践操作提供了必要的基础。在实践教学体系建设方面，通过学校与企业多种方式的合作，建设学生实训、实习基地，切实培养和提高学生专业实践技能，为学生提供机会，使学生能够以企业员工的身份参与到企业的生产、经营、服务、管理中，融入职业“角色”，真正实现工学结合。在商科素养方面，形成铸魂、出彩、立根、谋新、创特的“五维立体”素质养成体系，学生商科素养得到有效提升，同时形成了以“基地建设＋创客培训＋项目孵化”为核心的创新创业教育体系，学生就业创业竞争力明显提高。

（三）“五级进阶”实践教学体系的价值

结合商科的专业特性以及实践性强的特点，学校打破了传统人才培养的年级划分，创新提出“五级进阶”式的实践教学体系，科学地将实践教学各环节划分为五个阶段，即职业认知期、虚拟商战期、实战操练期、跟岗实习期、顶岗锤炼期，并分别对应“商萌咖”“商小咖”“商战咖”“商大咖”“商名咖”的模拟仿真职业称谓，帮助学生有效代入职业环境，体验职业身份，明晰职业标准，感受职业成就。应对新商科的时代需求，通过完善校内综合实训室的建设，加强对学生计算机、互联网、大数据相关知识与技能的训练，学生数字处理能力得到提升。通过与校外企业建立长期稳定的合作实习基地，建立并完善实践和实习期间的考核制度，不同阶段的在校学生通过参与对应阶段的实习实训课程、培训课程，技能竞赛、社会实践、社团组织活动，通过参加企业见习、顶岗实习等实践活动，提升了专业实践技能，一方面有效满足了自治区经济产业与自治区内企业对商业人才能力素养的需求，另一方面也提高了学生的就业率。

商科人才培养“铁三角”模式是以学生为中心，通过发挥“SPADE”五维质量保证体系的引领作用，“商咖小镇”人才培养平台的依托作用，“五级进阶”实践教学体系的路径支撑作用，创新了新时代新商科建设背景下，服务区域经济产业发展，且具有职业教育类型特征与商科专业特色的人才培养模式。经过学校多年的实践检验，该模式在提升人才培养质量方面的效果逐渐显现，价值也逐渐彰显，对于同类型的商科高职兄弟院校具有一定的示范作用。

第三节 “商咖小镇”的功能与平台运营

广西国际商务职业技术学院紧紧围绕学生“五到”培养标准，以“三商两化”为核心，树立以礼为核心的商本文化、以仁为核心的商道文化、以信为核心的商魂文化，打造国际化语言及国际化视野，坚持“校企共建、创新创业、成果共享”的原则，建设虚拟平台与实体相结合、竞赛与实践相融通、教学与创新为一体的“商咖小镇”。

一、“商咖小镇”建设的文化基础

美国经济学家道格拉斯·诺斯曾经提出“路径依赖”理论，他认为，人类社会中的技术演进或制度变迁类似于物理学中的惯性，即一旦进入到某一路径，无论路径是“好”是“坏”，均有可能对这一路径产生依赖，“人们过去作出的选择决定了他们现在可能作出选择的范围”[1]。同理，人们一旦选择了某种制度，也就好比走上了一条确定的道路，惯性的力量会使得这一制度“自我强化，让你轻易走不出去”[2]。“路径依赖”理论明确了，制度的历史延续性以及其与所赖以生长的文化土壤间不可分割的联系。在商业活动中，商业伦理的建构也必然深深地植根于一个民族的思想和信仰之中。中华民族的诚信精神源远流长，其主要观念源自儒家，因此，中国本土化商业伦理的构建离不开以儒家思想为核心的中国传统文化。

广西国际商务职业技术学院“商咖小镇”的建构，正是基于儒家文化这一广袤而深邃的思想基础之上，以礼为核心的商本文化，以仁为核心的商道文化、以信为核心的商魂文化，有着深刻的建构文化基础。

（一）以礼为核心的商本文化

“礼”与“乐”是我国古代伟大的教育家、思想家孔子所创立的儒家思想体系的核心价值观。在儒家思想体系中，“礼”指的是规范社会、人生的典章制度及行为准则，以及与之相适应的思想观念或道德理性。[3]孔子尊崇周礼，对待“礼”态度十分严肃。他认为“礼”对于一个人能否在社会上立足成事至关重要，所谓“不知礼，无以立也”。[4]在儒家思想中，“礼”不仅是一种外在行为规范的束缚条件，更是一种个体用来自我约束的内化路径，要求个体在

[1] 道格拉斯·C·诺思．经济史中的结构与变迁［M］．陈郁，罗华平译．上海：上海人民出版社，1994.

[2] 道格拉斯·C·诺思．经济史中的结构与变迁［M］．陈郁，罗华平译．上海：上海人民出版社，1994.

[3] 丁鼎．儒家礼乐文化的价值取向与中华民族精神［J］．山东师范大学学报（人文社会科学版），2014，59（6）：66-72.

[4] 杨伯峻．论语译注［M］．北京：中华书局，1980.

遵守“礼”的同时，还要将其融入自身的观点与信念之中，进而构成一个统一的态度体系。

在商业活动中，“礼”也是重要的商务伦理规范之一，它不仅是商业活动的各方参与者必须遵守的公共准则，也是安定和谐的商业秩序得以形成的规章制度，可以有效调节商人与同行、员工、客人之间的关系，达到令市场安定有序的功效。“商咖小镇”以“三商两化”为核心，将以礼为核心的商本文化作为其建构的文化基础之一，目的在于让学生在“商咖小镇”学习、实践的潜移默化的过程中，遵守商务礼仪规范，将“礼”成为自己的习惯，甚至是信念，在未来的工作中，成为一名知礼、懂礼、守礼的职业人，真正做到将“礼”外化于行、内化于心。

（二）以仁为核心的商道文化

“仁”是儒家思想的精神内核，与“礼”互为表里，分别从“内”与“外”两个方面规范着一代又一代中国人的思想与行为。关于在儒家思想中，“仁”的具体含义，《论语》中有这样的记载，樊迟问仁。子曰：“爱人。”[1]可见，“仁”探讨的是如何做人，如何处理人与人之间的关系的问题。而这一问题，也是有着深刻的经济学基础的。英语中的 economy 与中文的“经济”一词都有“经世济民”的含义在里面，都认为经济的目的有创造财富，进而创造出和谐社会的内涵。因此，经济学家亚当·斯密非常注重同情，注重感性，注重人与人之间的和平交往。[2]

可见，儒家“仁”的思想与经济商业活动有着天然的内涵关联，在我国的历史发展进程中，也逐渐形成了一套规范，并不断深化、具体化为一种商业伦理。正是受到了儒家孔子“仁”的思想的熏染，历代中国商人在经商过程中才形成了以“仁”为核心，以尚义、诚信、勤俭、敬业等为基本内容的商业伦理精神，并形成了一种商道文化，激励着一代又一代商人以及商贸服务行业的从业人员。

“商咖小镇”建构的文化基础中的一个重要的内涵层次就是以仁为核心的商道文化，其目的在于，让学生在“商咖小镇”学习、实践的文化浸染中，潜移默化地养成一种君子人格，以期在未来的商业管理、服务工作中能够尊重员工、尊敬客户、礼待同行，为人敬谨谦和，为客人提供满意的产品和服务，成为一名高素养的职业人。

（三）以信为核心的商魂文化

在儒家的思想中，诚实守信是为人处事的基本态度，离开诚信，言行不一，无论何人，都无法立足于社会。最初，孔子所提出的“信”，是对言行一致的行为要求，要求人们“言必信，行必果”。[3]孔子十分重视“信”这一品格，他认为，“人而无信，不知其可也。”[4]

[1] 杨伯峻．论语译注［M］．北京：中华书局，1980.
[2] 杜维明．多向度的“仁”：现代儒商的文化认同［J］．船山学刊．2017（3）：71-75.
[3] 杨伯峻．论语译注［M］．北京：中华书局，1980.
[4] 杨伯峻．论语译注［M］．北京：中华书局，1980.

要求“与朋友交，言而有信”，[1]可见孔子对诚信的重视。到了汉代，“信”被董仲舒发展为“五常”之一，对维护古代中国的社会关系，起到了重要作用。

对于商业活动而言，“信”包含着守法、公平、诚实、守信的重要含义，是商业活动得以正常开展、运行的基础，更是从商之人需要遵从的原则与真理。“商咖小镇”建构的文化基础中的一个重要的内涵层次就是以信为核心的商魂文化，其目的在于，让学生在“商咖小镇”学习、实践的文化浸染中，信仰诚信的精神，涵养诚信的品格，在未来从事的商贸服务工作中能够服务以诚，经商守信，言行一致，遵纪守法。

二、“商咖小镇”建设的理论基础

（一）教育生态论

生态学本来是一个与教育学并不相关的研究领域，20 世纪 70 年代逐渐引入教育研究，自此，形成了一门新兴的交叉学科，即教育生态学，这一新理论一出现便引起了教育研究领域的广泛关注。教育生态学将教育与其生态环境相互融合的规律和机理作为重要的研究范畴之一，旨在探讨教育生态环境、条件、结构及其功能的最优化配置。[2]教育生态论在职业教育领域有着尤其特殊的价值，职业教育注重产教融合，学校、企业、政府、行业等各利益相关群体之间以及各群体在政治、经济、社会、文化、教育、就业等内外部环境之间，通过在群落中复杂的线性、非线性有机耦合，形成资源共享、信息共通、协同共生的统一整体，具有竞合共存、自组织性、动态适应性等结构特征。[3]可见，教育生态理论对于研究产教融合运行系统内各主要资源、参与主体、制度规范、思维理念、外部环境等主要生态影响因子及其融合程度有着重要的作用。商咖小镇是以“校企共建”“创新创业”“成果共享”为原则搭建起来的新商科人才培养平台，其本身就是一个成熟的教育生态系统，因此，教育生态论是商咖小镇建设的重要理论基础之一。

（二）建构主义教育理论

建构主义理论并不是一种单纯的教育研究理论，其在文学、心理学和艺术等领域都有着丰硕的研究成果，20 世纪 90 年代，才慢慢引入到教育研究领域，逐渐受到我国教育学界的关注和研究，并将其发展成为新课程体系改革的理论基础。建构主义教育理论认为，知识的获取不应只是由教师直接传授给学生，而是由学生在一定的学习环境和文化背景下，通过教师的帮助，借助一定的外界环境与外界工具，而主动进行学习和知识意义的建构。以建构主

[1] 杨伯峻．论语译注［M］．北京：中华书局，1980.

[2] 范国睿．教育生态学［M］．北京：人民教育出版社，2000.

[3] 蔡璇．新商科背景下黑龙江省财经院校产教融合对策研究［D］．哈尔滨商业大学，2021：17-18.

义理论开展教育活动要特别注意“情境”“会话”“协作”和“意义建构”等四大要素[1]。建构主义理论主张，学生在学习新知识、接触新领域的过程中，要注重与具体实际的情境相结合。在职业教育领域，建构主义是产教融合、校企合作的理论基础。[2]深化产教融合、校企合作、双元育人是新时代商科高职人才培养的必由之路，在这一过程中，要特别重视搭建学习交流平台，构建更加真实的学习与实践的情境。经过校、企双方的专业导师引导与教授，学习企业生产、实践的真实案例，模拟真实的企业生产和工作环境，从而获得岗位经验、协助完成企业项目，真正做到缩短教学内容与企业岗位之间的距离。“商咖小镇”正是基于这一理论搭建出的商科人才培养平台，通过构建真实的实践环境，提供真实的实训项目，涵养学生的实践能力，从而培养新时代产业所需要的创新型、复合型的新商科人才。

三、“商咖小镇”的建设原则

（一）校企共建

校企合作是职业教育最为典型、最为核心的人才培养模式。“商咖小镇”作为广西国际商务职业技术学院人才培养“铁三角”模式中的重要一环,也是由学院和企业共同创新教学案例、开发模块化课程、共创实践环境、开发创新创业项目、实现成果共享，形成共研、共创、共享的校企共建人才培养平台新机制。

（二）创新创业

职业教育是培养技术技能人才、促进创新创业、推动中国制造的重要事业。因此，职业教育不仅要服务就业，还要培养具有创新创业精神、适应市场需求的人。作为新商科职业教育人才培养的平台，“商咖小镇”坚持以“创新创业”为原则，通过平台宣传创新创业工作、砥砺创新创业精神、打造创新创业环境、丰富创新创业知识、提高创新创业能力、孕育创新创业项目，引导创新创业行为，培养创新创业人才，有效提升学院育人质量。

（三）成果共享

“商咖小镇”是由校企共建，师生共同参与的人才培养平台，参与建设主体多元，建设形式开放。学院坚持“成果共享”的原则，主张通过平台的建设和使用，形成师生共享资源，校企共享成果，形成人人受益，成果共享的良性氛围。

四、“商咖小镇”的功能

“商咖小镇”是广西国际商务职业技术学院创新搭建的新商科人才培养平台。平台以学生

[1] 何克抗.建构主义——革新传统教学的理论基础（上）[J].电化教育研究，1997（3）：3-9.
[2] 贺星岳等著.现代高职的产教融合范式[M].杭州：浙江大学出版社：2015.

为中心，坚持多主体共同参与，共同成长，共享成果，集实践教学、技能竞赛、创新创业等功能于一体。

（一）实践教学

习近平总书记在全国教育大会上的重要讲话中明确指出，高校要“着重培养创新型、复合型、应用型人才”。可见，无论何种类型的教育，实践教学是关键与落脚点。更何况，职业教育是强调应用型人才培养的类型教育，商科专业又是应用性较强的专业，因此，实践教学在商科职业院校人才培养过程中承担着十分重要的角色。

作为新商科人才培养的平台，学校的“商咖小镇”为学生搭建了锻炼专业技术能力的有效平台。一方面，“商咖小镇”贯穿于实践教学的全过程，为学生提供了专业的教学资源、实践学习与虚拟演练的实训场地、跟岗实习与创业实践的机会项目，有效助力了学生的成长成才。另一方面，在“1+X”证书试点实施背景下，“商咖小镇”依托“X”证书试点考点，梳理职业技能等级证书与课程之间的逻辑对应关系，将助理电子商务师、网页设计师等职业资格认证，以及阿里巴巴网络贸易应用专员、网店运营专才等行业知名企业技能认证纳入课程体系；梳理与专业相关的“X”证书，鼓励学生获得学历证书的同时，积极取得各类职业技能等级证书；推进“1+X”证书制度试点，开展“X”证书培训，建立起立足广西，辐射东南亚，面向全球的社会服务与培训体系。

（二）技能竞赛

技能竞赛是检验职业院校学生技术技能水平、检验院校技能培养效果的重要手段。学校十分注重对学生专业技术技能的教育，“商咖小镇”作为新商科人才培养的平台，积极推进各级各类竞赛，通过举办、承办、参与、培训竞赛，提升学生专业技能，就成了其重要功能之一。一是借助“商咖小镇”平台，加强宣传、推广和互动交流工作，开放各级各类竞赛信息，实现信息资源共享。平台信息包括各专业相关的各级各类竞赛项目、竞赛时间、历届竞赛情况介绍及学生参加竞赛的最新动态与成果展示，以及竞赛指导教师及其学生竞赛团队成员的情况介绍。通过平台普及竞赛知识、开放竞赛信息，营造知竞赛，懂竞赛，积极参与竞赛的良好学习氛围。二是开放共享各系列竞赛类课程及资源，帮助学生加深对各级各类竞赛的理解，丰富学生的竞赛知识。结合学生竞赛活动的需求，提出相关课程体系改革措施，将部分竞赛内容融入课程教学中，同时开放相关大学生竞赛网络课程网站、全国职业院校技能大赛官方网站等快速链接，包括教学文件、多媒体课件、在线讨论、学生竞赛动态及成果等内容，不仅能够让学生更加全面深入地了解各类竞赛及其技能知识，并且能够帮助学生实现网上交流，成为学生竞赛活动的学习园地。三是为学生提供技能竞赛的训练场地。“商咖小镇”作为学校重要的专业技能实践教育基地，建有多样化的实训练习场地，并且在大数据时代背景下，注重增强学生的计算机和数据软件操作技能培训，培养数据分析和处理的高素质技术技能人才。四是积极举行、承办技能竞赛。除了承办广西职业院校技能大赛高职组各类重要赛项之外，还通过举办“商咖文化节”“技能进阶周—职业口才技能大赛”“‘思享荟’系列之‘学生工作过程’知识竞赛”等活动，鼓励更多学生通过参与多样化的实践活动，提升专业技能和职业素质，培养学生的专业实践能力。

（三）创新创业

2015 年，国务院办公厅印发了《关于深化高等学校创新创业教育改革的实施意见》，大力鼓励高等院校开展创新创业教育。李克强总理提出“大众创业、万众创新”，社会上开始掀起创新创业的新浪潮。近几年，职业教育创新发展迈开了新的步伐，职业院校创新创业也得到了高度重视与长足发展。2019 年，国务院印发的《国家职业教育改革实施方案》中提出，要把职业教育摆在教育改革创新和经济社会发展中更加突出的位置，职业院校应当根据自身特点和人才培养需要，建设教师教学创新团队，探索创新创业实践模式，主动与企业在人才培养、技术创新、就业创业等方面开展合作。

学校坚持将创新创业教育作为学校育人的本色，坚持“商创融合”的基本思路，构建以“基地建设 + 创客培训 + 项目孵化”为核心的创新创业教育体系，实现教学院部与入园企业紧密对接、人才培养与企业经营紧密对接、教学资源与企业资源紧密对接、校园文化与企业文化紧密对接、创业园与社会紧密对接“五大对接”，取得了良好的创业育人成效。“商咖小镇”作为学校实现新商科人才培养的重要平台，承担着培养学生创新创业能力的重要任务。一是打造创新创业园，学校联合科研院所、公司企业、社会组织等各方共同携手，强化校企共育、理实联合，打破传统模式，重构创新创业教育实践方式。二是打破重组创新创业课程实践体系，将创新创业教育扎实地贯穿到课程教育、实习实训、创业大赛之中。借助云上小镇平台，帮助学生打破创新实践学习的时空限制，真正做到以学生为中心，建立线上、线下混合式创新创业教学与实践模式。三是借助桂商文化园创新职业教育文化建设模式。通过共享资源、提供项目、营造环境，培育鼓励创新活动、激发创新意识、崇尚创新精神、促进创新发展的文化生态。四是建立“指导中心 + 创业者协会 + 创业指导专家咨询团”创业指导体系，为家庭经济困难的学生创业者提供“一站式”全程指导，解决学生创业初期的困难，最大限度地提高家庭经济困难学生创业成功率。

五、“商咖小镇”的平台运营

（一）云上虚拟商咖小镇

随着信息技术的快速发展与互联网技术的广泛应用，“云上”成了一种新的时代风尚，自新冠疫情出现以来，这种互联网“风尚”甚至变为了学习、工作、生活的必要手段。“商咖小镇”作为学院践行新商科人才培养的平台，一方面要与企业深度融合，为学生提供更多的技能训练与创新实践项目和机会，促进校企之间实现成果共享。另一方面也要为师生提供更加快捷有效的教育资讯，提供更温馨便捷的教学服务。因此，平台设计了“云上”网络虚拟运营方式，从而建立“云上虚拟商咖小镇”（简称“云上小镇”），作为“线下实体商咖小镇”功能的补充和外延。“云上小镇”以广西商业大数据协同创新中心为核心，借助互联网技术，构建实践教学、技能大赛与创新实践的资讯平台、资源平台与体验平台，打破时间与地域的限制，改革原有教育课程体系与实践教学模式，构建无障碍的实践教学新平台，实现跨专业、跨专业群运行。

（二）线下实体商咖小镇

线下实体商咖小镇，是学校商科人才培养平台最主要的运营方式，承担着学校新商科人才培养实践育人的重要责任，贯穿了学生在校学习期间实践学习的全过程，有效支撑“商萌咖—商小咖—商战咖—商大咖—商名咖”五级进阶式的实践教学体系。线下的“商咖小镇”能够对接产业前沿与企业需求，落实校企合作“九共同”，实现与企业共同开展招生、研究专业设置，共同设计人才培养方案，共同制定人才培养质量标准，共同改革课程，共同编制教材，共同组建教学团队，共同管理学生，共同建设实训实习平台，共同安排实习就业。通过丰富的实践技能训练项目、创新创业实践项目，以及深厚的商业文化环境浸润，涵养学生的技术技能与职业素质，这种深入的产教融合机制与系统的育人功能都是“云上小镇”运营模式所不能替代的。

第四节　“五级进阶”的作用与实施路径

一、“五级进阶”的理论依据

（一）情景学习理论

二十世纪末，美国加利福尼亚大学伯克利分校的让·莱夫（Jean Lave）教授和学者爱丁纳·温格（Etienne Wenger）共同提出情景学习理论。该理论以“合法的边缘性参与”为核心概念，认为学习不仅是个体性的意义建构的心理过程，更是社会性、实践性、以差异资源为中介的参与过程。学习的本质是个体参与真实情境与实践，和他人及环境相互作用的过程；是培养个体参与实践活动能力、提高社会化水平的过程；是文化适应以及获得特定的实践共同体成员身份的过程。也就是说，学习是实践本身，学习的过程是成长的过程，也是共同体文化的生产与再生产过程。情境学习是将要学习的知识、技能融入应用情境中开展学习的一种方式。这一理论对于职业教育理解人才培养模式的逻辑范式，搭建人才培养平台，构建育人路径等各项育人工作都具有较强的启发性。

（二）新手—专家技能进阶范式

美国加利福尼亚大学伯克利分校的德莱弗斯兄弟（Dreyfus）等人通过研究飞行员、司机、成年的第二语言学习者的技能获得过程，利用大量数据研究，提出“新手—高级学徒—合格者—熟练者—专家”的五阶段模式，即把技能学习者的发展分为五个阶段。[1] 他们认为，新手阶段能够实现技能的“有限的、不灵活的、受规则驾驭的”应用；高级学徒阶段的特征在于当受到一系列规则制约时，开始学习任务的某些重要情境方面，不太可能区分这些情境的重要程度；合格者阶段的特征为能够考虑到学习的目标和计划，能够根据当下学习情境的重要特征做出选择，并且能够将这些选择用来指导具体行动；熟练者阶段的特征为对于行动的最佳计划的选择已经达到在潜意识就能够做出决断的程度，对于情况的总结和计划的选择非常迅速；专家阶段的特征为行为表现产生于直觉对于情况的深入理解，并且这些行为表现不仅是出于对规则与特征的意识，还表现得流畅、灵活和高度熟练。这种理论在职业教育研究领域不断发展成熟，德国不来梅大学技术与教育研究所的所长菲利克斯·劳耐尔教授（Felix Rauner）提出了职业能力从新手到专家的理论。他认为人的职业能力发展有五个阶段，即新手、有进步的初学者、内行的行动者、熟练的专业人员和专家。学生的学习也相应地遵循四个逐级递增的阶梯，第一级是职业定向和基础知识和技能的学习，第二级是职业相关知识和技能的学习，第三级是细节与功能知识和技能的学习，第四级是基于经验的系统工作知识和技能的学习。需要根据不同的学习阶段，合理设置学习内容和学习方式，提高人才培养质量。[2] 在新手—专家技能进阶理论的影响下，职业院校开展人才培养也应遵循学生技能学习的成长路径，将专业实践融入教学的各个环节，帮助学生有序发展，稳步提高。

二、“五级进阶”的作用

广西国际商务职业技术学院依据学生认知规律和职业成长逻辑线路，整合教学要素和校内外实践教学资源，科学构建“五级进阶”实践教学体系，充分挖掘学生的潜力，帮助学生

[1] 黄勇鹏，李志松．“从新手到专家”——德莱弗斯模型在职业教育中的应用［J］．中国职业技术教育，2006（14）：38-39.

[2] 张德成，梁甘冷，熟手—能手—高手：中职学校“塔型进阶式”人才培养模式的探索与实践［J］．职业教育（下旬刊），2019，18（2）：46-54.

达成目标，培养技术“专家”，商业“名咖”。

（一）设定级别晋升规则明晰人才成长路径

根据学生认知规律以及职业发展路径，针对学生不同的学习阶段，设定评价标准，采用达标升级的方式，激发学生学习的内在动力。对于新入学的学生，强化学生的自我认知，初步建立对专业基础知识和职业岗位的认知，引导学生适应大学的生活，养成良好的学习及生活习惯，强化学生基础素养教育。建立职业认知后，坚持以学生为本的教育理念，坚持产教融合育人模式，以企业的职业岗位需求为导向，突出企业文化和职业素养的特殊要求，对学生强化“专业素质、品格素质、实践能力、综合能力”的培养和训练。学生在具备综合素养的基础上，结合个人在岗位实践、实习工作中的体会，以及参与职业技能大赛或者创新创业大赛的经历，系统提升职业素养，达到行业准入标准。学校明确级别晋升规则，将学生的学习过程与岗位标准以及职业发展情况对接起来，合理界定学生的知识、能力、素养结构，体现了全面性，专业性、具体性，有助于学生循序渐进地提升专业知识水平、专业技术技能和商业综合素养。

（二）合理安排实践教学提升学生综合能力

实践课程是帮助学生将理论学习知识转化为实际应用的重要途径，也是学生步入岗位之前的系统训练。学生作为教学活动的主体，以项目为主线开展实践教学，在实际教学内容设置时根据岗位进行内容重构，令实践教学能够与社会发展、地方经济建设的需求深入融合，贯穿至人才培养全过程，符合学生的技能成长规律，可以有效地提升学生的适岗能力、综合能力，提升社会责任感，实现自我价值。一是设置合理比例的实践课程，通过课程实训，强化基本技能训练，提升职业技术技能水平。二是依托人才培养平台，融入技能大赛、创新创业大赛与创新实践项目，锻炼综合技能与创新能力，调动学习积极性和主动性，形成良好的职业期待。三是校企合作为学生提供更多的实训、实习机会，技工服务企业一线的岗位。只有学生亲自参与工作实际项目，才能够真正发现学习过程中存在的问题并找到解决问题的方法，完成自我提升，成为企业中能胜任工作岗位的合格员工。在此基础上，进一步提高学生职业素养。

三、“五级进阶”的实施路径

学校开展深入的产教融合，通过校企“九共同”不断完善学生专业技术技能的成长路径。一是与企业携手探索产教融合、专业共建、人才定制培养、现代学徒制、混合所有制及民族文化传承等领域的新路径新方法，实现了校企合作共建“校中厂”“厂中校”实习实训基地，制定《校企合作管理办法》《“厂中校”实训基地运行管理办法》《“校中厂”实训基地运行管理办法》《关于进一步加强校企合作管理工作的通知》等校企合作运行文件，保证校企合作的长效性和可持续发展。校企双方共同制定和签署合作协议，明确校企在人才共育共管、团队互兼互聘、基地共建共享等方面的责任、权利和义务。二是积极引进企业新技术、新理念，面向学生工作过程和就业所需，与企业共同开发专业课程和教学资源，包含多媒体课件，网络教学资源，专业共享性网络教学资源库。并按照企业要求，以核心课程的改革为切入点和突破口，率先进行基于工作过程的课程开发，实现了专业教学标准与企业、行业岗位技能要求的对接。三是将企业生产经营的真实项目，转化为教学案例，以典型服务为载体，设计学习情景，以职业技能鉴定为参照，践行“项目导向、任务驱动”的项目化教学模式。按照企业的实际用人需求，邀请企业一线专家参与指导综合实训、生产项目实训、专业认知实习、社会实践、毕业设计等项目设计。四是不断完善“校企合作”的实践教学体系。从更新教学内容、改革教学模式、制定课程标准、编写特色教材和搭建网络平台等多个方面着手，系统化落实工学结合人才培养模式。通过建设内部质量保证体系，搭建人才培养平台等方式，实现“校企合作”的实践教学体系内涵式发展。如互联网 + 商务专业群的建设，完善和固化了“重素质、强技能、岗前训、顶岗干”的“素质 + 技能 + 项目 + 顶岗”校企合作模式，将网络贸易、网络零售、网络营销、网站建设与运营等新技术、新应用及时融入课程，并将助理电子商务师、网页设计师等职业资格认证，以及阿里巴巴网络贸易应用专员、网店运营专才等行业知名企业技能认证纳入课程体系，逐步形成具有高职特色的电子商务商贸应用型教、学、做一体化的教学体系和教学模式。

学校依据学生的认知规律，以及技术技能新手—专家五级成长范式，创新性地将这种基于产教融合的实践教学路径划分为五个阶段，即建立职业认知期—商萌咖，虚拟商战期—商小咖，实战操练期—商战咖，跟岗实习期—商大咖，顶岗锤炼期—商名咖，形成“五级进阶”式的实践教学体系，明确咖位晋升规则，通过开展实践教学和各类活动，培养商科实战型人才。

（一）职业认知期—商萌咖

萌咖级，突出“知识学到”，注重形成学生的职业期待。通过校内校外，一二课堂等不同的教育形式，感受职场氛围，加深对商业的理解。例如校内一课堂开设专业基础课程，通识课程，夯实学生的知识基础，拓展知识广度；校外二课堂参观校内实训基地和校外龙头企业实际生产经营现场，增强学生的职业认同，提升学习兴趣。此外，还可以通过邀请企业的技术专家、一线的行家里手到校为学生进行有关专业与市场的交流座谈；邀请往届的优秀毕业生回校与在校生分享成长经历；举办特色社团活动，有效提升学生对职业的期待感，提高学生协作能力与协同创新能力。

（二）虚拟商战期—商小咖

小咖级，突出“技能习到”，注重培养学生专业能力。要求学生通过理论课程学习和实践技能训练，能够掌握基本的专业理论知识，具备基本的专业技术技能，具有解决一般问题的能力。学校重点依托校内实训基地，借助真实的企业案例，引导学生解决实际的问题。以学生为中心，开设线上线下特色课堂及实训教学，优化实训课程设计，注重技能的学习和学生基本职业素养的培养。引导学生了解专业的发展趋势，了解产业的现状，帮助学生树立职业生涯发展的信心。

（三）实战操练期—商战咖

战咖级，突出“素质修到”，注重培养学生解决实际工作问题的能力。通过校内综合实训课程的学习，参与一定的实训项目，进行基础的岗位能力锻炼，学生具备扎实的专业知识和专业技能，具有解决实际问题的能力，具有一定的跨专业知识和创新意识。学校依托合作企业，为学生提供真实的实训项目，仿真环境，组织进行第一阶段的岗位实践学习，在学习过程中，通过企业导师的帮助，初步解决工作岗位中的实际问题，增加职业获得感，全面提升学生素养。同时，在这一阶段学校还会组织学生参与职业技能大赛、创新创业大赛，以赛促学，通过参赛，开阔学生视野，锻炼心理素质，培养学生勇于挑战和敢于拼搏的精神。

（四）跟岗实习期—商大咖

大咖级，突出“情商悟到”，注重培养学生承担工作任务的能力。在这一阶段学生能够妥善处理实际工作中遇到的问题，能够将已经获得的专业知识、技能、素养转化为实际生产、经营、服务的能力，同时具备一定的灵活处理问题的能力与创新思维，初步成长为职业岗位的“准入者”。学校通过为学生提供更多的专业对口的实习机会，帮助学生不断提升业务水平与适岗能力，培养学生自主创新、勇于挑战的精神。

（五）顶岗锤炼期—商名咖

名咖级，突出“胆商独到”，树立对“工匠精神”优秀职业素养的终身追求，注重培养学生树立“我能做得专业，我能做得更专业”的职业信念，培养精益求精的职业追求。学校通过与企业合作，提供更多样的实习岗位，参与更多实战的服务项目，帮助学生在实践学习过程中，形成职业获得感、职业自豪感，不断提升自我要求的标准，增强职业信心。此外，这一阶段还要着力提升学生自我学习、自我提升的能力，树立终身学习的信念，了解产业发展前沿，具备在企业、行业长期发展的潜能，真正让学生们“学得到”“干得好”，还能“留得住”，成为卓越的商科实战型人才。

四、“五级进阶”的成效

“五级进阶”式的实践教学体系通过校内成功运行，并取得了良好成效，辐射校内 8 个专业，带动相关专业的教学改革，参与教职工 82 人，参与国际学生 10 人，成果覆盖学生 3 230 人。

校企合作方面，学校建成百丽集团华南地区零售人才培养基地、浙江顺丰供应链人才培养基地，与广西和桂集团有限公司、广西百朗体育用品有限公司、广州屈臣氏个人用品商店有限公司、顺丰速运有限公司、广东万佳互娱文化传播有限公司等签订校企合作协议，与多家企业开展了“订单班”人才培养，订单就业学生数量累计达到 632 人。通过校企合作建成壮族油纸伞民族文化传承创新技能大师工作室、广西非物质文化遗产展示厅、海上丝绸之路展示厅。实践教学基地和精品开放课程建设初具规模，教材（含校本教材）6 本，每年近 2 000 学生参加仿真实训，实践教学效果良好。通过校企联合培养计划，百丽国际校企合作模式输送相关专业群毕业生 156 人，其中 35 人晋升为企业基层管理人员，占比超过 23%，因合作培养模式得到合作企业认可，在海南省、福建省相关高校复制推广；顺丰速运校企合作项目持续运行 11 年，输送相关专业群毕业生超 500 人，晋升至顺丰主管级管理人员 12 人，基层管理人员 50 人以上；校企共建实习实训基地获教育部《高等职业教育创新发展行动计划》项目认定的校企共建现代商贸流通服务业商务运营中心生产性实训基地”；获国家首批物流管理职业技能认定 1+X 证书制度试点项目，为合作企业创造超 300 万元的直接经济效益（企业税费减免）。在国内核心期刊及其他省级刊物公开发表教研论文以及学术论文 72 篇；出版学术专著、教材 11 部，教研科研成果丰硕。近三年用人单位对毕业生评价满意率达 95%。学校连续 15 年就业率超 90%，连续 15 年获“广西高校毕业生就业工作先进集体”。

通过“五级进阶”实践教学体系，促进学生技能水平大幅提升，就业竞争力不断提高。

在学生技能培养方面，学生专业技术技能水平得到全面提升。2017–2020 年学生技能比赛获国家级奖项 40 项，其中一等奖以上 18 项。2015 年以来，学生参加广西职业院校技能大赛，获一等奖数和获奖总数分别比“十二五”期间总数增长了 200% 和 70%。从 2016 年开始，连续 6 年荣获广西职业院校技能大赛“互联网 +”国际贸易综合技能赛项第一名。2021 年职业院校技能大赛获自治区级一等奖总数名列广西第二，代表广西参加国赛项目数位列广西第一（并列），且全部获奖。在创新能力培养上，学生参加第六届中国国际“互联网 +”大学生创新创业大赛获银奖，获天使资金 500 万，学校成为广西高职院校中唯一连续两年入围国赛现场比赛的院校。在培养学生综合素质上，2021 年 1 名学生入选广西“自强之星”学生励志典型人物，2019 年 1 名学生获广西“感恩祖国、助学筑梦、励志成长”征文三等奖，2018 年和

2020 年连续两届获广西高校大学生跆拳道锦标赛第一名，2015 年获第四届全国全民健身操舞总决赛特等奖、一等奖、二等奖共 3 项。2015 年以来，学生就业率始终保持在广西高校前列，学校历年均被评为“广西高校毕业生就业工作先进集体”。

第六章

"铁三角"商科人才培养的实践

为了构建和证实商科人才培养铁三角模式，自 2015 年起，广西国际商务职业技术学院逐步探索构建了由教师发展五特（Special）、专业建设五力（Power）、学生成长五到（Achievement）、课程建设五度（Dimension）、学校发展五重（Emphasize）所构成的"SPADE"五维质量保证体系，并在理论研究和实践经验的基础上，建立起全面系统高效的学校运行机制，保证教学的中心地位，构建专业评价标准体系，提升专业服务行业产业的能力，完善课程建设标准，增强课程体系与专业人才培养目标的符合度，优化教师考核指标，强化教师育人能力与学生需求的匹配度，搭建"五级进阶"实践教学体系，提升学生商科综合技能，具体实践经验介绍如下：

第一节　构建标准

一、学校部门认定文件及评价指标

根据学校"十四五"发展规划要求，为进一步推进学校内部质量保证体系诊断与改进工作，推动学校 A 级部门建设，全面提升服务质量，现将"A 级"部门认定标准与管理办法制定如下：

1. 认定范围

学校各部门。

2. 认定条件

（1）基本条件

①"3A"部门认定基本条件：

a. 部门及部门成员近 3 年未受到处分（含教学事故）；b. 近 3 年部门考核达到合格及以上等次。

②"5A"部门认定基本条件：

a."3A"部门；b. 部门及部门成员近 5 年未受到处分（含教学事故）；c. 近 3 年部门考核曾获得先进集体 2 次及以上。

（2）拓展条件

①“3A”部门认定须同时具备以下条件：

a. 申请认定部门当年获得省级以上奖项；b. 申请认定部门当年工作有特色，全面完成年度各项工作任务。

②“5A”部门认定须同时具备以下条件：

a. 申请认定部门当年获得国家级以上奖项；b. 申请认定部门当年工作有创新，成效显著，出色完成年度各项工作任务。

3. 认定程序

（1）各部门申请。各部门根据学校发布的通知要求提交“A 级”部门认定申请。

（2）评审与公示。学院组织专家对申请认定的部门进行评审并公示。

（3）学校审定与公布结果。公示期满无异议，报学校领导审定并公布。

4. 认定标准与方式

（1）认定标准

“A 级”部门认定除满足第二条认定条件外，还需对应符合“A 级”部门认定标准。认定以《部门评估指标体系》为标准，采取等级划分方法，各项一级指标按以下方法进行划分：

①一级指标最终评分高于该项总分数 90%（含）的，该项一级指标评为“A”。

②一级指标最终评分低于该项总分数 60% 的，该项一级指标评为“D”。

根据“A”的数量，将学校部门划分为以下等级：

①“5A”部门：所有一级指标为“A”（即 5 个“A”）。

②“4A”部门：有 4 个一级指标为“A”，且总分 80 分以上，且没有“D”。

③“3A”部门：有 3 个一级指标为“A”，且总分 80 分以上，且没有“D”。

注：当年获得国家级以上奖项的部门可申请“5A”部门，获得省级以上奖项的部门可申请“3A”部门。

（2）认定方式

采取专家评审、资料审核、实地考察、座谈会、现场访谈、统计数据对比相结合等方式进行。

（3）认定等级有效期

部门获得的等级有效期为 3 年，有效期间内每年复核（复核条件另行通知）1 次，期满需重新申报。

5. 奖励办法

学校对认定部门分别授予“3A/4A/5A 部门”称号，在全校予以通报表彰，并在部门建设等方面给予优先支持。

表 6.1　部门评估指标体系

一级指标	二级指标	三级指标	指标内涵	评分标准	部门自评分	学校评议分
1. 重规划（20 分）	1.1 部门规划（10 分）	1.1.1 工作规划（10 分）	1. 根据学校发展需要制定部门发展规划； 2. 各部门目标制定科学合理，部门之间目标互相呼应； 3. 目标完成时间安排合理	1. 实际质量优于内涵要求，得到该项分数 90% 以上； 2. 其他根据规划质量酌情打分		
	1.2 部门获奖（10 分）	1.2.1 获奖情况（10 分）	部门及成员获得省级及以上奖项	1. 获得国家级奖项 10 分； 2. 获得省级奖项 6 分		
2. 重体系（18 分）	2.1 组织与规划体系（8 分）	2.1.1 组织体系（5 分）	1. 部门设置合理，职能明确； 2. 流程规范，行政效能高； 3. 组织变革符合学校发展需要	1. 组织机构僵化，缺乏灵活性等该项得分不高于 60%； 2. 其他根据组织运转情况酌情打分		
		2.1.2 规划体系（3 分）	1. 各类规划完整，有机衔接，对学校总规划形成合理支撑； 2. 各部门计划与专项规划、学校发展规划之间互相配合，无冲突； 3. 规划体系内容涵盖高校五大功能并有机融合	1. 实际效果优于以上内涵指标，得到该项分数 90% 以上； 2. 其他根据规划质量酌情打分		
	2.2 目标与标准体系（10 分）	2.2.1 目标体系（3 分）	1. 目标制定符合 SMART 原则，形成清晰合理的目标链； 2. 根据区域经济社会发展需要和学校发展定位设置人才培养目标、专业发展及课程建设目标； 3. 科学制定党建、办学规模、科学研究、师资发展、社会服务、国际化办学等目标	1. 实际表现优于以上内涵指标，得到该项分数 90% 以上； 2. 缺两个目标体系及以上该项不得分； 3. 其他酌情打分		
		2.2.2 标准体系（7 分）	1. 岗位工作职责、标准明确，岗位工作流程规范； 2. 建立完整的专业设置标准、专业动态调整标准等专业系列标准； 3. 建立完整的课程建设标准、课堂教学实施标准等课程系列标准； 4. 建立顶岗实习标准、实训条件建设标准等； 5. 建立完整的师德师风标准、企业人员兼职教师聘任标准、专业技术资格评审（认定）标准等教师系列标准； 6. 建立学生管理标准、先进班集体、先进个人评选标准等学生系列标准	1. 实际效果优于以上内涵指标，得到该项分数 90% 以上；2. 缺两个标准体系及以上该项不得分； 3. 其他酌情打分		

续表

一级指标	二级指标	三级指标	指标内涵	评分标准	部门自评分	学校评议分
3. 重制度（19 分）	3.1 党政制度（8 分）	3.1.1 党建（5 分）	1. 编制有党建主要制度； 2. 制度执行规范； 3. 制度修订及时； 4. 制度更新符合上级文件要求及学校党建实际	1. 缺乏主要制度的，得分不高于该项得分的 50%； 2. 其他酌情打分		
		3.1.2 行政管理（3 分）	1. 编制有行政管理主要制度； 2. 制度执行规范； 3. 制度修订及时； 4. 制度更新符合学校行政管理实际	1. 缺乏主要制度的，得分不高于该项得分的 60%； 2. 其他酌情打分		
	3.2 教学与科研制度（5 分）	3.2.1 教育教学（3 分）	1. 编制有教育教学主要制度； 2. 制度执行规范； 3. 制度修订及时； 4. 制度更新符合学校教育教学实际	1. 缺乏主要制度的，得分不高于该项得分的 60%； 2. 其他酌情打分		
		3.2.2 科研管理（2 分）	1. 编制有科研管理主要制度； 2. 制度执行规范； 3. 制度修订及时； 4. 制度更新符合上级文件要求及学院实际	1. 缺乏主要制度的，得分不高于该项得分的 60%； 2. 其他酌情打分		
	3.3 师资管理制度（2 分）	3.3.1 教师规范管理（2 分）	1. 编制有师资管理主要制度； 2. 制度执行规范； 3. 制度修订及时； 4. 制度更新符合上级文件要求及学校实际	1. 缺乏主要制度的，得分不高于该项得分的 60%； 2. 其他酌情打分		
	3.4 学生管理制度（2 分）	3.4.1 学生规范管理（2 分）	1. 编制有学生日常管理的主要制度； 2. 制度执行规范； 3. 制度修订及时； 4. 制度更新符合上级文件要求及学校实际情况	1. 缺乏主要制度的，得分不高于该项得分的 60%； 2. 其他酌情打分		

续表

一级指标	二级指标	三级指标	指标内涵	评分标准	部门自评分	学校评议分
	3.5 国际交流制度（2 分）	3.5.1 国际交流（2 分）	1. 编制有国际交流主要制度； 2. 制度执行规范； 3. 制度修订及时； 4. 制度更新符合上级文件要求及学校实际	1. 缺乏主要制度的，得分不高于该项得分的 50%； 2. 实际表现优于以上内涵指标，得到该项分数 80% 以上；3. 其他酌情打分		
4. 重考核（25 分）	4.1 过程与结果考核（17 分）	4.1.1 过程性考核（10 分）	1. 考核细则、考核内容明确，可操作性强； 2. 考核流程、要求、程序等操作性强，详细规范； 3. 考核评价高，考核结果运用效果好	1. 无现场考核的，得分不高于该项得分的 70%； 2. 其他根据考核运行情况酌情打分		
	4.2 发展性考核（8 分）	4.2.1 持续性发展（8 分）	1. 有发展性考核相关制度； 2. 考核符合经济性要求，示范性效果显著，注重持续性发展要求	1. 实际效果优于以上内涵指标，得到该项分数 90% 以上； 2. 其他酌情打分		
5. 重保障（18 分）	5.1 组织保障（6 分）	5.1.1 机构与人员健全（6 分）	1. 组织机构健全，人员组成合理； 2. 职责明确，机制运行顺畅	1. 无组织架构则该项不得分； 2. 其他根据机构运行情况酌情打分		
	5.2 制度保障（6 分）	5.2.1 制度清理与修订（6 分）	1. 有废改立相关制度； 2. 定期集中清理制度，制度废除、修订或继续执行的意见及时，符合学校发展实际	1. 无废改立相关制度的，得分不高于该项得分的 60%； 2. 其他根据制度废改立情况酌情打分		
	5.3 经费与技术保障（6 分）	5.3.1 设备配置与团队保障（3 分）	1. 根据需要配置专业的工作团队； 2. 仪器设备、生均教学仪器设备投入值符合上级要求及学校实际	1. 实际质量优于以上内涵指标，得到该项分数 90% 以上；2. 其他根据团队配备及设备投入情况酌情打分		
		5.3.2 资金管理与监督（3 分）	1. 资金筹措顺畅，能满足学校发展需求； 2. 资金管理规范，使用合理； 3. 监督机制完善	1. 有资金使用违规情况的，得分不高于该项得分的 50%；2. 其他根据资金管理及使用效果情况酌情打分		

二、专业认定文件及评价指标

专业是高等学校办学的重要基础和生命线，专业建设水平也是衡量高等职业院校办学水平的重要标志和集中体现。打造“A 级”专业，也是当前学校建设高水平专业发展规划的重要内容。通过“A 级”专业认定，有助于合理规划专业结构设置，提高专业建设水平；有助于进一步促进学校内部质量保证体系诊断与改进工作；有助于加快学校内涵式发展的建设脚步，建设形成智慧型商科立体化专业群，凸显办学特色与优势，全面提高人才培养质量。

1. 认定范围

至少已有 2 届毕业生，且 3 个年级均有在校生的专业。

2. 认定条件（必须同时具备基本条件和拓展条件）

（1）基本条件

①“3A”/“4A”专业认定基本条件

a. 在校生总数 300 人以上。

b. 有本专业上一年度的专业诊改报告。

②“5A”专业认定基本条件

a.“3A”/“4A”专业。

b. 在校生总数 500 人以上。

c. 有本专业上一年度的专业诊改报告。

（2）拓展条件

①“3A”/“4A”专业认定须同时具备以下条件之三项。

a. 获得省级职业院校技能大赛奖项，或省级学生专项比赛，如师范生教学技能大赛、“挑战杯”大学生课外学术科技作品竞赛、“互联网 +”大学生创新创业大赛、大学生创业计划竞赛等各类奖项；

b. 获得省级职业院校技能大赛、职业院校教学能力比赛等奖项；

c. 获批国家级、省级教学团队，或获得国家级、省级教学名师称号；

d. 获得省级专业类建设项目（精品课程、金课、专业教学资源库、“1+X”证书制度试点、现代学徒制试点等）；

e. 获得省级职业教育教学成果奖项；

f. 承办过国家级或省级职业院校技能大赛。

②“5A”专业认定须同时具备以下条件之三项。

a. 获得全国职业院校技能大赛奖项，或省级职业院校技能大赛一等奖，或学生专项比赛

（师范生教学技能大赛、"互联网 +"大学生创新创业大赛、"挑战杯"大学生课外学术科技作品竞赛、大学生创业计划竞赛）国家级奖项或省级一等奖；

b. 获得全国职业院校技能大赛职业院校教学能力比赛（信息化教学大赛）奖项，或省级职业院校技能大赛职业院校教学能力比赛（信息化教学大赛）一等奖；

c. 拥有国家级、省级教学团队，或国家级、省级教学名师；

d. 获得省级专业类建设项目（精品课程、金课、专业教学资源库、"1+X"证书制度试点、现代学徒制试点等）；

e. 获得省级职业教育教学成果奖一等奖；

f. 承办过国家级或省级职业院校技能大赛。

3. 认定程序

（1）各系申请。各系根据学院发布的通知要求提交"A 级"专业认定申请。

（2）评审与公示。学院组织专家对申请认定的专业进行评审并公示。

（3）学校审定与公布结果。公示期满无异议，报学院领导审定并公布。

4. 认定标准与方式

（1）认定标准

以《专业评估指标体系》为认定标准，采取等级划分方法，各项一级指标按以下方法进行划分：

①一级指标最终评分高于该项总分数 90%（含）的，该项一级指标评为"A"。

②一级指标最终评分低于该项总分数 60% 的，该项一级指标评为"D"。

根据"A"的数量，将学院专业划分为以下等级：

①"5A"专业：所有一级指标为"A"（即 5 个"A"）。

②"4A"专业：有 4 个一级指标为"A"，总分 80 分以上，且没有"D"。

③"3A"专业：有 3 个一级指标为"A"，总分 80 分以上，且没有"D"。

（2）认定方式

采取资料审核、实地考察、座谈会、现场访谈、统计数据对比相结合等方式进行。

（3）认定等级有效期

专业获得的等级有效期为 3 年，期满需重新申报。

5. 奖励办法

学院对认定专业分别授予"3A/4A/5A 专业"称号，在全校予以通报表彰，并在专业建设、课程建设等方面给予资金优先支持。

表 6.2 专业评估指标体系

一级指标	二级指标	三级指标	指标内涵	评分标准	部门自评分	学校评议分
1. 专业发展潜力（20 分）	1.1 专业定位（6 分）	1.1.1 专业定位与岗位分析（3 分）	1. 专业设置要反映和体现广西经济、社会发展需求，对接广西传统优势产业、支柱产业和“九张创新发展名片”； 2. 专业设置调研报告的调研对象明确，相关数据翔实有出处，调查深入，应包括人才市场需求分析	1. 各项指标全面达到内涵要求，且成效明显的，按 90% 以上计分； 2. 其他按实际符合程度酌情评分		
		1.1.2 专业培养目标（3 分）	1. 人才培养目标定位准确，对应的职业岗位（群）明确； 2. 人才培养方案能很好地反映培养目标对知识、能力及素质的要求，人才培养方案制定前召开了专业工作分析会，校企合作共同制定人才培养方案； 3. 专业教学标准明确规定与本专业培养目标相适应的专业技能考核要求； 4. 专业人才培养计划突出能力本位等现代教育理念，教、学、考等充分服务于能力本位目标，有利于达成教学目标	1. 各项指标全面达到内涵要求，且成效明显的，按 90% 以上计分； 2. 其他按实际符合程度酌情评分		
	1.2 专业建设发展（5 分）	1.2.1 专业建设与创新发展（5 分）	1. 专业应用能力培养主线突出，创新教学模式，实践教学学时不少于 50%，且落实有保障； 2. 近三年专业建设至少取得 1 项省级及以上项目或荣誉称号 3. 建立并有效执行专业动态调整机制	1. 指标 1、2 未达到要求的，每项减 1 分； 2. 其他按实际符合程度酌情评分		
	1.3 人才培养（9 分）	1.3.1 目标定位及能力结构（5 分）	1. 人才培养方案既有一定稳定性，又能够根据产业结构调整进行滚动修改； 2. 人才培养目标、层次以及实现路径清晰，可操作性强； 3. 制定并有效执行毕业生质量标准； 4. 制定并执行全面落实人才方案的教学管理及教学运行保障性文件	1. 各项指标全面达到内涵要求，且成效明显的，按 90% 以上计分； 2. 其他按实际符合程度酌情评分		

续表

一级指标	二级指标	三级指标	指标内涵	评分标准	部门自评分	学校评议分
1. 专业发展潜力（20 分）	1.3 人才培养（9 分）	1.3.2 诊断与改进机制（4 分）	1. 构建并执行符合专业定位与特色的目标体系、制度体系和标准体系；执行时间和路径标注、说明清楚； 2. 有常态化、立体化质量保证体系，能在专业建设、课程建设、教师发展等方面周期性开展自主专业诊断与改进 3. 有专业诊断与改进的年度报告和数据、实例分析	1. 各项指标全面达到内涵要求，且成效明显的，按 90% 以上计分； 2. 其他按实际符合程度酌情评分		
2. 教师魅力（26 分）	2.1 专业带头人（9 分）	2.1.1 资质与条件（3 分）	1. 专业带头人应为相关专业本科以上学历、副教授以上职称、8 年以上教学经验，承担 1 门以上专业主干课程； 2. 熟悉本行业和专业发展动向，具有较高的教研、科研水平，师德师风好，近 6 年曾主持或作为主要参与者（排名前三）参加相关专业领域研究的工作	1. 各项指标全面达到内涵要求，且成效明显的，按 90% 以上计分； 2. 其他按实际符合程度酌情评分		
		2.1.2 成果与荣誉（6 分）	1. 近 6 年主持至少 2 项省部级及以上课题研究或 1 项国家级课题研究并结题；或有 3 篇以上论文在国内核心刊物公开发表；或获得省级教学成果奖、先进工作者称号、获得“千人计划”或“教学名师”荣誉称号等； 2. 独自或作为主要参与者获得省级以上技术研发、技术服务奖励； 3. 指导学生参加国家级职业技能竞赛获得二等奖以上	1. 各项指标全面达到内涵要求，且成效明显的，按 90% 以上计分； 2. 其他按实际符合程度酌情评分		
	2.2 专业教师（17 分）	2.2.1 数量结构（5 分）	1. 专任专业教师与本专业在籍学生数比不低于 1 ∶ 18； 2. 专业专任教师本科以上学历不低于 90%，学缘结构合理；研究生学历不低于 40%；高级职称人数不低于 30%；双师素质教师比例不低于 80%； 3. 专业核心课程任课教师有 1 年以上企业工作实践经验（含挂职锻炼）； 4. 有行业企业兼职教师承担课程教学，尤其是实践课程； 5. 有专业教师（含兼职教师）参加行业协会，并在协会中承担过主要工作	1. 师生比高于 1∶18 减 1 分； 2. 专业专任教师本科以上学历比例；研究生学历比例；高级职称人数比例；双师素质教师比例，未达到要求的每项减 0.5 分（最多减 2 分）； 3. 其他按实际符合程度酌情评分		

续表

一级指标	二级指标	三级指标	指标内涵	评分标准	部门自评分	学校评议分
2. 教师魅力（26 分）	2.2 专业教师（17 分）	2.2.2 专业教师能力素质（7 分）	除专业带头人外 1. 近 3 年内有 2 名以上教师主持或作为核心成员（排名前三）参与省部级以上教研、科研项目 2 项并结题； 2. 近 3 年有教师在教育教学竞赛中获得 3 项以上省级一等奖及以上奖项；或指导学生在省级及以上职业技能竞赛中获得一等奖奖项 3 次； 3. 近 10 年内有教师获得省级以上荣誉称号至少 1 项； 4. 教师在核心期刊上发表论文 3 篇以上或获得省级及以上奖励 10 篇次以上，近 3 年至少有 2 名教师参加国际学术交流； 5. 近 5 年内有教师主持或主要参与国际交流合作项目或国际服务项目	1. 指标 1—4 未达到要求每项减 1.5 分； 2. 其他按实际符合程度酌情评分		
		2.2.3 专业教师发展（5 分）	1. 制定并有效执行教师进修、培训的相关制度； 2. 校企共同制定并执行双师型队伍建设规划并有效实施； 3. 制定并执行教师企业挂职学习制度，近 3 年教师企业实践锻炼达标率不低于 90%； 4. 专业教师每学年的教学能力、专业实践能力专项培训覆盖率不低于 50%； 5. 至少引进一名国外优秀师资与专业教师联合授课（含网络教学）	1. 近 3 年教师企业实践锻炼达标率低于 90% 减 1 分； 2. 专业教师每学年的教学能力、专业实践能力专项培训覆盖率低于 50% 减 1 分； 3. 其他按实际符合程度酌情评分		
3. 课程保证力（28 分）	3.1 产教融合办学机制（5 分）	3.1.1 教学模式与成效（5 分）	1. 有产教融合多元办学机制； 2. 产教融合内容覆盖专业建设、课程建设、师资培训、教学实施、实习实践； 3. 有 2 门（含）以上课程采用以职业实践为主线的教学模式； 4. 学生的课程（含实践课程）考核通过率不低于 85%； 5. 至少有 2 门专业课程的在线学习活跃度超过学院在线课程的平均活跃度； 6. 专业课程标准与职业标准对接校企合作共同开发专业课程与相关教学资源	1. 指标 3—5 未达到要求每项减 1 分； 2. 其他按实际符合程度酌情评分		

续表

一级指标	二级指标	三级指标	指标内涵	评分标准	部门自评分	学校评议分
3. 课程保证力（28 分）	3.2 产教融合课程体系建设（10 分）	3.2.1 课程设置（3 分）	1. 有能力本位、理实一体化专业课程体系及说明；有 2 门（含）以上专业课程体现能力本位、实践主线、理实一体职教理念； 2. 课程能反映专业特色或学校特色并有效实施； 3. 有详尽的岗位能力与课程设置匹配说明（含视频、图片与报告）； 4. 有开发专业特色课程的过程性资料、课程建设成果，及课程实施效果的佐证材料； 5. 专业核心课程满足度不低于 55%（第三方评价）	1. 指标 1、5 未达到要求每项减 0.5 分； 2. 其他按实际符合程度酌情评分		
		3.2.2 课程标准（4 分）	1. 标准开发符合学校《专业教学标准》中"课程标准"开发流程与要求； 2. 课程教学大纲（或标准）覆盖人才培养方案的全部专业课程，至少有 2 门专业核心课程完成课程标准开发与实施； 3. 至少有 1 门（含）专业课程融入国际教学标准； 4. 课程标准与专业人才培养目标、学生学习能力相匹配； 5. 至少有 1 门（含）专业课程引入国际标准并本土化开发教学内容及实施	1. 指标 2–4 未达到要求每项减 1 分； 2. 其他按实际符合程度酌情评分		
		3.2.3 课程资源（3 分）	1. 校企联合开发、建设课程资源，至少有 1 门与国外企业共同开发的国际化课程； 2. 有 2 门及以上专业课程开展线上线下结合的课程建设与改革； 3. 有 2 门（含）及以上课程校企联合开发教材； 4. 网络学习条件及课程建设能满足学生学习要求，有可利用的网络教学资源并能有效共享； 5. 专业图书资料、专业报刊等资源符合专业办学的基本要求	1. 指标 1–3 未达到要求每项减 1 分； 2. 其他按实际符合程度酌情评分		
	3.3 课堂建设（5 分）	3.3.1 内容与成效（5 分）	1. 教材难度适中，教学内容与人才培养目标适配度、学生能力适配度高； 2. 教学方法融"教学做"于一体，注意培养学生学习能力、应用能力；考核方式多样化，注重应用能力考核； 3. 课堂满意度不低于 75%； 4. 专业学生的平均到课率高于学院平均值	1. 指标 3 未达到要求减 1 分； 2. 其他按实际符合程度酌情评分		

续表

一级指标	二级指标	三级指标	指标内涵	评分标准	部门自评分	学校评议分
3. 课程保证力（28分）	3.4 实训基地建设（8分）	3.4.1 校内实验实训室（4分）	1. 校内实习实训基地数量、条件能够满足专业教学需要，能够完成专业课程配套的实习实训，能够完成学生主要职业技能训练目标，基本能够满足职业资格鉴定、技能大赛、社会服务等功能； 2. 部分专业课程可以实施项目教学、行动导向教学、理实一体化教学，并具备相应的教学场所与软硬件配套设备； 3. 至少有 1 个与国外企业或院校合作共建的实习实训资源或基地； 4. 生均教学仪器设备值较高；有健全的生产性实训基地管理制度并严格执行，至少 50% 的校企合作实训课程教学效果优良	1. 各项指标全面达到内涵要求，且成效明显的，按 90% 以上计分； 2. 其他按实际符合程度酌情评分		
		3.4.2 校外实习实训基地（4分）	1. 合作满 3 年的校外实训基地数 10 个以上，辖市区域内实训基地数 5 个以上，骨干企业数 5 个以上，校外实习实训基地管理制度完善，成效显著； 2. 企业实习指导人员资质及数量基本满足指导学生顶岗实习要求，并实质开展工作	1. 指标 1 中任意一项数据未达到要求减 1 分； 2. 其他按实际符合程度酌情评分		
4. 就业竞争力（16分）	4.1 办学规模（5分）	4.1.1 在校学生情况（5分）	1. 近 3 年全日制招生完成率达到 90% 以上； 2. 近 3 年平均报到率不低于 85%； 3. 近 3 年专业转出率不高于专业总人数 3%，且不多于 5 人； 4. 近 3 年招生规模保持持平或增长； *5. 近 3 年专业有招收来华留学生、进修生	1. 指标 1—3 未达到要求每项减 1 分； 2. 其他按实际符合程度酌情评分； 3.* 号指标本次不考核		
	4.2 培养质量（11分）	4.2.1 学生综合素质（6分）	1. 积极组织学生参加专业技能大赛或创业类大赛；近 3 年学生在省级大赛中获得一等奖 2 项，或获得国家级三等奖以上 1 项； 2. 近 3 年学生获得自治区级优秀毕业生 1 人以上； 3. 学生参加社团的比率不低于 50%； 4. 积极组织学生参加职业资格鉴定考核； 5. 积极组织学生参加公益活动	1. 指标 1—3 未达到要求每项减 1 分； 2. 其他按实际符合程度酌情评分		

续表

一级指标	二级指标	三级指标	指标内涵	评分标准	部门自评分	学校评议分
4. 就业竞争力（16 分）	4.2 培养质量（11 分）	4.2.2 学生就业创业情况（5 分）	1. 近 3 年毕业生就业率不低于 90%； 2. 近 3 年就业对口率不低于 80%； 3. 当年度劳动合同签订率在 80% 以上； 4. 近 3 年毕业生就业满意度不低于 90%	未达到要求每项减 1.5 分，若 4 项均未达到要求，此二级指标不得分		
5. 社会影响力（10 分）	5.1 社会服务能力（6 分）	5.1.1 继续教育、培训及社会服务（3 分）	1. 能为企业与社会开展职业教育培训； 2. 能为企业提供生产、咨询和技术服务等； 3. 近 3 年有专业教师参与横向课程研究	1. 各项指标全面达到内涵要求，且成效明显的，按 90% 以上计分； 2. 其他按实际符合程度酌情评分		
		5.1.2 国际影响力（3 分）	1. 近 3 年有在校生在全日制国（境）外留学； 2. 近 3 年有专业教师赴国（境）外参与培训； 3. 近 3 年有在校生在国（境）外企业服务； 4. 近 3 年有专业教师赴国（境）外指导和开展培训； 5. 近 3 年有专业教师在国（境）外任职； 6. 近 3 年有专业教学标准或课程标准被国（境）外采用	1. 指标 1—3 未达到要求每项减 0.5 分； 2. 其他按实际符合程度酌情评分		
	5.2 技术服务能力（4 分）	5.2.1 技术服务与研发（4 分）	1. 专业教师近 3 年主持或参与社会技术服务项目 1 项；或者主要参与者（前三名）开发新技术、新工艺或解决关键技术问题，产生较大经济效益； 2. 专业教师作为第一发明人获得专业国家专利； 3. 充分利用学校教育资源和技术优势，积极开展生产、咨询和技术服务、行业培训并取得社会效益和经济效益； 4. 专业资源应用于社会与行业服务成效显著；专业资源对本区域其他学校开放，发挥示范引领和辐射作用	1. 指标 1 未达到要求减 1 分； 2. 其他按实际符合程度酌情评分		

三、课程认定文件及评价指标

为进一步推进内部质量保证体系诊断与改进工作，立足“课程五度”开展学校A级课程建设，全面提升教学质量。如表6.3所示。

（一）认定范围

各系核心专业、骨干专业开设的必修课程

（二）认定条件（必须同时具备基本条件和拓展条件）

1. 基本条件

（1）“3A”/“4A”课程认定基本条件

①近两年一直开设的课程。②有本课程上一年度的课程诊改报告。③课程团队成员近3年无教学事故。

（2）“5A”课程认定基本条件

①“3A”/“4A”课程。②有本课程上一年度的课程诊改报告。③课程团队成员近3年无教学事故。

2. 拓展条件

（1）“3A”/“4A”课程认定须同时具备以下条件之三项：

①课程团队成员拥有高级职称1人以上，或近三年参加教师教学能力大赛获省级三等奖以上。②课程教学资源丰富，原创教学视频不少于60分钟。③课程获得院级以上奖次。④课程团队成员参编教材。⑤课程已开展混合式教学。

（2）“5A”课程认定须同时具备以下条件之三项：

①课程团队成员构成合理，拥有高级职称2人以上，或近三年参加教师教学能力大赛获省级二等奖以上。②课程教学资源丰富，原创教学视频不少于100分钟。③课程获得省级以上奖次。④课程团队成员主编教材。⑤课程已连续两学期开展混合式教学。

（三）认定程序

1. 各系申请。各系根据学院发布的通知要求提交“A级”课程认定申请。
2. 评审与公示。学院组织专家对申请认定的课程进行评审并公示。
3. 学院审定与公布结果。公示期满无异议，报学校领导审定并公布。

（四）认定标准与方式

1. 认定标准

以《课程评估指标体系》为认定标准，采取等级划分方法，各项一级指标按以下方法进行划分：

（1）一级指标最终评分高于该项总分数 90%（含）的，该项一级指标评为“A”。

（2）一级指标最终评分低于该项总分数 60% 的，该项一级指标评为“D”。

根据“A”的数量，将学校课程划分为以下等级：

（1）“5A”课程：所有一级指标为“A”（即 5 个“A”）。

（2）“4A”课程：有 4 个一级指标为“A”，总分 80 分以上，且没有“D”。

（3）“3A”课程：有 3 个一级指标为“A”，总分 80 分以上，且没有“D”。

2. 认定方式

采取资料审核、实地考察、座谈会、现场访谈、统计数据对比相结合等方式进行。

3. 认定等级有效期

课程获得的等级有效期为 3 年，期满需重新申报。

（五）奖励办法

学校对认定课程分别授予“3A/4A/5A 课程”称号，在全院予以通报表彰，并在课程建设等方面给予资金优先支持。

表 6.3　课程评估指标体系

一级指标	二级指标	三级指标	指标内涵	评分标准	部门自评分	学校评议分
1. 符合度（19 分）	1.1 定位及标准（10 分）	1.1.1 符合人才培养目标（5 分）	1. 课程设置符合专业人才培养目标； 2. 课程标准符合职业标准； 3. 课程内容符合专业能力培养需求	1. 各项指标全面达到内涵要求，且成效明显的，按 90% 以上计分； 2. 其他按实际符合程度酌情评分		
		1.1.2 符合教学标准（5 分）	1. 课程设置符合教育部发布的《高等职业学校专业教学标准》或行业标准要求； 2. 校企共同制定课程标准； 3. 校企共同开发课程教学资源	1. 各项指标全面达到内涵要求，且成效明显的，按 90% 以上计分； 2. 其他按实际符合程度酌情评分		
	1.2 人才培养（9 分）	1.2.1 符合学生成长需求（5 分）	1. 课程目标体现德育为先，将思政元素融入课程内容； 2. 课程内容符合学生职业发展需要； 3. 课程教学设计体现以学生为中心的理念	1. 各项指标全面达到内涵要求，且成效明显的，按 90% 以上计分； 2. 其他按实际符合程度酌情评分		
		1.2.2 符合岗位需要（4 分）	1. 课程符合岗位能力需求； 2. 课程符合理实一体要求； 3. 课程实践教学条件符合教学要求	1. 各项指标全面达到内涵要求，且成效明显的，按 90% 以上计分； 2. 其他按实际符合程度酌情评分		
2. 完整度（22 分）	2.1 课程团队（6 分）	2.1.1 课程团队完整（6 分）	1. 课程团队师德好，结构合理； 2. 课程负责人具有本专业系统、扎实的基础理论知识，教书育人经验丰富，教学方法先进，教学效果好； 3. 课程团队成员具有一定的教学实践经验，掌握课程的基本教学方法，教学效果好	1. 各项指标全面达到内涵要求，且成效明显的，按 90% 以上计分； 2. 其他按实际符合程度酌情评分		
	2.2 课程实施（16 分）	2.2.1 教学方案完整（3 分）	1. 具有完整的课程教学计划； 2. 具有完整课程的教案； 3. 有实践教学环节的相关材料	1. 各项指标全面达到内涵要求，且成效明显的，按 90% 以上计分； 2. 其他按实际符合程度酌情评分		

续表

一级指标	二级指标	三级指标	指标内涵	评分标准	部门自评分	学校评议分
2. 完整度（22 分）	2.2 课程实施（16 分）	2.2.2 教学环节完整（5 分）	1. 体现先进教育思想和教学理念，遵循学生认知规律，符合课堂教学实际，落实德技并修、工学结合；2. 按照教学设计实施教学，关注技术技能教学重点、难点的解决，能够针对学习和实践反馈及时调整教学，突出学生中心，实行因材施教； 3. 注重过程性考核，考核形式多样、合理	1. 各项指标全面达到内涵要求，且成效明显的，按 90% 以上计分； 2. 其他按实际符合程度酌情评分		
		2.2.3 课程资源完整（8 分）	1. 使用新型活页式、工作手册式教材等优质教材； 2. 教学课件、教学视频、教学案例等教学资源丰富； 3. 试题库及习题库动态升级	1. 各项指标全面达到内涵要求，且成效明显的，按 90% 以上计分； 2. 其他按实际符合程度酌情评分		
3. 满意度（21 分）	3.1 师生满意程度（11 分）	3.1.1 学生满意度（6 分）	1. 教书育人，师德垂范； 2. 因材施教，耐心辅导； 3. 教法灵活，互动高效； 4. 重点突出，难点讲清； 5. 学生学习效果好	1. 各项指标全面达到内涵要求，且成效明显的，按 90% 以上计分； 2. 其他按实际符合程度酌情评分		
		3.1.2 教师满意度（5 分）	1. 课程资源丰富，使用便捷； 2. 教学条件便利，满足多样化教学需要； 3. 能有效利用和发挥网络教学优势，在课程实施上有可创新的空间	1. 各项指标全面达到内涵要求，且成效明显的，按 90% 以上计分； 2. 其他按实际符合程度酌情评分		
	3.2 第三方满意程度（10 分）	3.2.1 企业满意度（5 分）	1. 专业及课程建设委员会参与课程开发； 2. 企业参与课程实施； 3. 课程融入行业企业新技术、新模式、新业态	1. 各项指标全面达到内涵要求，且成效明显的，按 90% 以上计分； 2. 其他按实际符合程度酌情评分		
		3.2.2 社会满意度（5 分）	1. 课程面向其他学校、企业、社会开放； 2. 课程与其他学校共享； 3. 课程用于社会培训效果好	1. 各项指标全面达到内涵要求，且成效明显的，按 90% 以上计分； 2. 其他按实际符合程度酌情评分		

续表

一级指标	二级指标	三级指标	指标内涵	评分标准	部门自评分	学校评议分
4. 创新度（18分）	4.1 课程建设（10分）	4.1.1 建设模式创新（4分）	1. 课程建设主体多元化； 2. 应用新技术建设课程； 3. 国际合作建设课程	1. 各项指标全面达到内涵要求，且成效明显的，按 90% 以上计分； 2. 其他按实际符合程度酌情评分		
		4.1.2 课程内容创新（6分）	1. 能够有机融入思想政治教育元素，落实课程思政要求； 2. “1+X”证书内容融入课程； 3. 课程与竞赛内容有机结合； 4. 开发或选用新体例教材	1. 各项指标全面达到内涵要求，且成效明显的，按 90% 以上计分； 2. 其他按实际符合程度酌情评分		
	4.2 课程教学设计（8分）	4.2.1 教学模式创新（4分）	1. 教法灵活，互动高效； 2. 行业、企业参与教学过程； 3. 信息化手段运用得当，贯穿教学各环节； 4. 充分应用先进教学模式	1. 各项指标全面达到内涵要求，且成效明显的，按 90% 以上计分； 2. 其他按实际符合程度酌情评分		
		4.2.2 考核方式创新（4分）	1. 注重过程性考核、实时考核和分层考核； 2. 基于数据和事实的评价和考核； 3. 建立企业参与考核机制，实行多元化考核； 4. 考核方式与课程内容相匹配	1. 各项指标全面达到内涵要求，且成效明显的，按 90% 以上计分； 2. 其他按实际符合程度酌情评分		
5. 达成度（20分）	5.1 课程应用（14分）	5.1.1 计划达成（6分）	1. 完成课程教学计划； 2. 完成课程建设方案； 3. 课程开展有效的诊断改进工作	1. 各项指标全面达到内涵要求，且成效明显的，按 90% 以上计分； 2. 其他按实际符合程度酌情评分		
		5.1.2 质量达成（8分）	1. 课程参赛获奖情况； 2. 学生、同行、督导三个层面的评价； 3. 教师评学情况； 4. 学生成绩的分布情况	1. 各项指标全面达到内涵要求，且成效明显的，按 90% 以上计分； 2. 其他按实际符合程度酌情评分		
	5.2 应用效果与影响（6分）	5.2.1 成效达成（6分）	1. 课程示范引领情况； 2. 课程教改立项及结题情况； 3. 课程国际化应用	1. 各项指标全面达到内涵要求，且成效明显的，按 90% 以上计分； 2. 其他按实际符合程度酌情评分		

四、教师认定文件及评价指标

根据学校《关于全面深化新时代教师队伍建设改革的实施方案》和内部质量保证体系诊断与改进工作相关文件精神，“A级”教师，分为“3A”教师、“4A”教师、“5A”教师。“A级”教师，必须同时满足基本条件和拓展条件。

（一）基本条件

1. 遵守《新时代高校教师职业行为十项准则》《高等学校教师职业道德规范》，具有良好师德师风与教育情怀，潜心育人，爱护学生，言行雅正，坚持教书和育人相统一、坚持言传和身教相统一、坚持潜心问道和关注社会相统一、坚持学术自由和学术规范相统一。

2. 对照学校《教师评估指标体系》（表6.4），五个一级指标均达到80%分数以上。“3A”教师：“育人情操”的一级指标达到“A”，且有2个其他一级指标为“A”；一级指标没有“C”。

“4A”教师，“育人情操”的一级指标达到“A”，且有3个其他一级指标为“A”；一级指标没有“C”。

“5A”教师：所有一级指标为“A”。

（二）拓展条件（具有相应拓展条件的标志性成果之一，所获奖项须是排名第一。）

1.“3A”教师的拓展条件

（1）作为核心成员参与省部级以上课题。

（2）获得省部级教学成果奖三等奖、二等奖。

（3）获得省部级教师教学（职业）能力比赛三等奖、二等奖，或哲学社会科学成果奖三等奖、二等奖。

（4）指导学生参加职业技能大赛、创新创业大赛、学科专业竞赛获得省部级三等奖、二等奖。

2.“4A”教师的拓展条件

（1）主持在研或主持完成省部级课题。

（2）获得省部级教师教学（职业）能力比赛一等奖，或哲学社会科学成果奖一等奖。

（3）指导学生参加职业技能大赛、创新创业大赛、学科专业竞赛获得省部级一等奖。

（4）主持建设省部级精品课、专业、实习实训室等教学质量工程项目，或主持建设省部级优秀团队。

（5）入选“广西高校思想政治教育杰出人才支持计划”，或入选“广西高等学校千名中青年骨干教师培育计划”。

3.“5A”教师的拓展条件

（1）通过广西高层次人才认定。或入选“广西十百千人才工程第二层次人选”，或入选广西高等学校高水平卓越学者计划。

（2）主持在研或主持完成国家级课题。

（3）获得国家级教师教学（职业）能力比赛奖励，或哲学社会科学成果奖励。

（4）获得省部级以上教学名师、优秀教师、模范教师等荣誉称号。

（5）指导学生参加职业技能大赛、创新创业大赛、学科专业竞赛获得国家级奖励。

（6）主持建设国家级精品课、专业、实习实训室等教学质量工程项目，或主持建设国家级优秀团队。

（三）认定周期

按照内部质量保证体系诊断与改进工作相关文件精神，每年认定一次“A 级”教师。

（四）特别说明

教师出现师德失范行为,不得认定为“A 级”教师；已认定为“A 级”教师的,取消“A 级”教师资格。

表 6.4　教师评估指标体系

一级指标	二级指标	三级指标	指标内涵	评分标准	评分标准	个人自评分	二级学院评分
1. 育人情操特高（16 分）	1.1 师德情怀（16 分）	1.1.1 师德师风（8 分）	遵守教育部《新时代高校教师职业行为十项准则》	1. 获得省部级以上优秀教师、模范教师、教学名师等荣誉可得该项分数 90% 以上； 2. 有师德失范行为不得分； 3. 其他根据情况酌情评分	A 级：评分 ≥ 14 分； B 级：14 分 > 评分 ≥ 10 分； C 级：评分 < 10 分		
		1.1.2 教育情怀（8 分）	1. 热爱社会主义祖国，热爱社会主义教育事业； 2. 遵守教育部《高等学校教师职业道德规范》	1. 获得省部级以上优秀教师、模范教师、教学名师等得该项分数 90% 以上； 2. 有师德失范行为不得分； 3. 其他根据情况酌情评分			
2. 教学能力特强（32 分）	2.1 教学设计与组织（16 分）	2.1.1 教学设计能力（7 分）	1. 教学内容有效支撑教学目标的实现； 2. 教学设计体现学校专业人才培养方案和课程标准	1. 教师参加各类教学能力比赛获省部级以上奖项可得该项分数 90% 以上； 2. 学生评教成绩在学校排名后 10 名且评教成绩低于 60 分的不得分； 3. 其他根据情况酌情评分	A 级：评分 ≥ 29 分； B 级：29 分 > 评分 ≥ 19 分； C 级：评分 < 19 分		
		2.1.2 教学组织能力（9 分）	1. 课堂教学组织能有效反映学生整体与个体情况，学生到课率高； 2. 准确预判教学重难点及其掌握可能，教学效果可评可测	1. 教师参加各类教学能力比赛获省部级以上奖项可得该项分数 90% 以上； 2. 学生评教成绩在学校排名后 10 名且评教成绩低于 60 分的不得分； 3. 其他根据情况酌情评分			
	2.2 教学执行与技能应用（16 分）	2.2.1 教学执行能力（5 分）	1. 按照教学进度实施教学，教学活动安全有序； 2. 教学环境满足需求，教学活动安全有序，教学互动广泛深入，教学气氛生动活泼	1. 教师参加各类教学（职业）能力比赛获省部级以上奖项可得该项分数 90% 以上； 2. 其他根据情况酌情评分			
		2.2.2 技能应用能力（6 分）	1. 合理运用云计算、大数据、物联网、虚拟/增强现实、人工智能等信息技术应用于教学； 2. 有数字资源、信息化教学设施设备	1. 信息技术使用效果突出可得该项分数 90% 以上； 2. 其他根据情况酌情评分			

续表

一级指标	二级指标	三级指标	指标内涵	评分标准	评分标准	个人自评分	二级学院评分
2. 教学能力特强（32分）	2.2 教学执行与技能应用（16分）	2.2.3 整合能力（5分）	1. 教师参加各级各类教学技能大赛； 2. 教师指导学生参加各级各类专业技能比赛； 3. 校企共同开发、合作开展人才培养各类项目	1. 教师参赛或指导学生参赛获省部级以上奖项可得该项分数 90% 以上； 2. 其他根据情况酌情评分	A 级：评分 ≥ 29 分； B 级：29 分 > 评分 ≥ 19 分； C 级：评分 < 19 分		
3. 科研能力特优（19分）	3.1 创新与水平（10分）	3.1.1 创新思维（3分）	1. 积极开发新工艺、新技术、新产品、新材料； 2. 能解决行业企业生产中重大、关键性技术问题； 3. 建立或参与创新创业团队	1. 实际效果显著可得该项分数 90% 以上； 2. 其他根据情况酌情评分	A 级：评分 ≥ 17 分； B 级：17 分 > 评分 ≥ 11 分； C 级：评分 < 11 分		
		3.1.2 科研水平（7分）	1. 公开发表论文、出版著作； 2. 主持或作为核心成员参与课题获省部级及以上立项； 3. 获得省部级科研成果奖	1. 科研成果突出的可得该项分数 90% 以上； 2. 其他根据科研成果情况酌情评分			
	3.2 成果与团队（9分）	3.2.1 成果推广（6分）	1. 开展生产、咨询和技术服务，行业培训； 2. 成果推广社会效益和经济效益突出	1. 成果推广起典型示范作用可得该项分数 90% 以上； 2. 其他根据情况酌情评分			
		3.2.2 团队协作（3分）	1. 在“双师型”师资队伍建设中发挥积极作用； 2. 能与其他教师共同备课、合作进行课题研究等	1. 实际效果优于指标内涵要求可得该项分数 80% 以上； 2. 其他根据情况酌情评分			
4. 教师魅力特有（17分）	4.1 职业素养与学识（11分）	4.1.1 职业素养（8分）	1. 具有高校教师资格证； 2. 积极申报技术职称； 3. 取得职业资格证书（含行业特许的资格证书及具有专业资格或专业技能考评员资格者及行业公认的证书）； 4. 积极参加国内外学习、培训、进修	1. 实际效果优于内涵要求可得该项分数 80% 以上； 2. 其他根据情况酌情评分	A 级：评分 ≥ 15 分； B 级：15 分 > 评分 ≥ 10 分； C 级：评分 < 10 分		

续表

一级指标	二级指标	三级指标	指标内涵	评分标准	评分标准	个人自评分	二级学院评分
4. 教师魅力特有（17 分）	4.1 职业素养与学识（11 分）	4.1.2 扎实学识（3 分）	1. 具有专业相关的学历学位； 2. 专业教师每五年到企业相关活动实践累计不少于 2 个月；新任教师岗前企业实践不少于 6 个月； 3. 参加本专业教学和科研专题培训	1. 实际成果优于内涵要求可得该项分数 90% 以上； 2. 其他根据情况酌情评分	A 级：评分 ≥ 15 分； B 级：15 分 ＞ 评分 ≥ 10 分； C 级：评分 ＜ 10 分		
	4.2 影响力与感染力（6 分）	4.2.1 影响力（3 分）	1. 在专业领域的行业协会、职业教育指导委员会任职或承担过相关的行业企业标准制定、规章制度起草等工作； 2. 担任职业技能比赛裁判工作； 3. 先进事迹得到媒体报道	1. 在省部及以上行业协会、职业教育指导委员会任职或承担过相关专业领域的行业企业标准制定、规章制度起草等工作的可得该项分数 80% 以上； 2. 其他根据情况酌情评分			
		4.2.2 感染力（3 分）	1. 行为举止得体，注重立德树人； 2. 关注学生的全面成长	1. 学生评教学校排名前 20% 的可得该项分数 80% 以上； 2. 其他根据情况酌情评分			
5. 仁爱之心特显（16 分）	5.1 仁心与爱心（8 分）	5.1.1 仁心（4 分）	1. 服务经济社会发展，参与脱贫攻坚行动； 2. 利用专业资源开展生产、咨询和技术服务，行业培训	1. 实际效果显著可得该项分数 80% 以上； 2. 其他根据情况酌情评分	A 级：评分 ≥ 14 分； B 级：14 分 ＞ 评分 ≥ 9 分； C 级：评分＜ 9 分		
		5.1.2 爱心（4 分）	1. 开展三下乡、义务支教等志愿服务工作； 2. 赞助支持义务植树、无偿献血、助学等社会公益活动	1. 实际效果显著可得该项分数 80% 以上； 2. 其他根据情况酌情评分			
	5.2 耐心与细心（8 分）	5.2.1 耐心（4 分）	1. 通过各种教学手段、方式和资源答疑解惑； 2. 根据学生需求进行课内课外辅导	1. 实际效果显著可得该项分数 80% 以上； 2. 其他根据情况酌情评分			
		5.2.2 细心（4 分）	1. 专心致力学生个性化指导和学习能力培养； 2. 关注学生心理健康发展	1. 实际效果显著可得该项分数 80% 以上； 2. 其他根据情况酌情评分			

五、学生认定文件及评价指标

为进一步推进学院内部质量保证体系诊断与改进工作，立足“学生五到”开展“A 级”学生认定工作，促进学生全面成长体系的建设，全面提升学生成长质量。如表 6.5 所示。开展“A 级”学生认定工作，现将相关事项通知如下：

（一）认定范围

二年级以上全体学生

（二）认定条件及标准（必须同时具备基本条件和拓展条件）

1. 认定条件

（1）基础条件

热爱社会主义祖国，拥护中国共产党的领导；遵守宪法和法律，遵守学校规章制度，无违纪处分记录；无补考重修科目；诚实守信，道德品质优良、身心健康；积极参加各类团学活动，社会实践、创新能力、综合素质等方面特别突出。

（2）拓展条件

①知识学到方面：在校期间获得过一次以上（含）校级奖学金。

②技能习到方面：在校期间参加学校认可的校级以上职业技能大赛、学科竞赛并获奖。

③素质修到方面：在校期间曾获得过一次以上（含）校级“三好学生”“优秀学生干部”“优秀团干”“优秀共青团员”“十佳团员”“十佳团干”等称号。

④情商悟到方面：担任学生干部，第二课堂成绩不少于 2 分。

⑤胆商独到方面，具备以下条件之一项：

A. 自主创业（包括校外创业或入驻学院创业园创业），或参与自主创业；

B. 参加过创业园项目路演，或参加过学校创业精英班；

C. 参加过一次院级以上创新创业大赛。

2. “3A”“4A”“5A”学生认定标准

（1）“3A”学生认定标准：具备基础条件及拓展条件其中三个方面符合条件。

（2）“4A”学生认定标准：具备基础条件及拓展条件其中四个方面符合条件。

（3）“5A”学生认定标准：具备基础条件及拓展条件的五个方面符合条件。

3. 认定等级有效期

学生认定等级有效期为 1 年，期满需重新申报。

（三）认定程序

1. 学生申请。各系根据学校发布的通知要求提交“A 级”学生认定申请。

2. 评审与公示。学生工作处组织专家对申请认定的学生进行评审并公示。

3. 学院审定与公布结果。公示期满无异议，报学校审定并公布。

（四）奖励办法

学院对认定学生分别授予“3A/4A/5A 学生”称号，在全校予以通报表彰。

表 6.5　学生全面发展评价指标体系

维度	要素	培养目标	测评点	考核标准	评分周期	评分标准	计分	备注
知识学到	专业知识、基础知识、职业知识	学习能力提升，明确学业目标	提升学习能力，提高学习兴趣	课堂考勤率	月	每月课堂全勤得 3 分，缺勤一次不得分	3	
				学习效果	学期	获国家奖学金得 30 分；国家励志奖学金 15 分；学校一等奖学金 10 分，二等奖学金 8 分，三等奖学金 6 分	15—30	
				参加学术科研、创新创业论坛（不含已纳入第一课堂学时计算的学术科技讲座）	学期	国家级 5 分，省级 4 分，市级 3 分，校级 2 分，二级学院级 1 分	1—5	会议邀请函或参加会议的领导批复、参会证明（新闻、图片等）
				成绩平均分	学期	≥ 90 分得 10 分，85—90 分（含 85）得 8 分，80—85 分（含 80）得 6 分，75—80 分（含 75）得 4 分，60—75 分（含 60）得 2 分	2—10	一学期所学科目考核不及格（经补考后）达四门（含四门），其课程学习成绩测评视为不合格，凡有补考者不能评为优秀和良好，课程成绩按第一次考试成绩计算，补考成绩不计入成绩测评
				等级证书	学期	全国大学生英语等级考试，6 级加 5 分，4 级加 4 分，3 级加 3 分，托福、雅思合格 5 分，小语种考试合格 5 分	2—10	获得相关证书
						国家计算机等级考试合格，四级证书及以上 5 分，三级证书 4 分，二级证书 3 分	2—8	
						普通话证书，一乙 5 分，二级甲等 4 分，二级乙等 3 分	3—5	
				发表论文及发明创造等	学期	发表学术论文 SCI、C 刊、EI 检索 12 分，核心期刊 10 分，公开刊物 8 分	8—12	第一、二、三和四、五作者分别乘 100%、70%、50% 和 30% 的系数
						专利获批：发明创造 12 分，实用新型 10 分，外观设计 8 分	8—12	

续表

维度	要素	培养目标	测评点	考核标准	评分周期	评分标准	计分	备注
知识学到	专业知识、基础知识、职业知识	学习能力提升，明确学业目标	提升学习能力，提高学习兴趣	发表论文及发明创造等	学期	课外科技项目立项：国家级 10—12 分，省级 8—10 分，市校级 6—8 分	6—12	分值以重点、非重点区分；项目负责人、其他参与者分别乘 100%、70% 系数
						课外科技项目结题：国家级 12 分，省级 8 分，市校级 6 分	6—12	项目负责人、其他参与者分别乘 100%、70% 系数
						担任科研团队学生助理并获得良好及以上评次	5—8	校团委登记备案由指导老师根据工作效果进行考核和相应分值评定
						发表文化类文章、作品获奖：国家级报纸杂志 5 分，省级报纸杂志 4 分，市级报纸杂志 3 分	2—10	只计第一作者，同一作品在不同平台发表，不叠加、就高计
						国家级 4 分，省市级 3 分，校级 2 分	2—4	党政机关、新闻媒体机构官方新媒体平台，只计第一作者，同一作品在不同平台发布，不叠加、就高计
				获得其他表彰或奖项	学期	国家级得 10 分，省级 8 分，市级比赛 6 分，校级比赛 4 分，院级比赛 2 分	2—10	一等奖获得相应分值，二等奖、三等奖（优秀奖）按 0.5 学时递减，同一作品或项目获同一比赛多个奖项，不叠加、就高计；校院级一般项目每人每学期累积最多计 4 分
技能习到	专业能力、职业能力、方法能力	职业资格技能证书	实践动手能力	参加职业技能进阶周	学期	校级 2 分，二级学院级 1 分	1—2	
				参加学校商咖文化节等	学期	校级 2 分，二级学院级 1 分	1—2	
				参加专业技能、科技大赛	学期	科技、技能类大赛国家级加 12 分，省市级加 8 分，校级 2 分、二级学院级加 1 分	1—12	行业协会举办的降一级处理，同一项目进入高一级比赛的只加高级

续表

维度	要素	培养目标	测评点	考核标准	评分周期	评分标准	计分	备注
技能习到	专业能力、职业能力、方法能力	职业资格技能证书	实践动手能力	参加专业技能、科技大赛获奖	学期	国家级一等奖 30 分，二等奖 25 分，三等奖 20 分	20—30	行业协会举办的降一级处理，同一项目进入高一级比赛的只加高级
					学期	省级一等奖 25 分，二等奖 20 分，三等奖 15 分	15—25	
					学期	市级一等奖 20 分，二等奖 15 分，三等奖 10 分	10–20	
					学期	学校级一等奖 15 分，二等奖 12 分，三等奖 10 分	10—15	
					学期	二级学院级一等奖 10 分，二等奖 8 分，三等奖 5 分	5—10	
					学期	优秀奖按下一级的三等奖计分，如国家级优秀奖以省级三等奖分数计分，以此类推		
				1+X 行业 / 职业资格证书等	学期	专业技能，中高级证加 5 分，初级加 3 分	3—5	在校期间获得：以合格证书为准
					学期	专业行业资格证加 4 分，其他行业资格证书加 2 分	2—4	
				机动车驾驶证	学期	取得机动车驾驶证	3	
素质修到	思想品德素质	遵纪守法	遵规守纪（必选项）	遵守国家法律法规，遵守校规校纪，杜绝违法违纪行为	学期	无违反国家法律法规等行为，无使用违规电器，无夜不归宿等情况	10	违反国家法律法规等视为综合素质考评 0 分；使用违规电器每次扣 5 分，扣完为止；夜不归宿每次扣 10 分
		诚实守信	诚实守信（必选项）	诚实守信	学期	诚实守信，不出现考试作弊、虚假申报、欺诈行为，实行一票否决制	5	违反此项规定得 0 分

续表

维度	要素	培养目标	测评点	考核标准	评分周期	评分标准	计分	备注
素质修到	思想品德素质	爱国明礼	爱党爱国（必选项）	维护国家利益与民族尊严，杜绝不良政治言论或不良举动	学期	积极宣传党的方针、路线、政策，主动参与爱党爱国活动，无不良政治言论或不良举动的；有反党不爱国的言论或举动，经查证属实的，思想政治素质一票否决，不及格	10	凡在网络社交媒体及公众场合公开发表违反国家大政方针言论，或违背事实发表言论造成极坏影响者，综合素质考评0分
			思政培训及主题教育活动	上好思修课、毛概课、形势与政策课	学期	学期有涉及课程，合格计分	2	数据对接教务系统
				积极参加党团学主题教育活动	学期	积极参与思想政治主题类教育活动，省部级及以上5分，市级4分、校级3分、院级特色2分、院级一般1分	5	各级思政类宣讲会、报告会等，每人每学年累积最多计5分
			班会、团日活动	班会、团日活动	学期	班会、团日活动	10	每缺勤一次扣2分，扣完为止
			组织发展情况	入学前加入中国共青团	学期	在册团员	2	
				入学前加入中国共产党	学期	在册党员	3	
				在校加入中国共青团	学期	加入中国共青团	2	
				在校提交入党申请书	学期	提交入党申请书	1	
				参加各级各类党、团校培训并获得合格证书	学期	党、团校培训结业，党员/团干培训4—5分，入党（团）培训2—3分	2—5	
				参加并完成“青马工程”“大学生骨干培训班”等思想政治类学习培训	学期	参加国家级活动9—10分，省部级8—9分，市级7—8分、学校级6—7分、二级学院级4—5分	4—10	正式文件或结业证书，分值以合格、优秀区分
				发展为团员	学期	发展为团员	3	
				确定为入党积极分子	学期	确定为入党积极分子	4	
				加入中国共产党	学期	加入中国共产党	5	

续表

维度	要素	培养目标	测评点	考核标准	评分周期	评分标准	计分	备注
素质修到	思想品德素质	爱国明礼	兵役义务	履行兵役义务	学期	正式入伍，服完兵役退出现役后，以学校武装部认定为准	10	入伍证或退伍证
	身体心理素质	增强体质	提升身体素质	综合测评及体育考试达标	学年达标	年度体测合格，体育考试达标	4	由管理单位盖章，审核并确定加分学生名单
		规律作息	养成良好生活规律	无晚归情况	月	无晚归情况计 2 分	2	由管理单位盖章，审核并确定加分学生名单
		塑造健康体格	塑造健康体格，拥有健美体态	参加专业团体并完成日常训练（高水平运动队、艺术团等）	学期	校级团队 8 分，院级团队 4 分，经认定的相关社团团队 3 分	3—8	由管理单位盖章，审核并确定加分学生名单
				参加活动和比赛	学期	国家级 12 分，省级 10 分，市级 8 分，区县级 6 分，校(院)级品牌 6 分，校(院)级特色 5 分，校（院）级一般 2 分	2—12	
				体育比赛获奖	学期	国家级一等奖 12 分，二等奖 8 分，三等奖 6 分	6—12	
						省级一等奖 8 分，二等奖 6 分，三等奖 4 分	4—8	
						市级一等奖 3 分，二等奖 2 分，三等奖 1 分	1—3	
						学校级一等奖 3 分，二等奖 2 分，三等奖 1 分（不含学院运动会）	1—3	
						二级学院级获奖均为 1 分	1	
				学校运动会	学期	个人单项第一名并打破校纪录 6 分	6	

续表

维度	要素	培养目标	测评点	考核标准	评分周期	评分标准	计分	备注
素质修到	身体心理素质	塑造健康体格	塑造健康体格，拥有健美体态	学校运动会	学期	个人单项第一名至第三名 3 分，第四名至第六名 2 分，其余获奖者 1 分	1—3	学院运动会每人每学年累积最多计 6 分
						参加校级以上运动会方块队、团体操表演等集体项目 2 分 / 人次	2	以各二级学院上报学生人数确定加分
				艺体类考级证书	学期	合格 3 分	3	获得的相关证书
		心理素质提升	培养积极向上的心理品质	完成心理普测	学期	按时完成心理普查 2 分	2	由心理教研室提供数据（或对接教务系统）
				心理课程达标	学期	心理健康教育课程合格获得 2 分	2	
				参加心理健康培训、讲座，及各类心理健康教育活动	学期	各类心理培训心理健康教育活动及讲座，参加国家级活动 4 分，省市级 3 分，校级 2 分、二级学院级 1 分		参加活动证明，文件，通知等
				获得心理健康教育大赛奖项	学期	获得国家级奖项 6 分，省级奖项 4 分，市级奖项 3 分，校级奖项 2 分，二级学院级奖项 1 分	1—4	获得的相关证书
	人文素质	人文素质提升	培养具有较好的人文素养、艺术修养、审美情趣等	参加各类人文素质讲座、培训、课外活动	学期	参加各类人文素质讲座、培训、课外活动，参加一项加 0.5 分（此处一学期最高分不超过 5 分）	0.5 +	一学期最高分不超过 5 分
				获得人文素养活动相关表彰（征文大赛、才艺大赛获奖）	学期	获得国家级一等奖得 10 分，二等奖得 8 分，三等奖得 6 分	6—10	获得的相关证书
					学期	获得省级一等奖得 8 分，二等奖得 6 分，三等奖得 4 分	4—8	
					学期	获得市级一等奖得 6 分，二等奖得 5 分，三等奖得 4 分	4—6	

续表

维度	要素	培养目标	测评点	考核标准	评分周期	评分标准	计分	备注
素质修到	人文素质	人文素质提升	培养具有较好的人文素养、艺术修养、审美情趣等	获得人文素养活动相关表彰（征文大赛、才艺大赛获奖）	学期	获得校级一等奖得 3 分，二等奖得 2 分，三等奖得 1 分	1—3	获得的相关证书
				考取各类人文素养相关证书	学期	获得各类人文素养相关证书	2	
				谨言慎行，无不当言论及行为	月	不扰乱公共秩序，注重个人言行及自身形象	3	由各二级学院班主任（辅导员）考核
			劳动养成	劳动课程达标	学期	劳动课程合格得 2 分	2	数据对接教务系统
				劳动周评比	学期	劳动周评比中获得优秀的个人得分，每次得 2 分	2	
				宿舍卫生评比	学期	宿舍未受到学校及二级学院通报批评得 2 分 / 次；未损坏宿舍公物得 1 分；如宿舍受到学校、二级学院通报批评或损坏宿舍公物不得分	0—2	学生工作处每月定期将名单发至各二级学院
				参加宿舍文化节活动并获奖	学期	学期所在宿舍受学校或二级学院表彰（如文明宿舍、星级宿舍等）	4	
				参加劳动素养相关活动、讲座	学期	参加各类劳动素养讲座或培训，每次加 0.5 分	0.5+	一学期最高分不超过 5 分
				参加义务劳动、勤工助学等受到表彰	学期	所在校内相关单位给予学期情况鉴定，提供支撑材料得 2 分	2	提供支撑材料，证明

续表

维度	要素	培养目标	测评点	考核标准	评分周期	评分标准	计分	备注
情商悟到	组织管理素质、人际沟通能力	组织管理、人际沟通能力提升	培养具有较好的人际交往、组织管理能力和奉献社会精神	参加并完成学生干部能力提升营	学期	校级 3—4 分，院级 2—3 分	2—4	正式文件或结业证书，分值以合格、优秀区分
				获得优秀学生干部（团干部）、优秀共产党员（共青团员）、优秀毕业生、自强之星等相关表彰	学期	国家级 12 分，省级 10 分，市级 8 分，校级 6 分，二级学院级 4 分	4—12	
				班团学生干部	学期	校级学生干部 3—6 分，二级学院学生干部 3—5 分，班团干部、社团干部 3—4 分，各级干事 1—2 分	1—6	担任两个及以上班级、学院或校级学生干部的学生只按最高加分计算
				假期社会实践活动，校外考察，实训等	学期	寒暑假进行专业社会实践实习并完成实践报告	5	教学大纲内规定的实践实习不计学时，实践实习时长不少于 5 个工作日，以实践实习单位出具证明或鉴定为准，每人每学年累积最多计 10 分
					学期	学期内参加志愿服务、公益活动，参与社会公益事业等	1—2	“到梦空间”记录的时长为准，每人每学年累计最多计 10 分（每半天按 1 次计，每次计 2 小时，不足半天计 1 小时）
				好人好事、见义勇为、志愿活动、义工活动、义务劳动等	学期	获得校级以上抗震救灾、疫情防控、好人好事、见义勇为、拾金不昧、先进个人等荣誉称号，国家级 15 分，省部级 12 分，市级 10 分，校级 8 分，二级学院级 2 分	15	表彰文件或出具的证书、证明或媒体专题公开报道
					学期	参加寒暑假社会实践活动（“三下乡”）并完成调研报告，国家级 14—15 分，省部级 12—13 分，市级 9—11 分、校级 6—8 分、二级学院级 4—5 分	15	正式文件或相关鉴定证明；分值以非重点、重点团队区分

续表

维度	要素	培养目标	测评点	考核标准	评分周期	评分标准	计分	备注
情商悟到	组织管理素质、人际沟通能力	组织管理、人际沟通能力提升	培养具有较好的人际交往、组织管理能力和奉献社会精神	好人好事、见义勇为、志愿活动、义工活动、义务劳动等	学期	参加重要项目的志愿服务工作，国家级活动或项目10分，省级活动或项目8分，市级活动或项目6分，校（区）级活动或项目4分	10	证书或主办方证明
					学期	参加志愿服务工作、社会实践获得表彰，国家级10分，省级8分，市级6分，校（区）级5分，二级学院级或乡镇级以下组织3分	10	表彰或证书，如有单位表扬信、媒体报道等，按单位和媒体的级别进行认定等级，表扬报道与奖项不叠加
					学期	注册志愿者	2	证书或证明
					学期	捐献骨髓	10	以中国造血干细胞捐献者管理中心颁发的证书为准
					学期	无偿献血（造血干细胞捐献）等	2	以献血证为准
				“学习强国”学习	学期	积分增加2000分得2分，积分增加1500分得1.5分，积分增加1000分得1分，积分增加500分得0.5分	2	以系统结果为准
				“青年大学习”学习	学期	完成100%得4分，完成90%—99%得2分，完成80%—89%得1分	1—4	以系统结果为准
				参与融媒体平台思政话题热议并被录用	学期	参加省部级及以上2分，市级1.5分、校级1分、二级学院级0.5分	0.5—2	党政机关、新闻媒体机构等官方融媒体平台，每人每学年累积最多计4分，同一内容在不同平台发布，不叠加、就高计
				参加勤工俭学	学期	参加勤工俭学并获得合格及以上等级评次	2—3	由服务部门负责人或指导老师根据工作量和工作效果进行考核和相应分值评定

续表

维度	要素	培养目标	测评点	考核标准	评分周期	评分标准	计分	备注
情商悟到	组织管理素质、人际沟通能力	组织管理、人际沟通能力提升	培养具有较好的人际交往、组织管理能力和奉献社会精神	所在班团（社团）组织获得表彰	学期	国家级 10 分，省级 8 分，市级 6 分，校级 4 分，二级学院级 2 分	2—10	负责人、骨干及其他分别乘 100%、70%、50% 的系数
				助理班主任	学期	积极参加新生助理班主任竞选，并担任助理班主任	5—7	被二级学院聘为助理班主任，以聘书为准，每个班只能聘助理班主任 1 人，每人只能计分 1 次，由分院根据工作效果进行考核和相应分值评定
胆商练到	创新创业、就业能力	能力提升	培养具有个人职业发展规划、创新创业能力和冒险精神	认真制定个人职业发展规划和学期发展计划	学期	个人按时完成职业生涯规划电子书撰写得 2 分，完成学期发展计划得 2 分	2—4	各二级学院班主任（辅导员）核定
				职业规划相关课程达标	学期	完成职业规划相关课程合格者得 2 分	2	数据对接教务系统
				积极参加各类职业生涯规划活动或比赛	学期	参加职业生涯规划大赛国家级加 6 分，省级加 4 分，市级加 3 分，校级加 2 分，二级学院级加 1 分	1—6	行业协会举办的降一级处理，同一项目进入高一级比赛的只加高级
				参加各类职业生涯规划活动或比赛获奖	学期	国家级一等奖 30 分，二等奖 25 分，三等奖 20 分	20—30	获奖以最高项计分，不叠加
					学期	省级一等奖 25 分，二等奖 20 分，三等奖 15 分	15—25	
					学期	市级一等奖 20 分，二等奖 15 分，三等奖 10 分	10—20	
					学期	校级一等奖 15 分，二等奖 12 分，三等奖 10 分	10—15	
					学期	二级学院级一等奖 10 分，二等奖 8 分，三等奖 5 分	5—10	

续表

维度	要素	培养目标	测评点	考核标准	评分周期	评分标准	计分	备注
胆商练到	创新创业、就业能力	能力提升	培养具有个人职业发展规划、创新创业能力和冒险精神	参加各类职业生涯规划活动或比赛获奖	学期	优秀奖按下一级的三等奖计分，如，国家级优秀奖以省级三等奖分数计分，以此类推		
				创新创业课程达标	学期	完成创新创业相关课程合格者得 2 分	2	
				参加 SYB、KAB 等创新创业课程培训并结业	学期	参加省市级及以上培训，优秀 6 分，合格 5 分	5—6	结业证书，分值以合格、优秀区分
					学期	参加学校级以上培训，优秀 8 分，合格 6 分	6—8	结业证书，分值以合格、优秀区分
				参加学术科技 / 技能 / 创新创业类竞赛	学期	参加国家级大赛得 10 分，省级得 8 分，市级得 6 分，校级 4 分，各二级学院级 2 分	2—10	有主管单位（团委 / 教务处 / 创客学院）登记备案及参赛照片；项目负责人、其他参与者分别乘 100%、70% 系数；表彰奖项中一等奖获得相应分值，二等奖、三等奖（优秀奖）按 0.5 学时递减，同一作品或项目获同一比赛多个奖项，不叠加、就高计分
				获得表彰或奖项	学期	国家级 10 分，省部级 8 分，市级 6 分，校级 4 分，各二级学院级 2 分	2—10	
				各类创新创业比赛获奖	学期	国家级一等奖 30 分，二等奖 25 分，三等奖 20 分	20—30	获奖后不计参与分，获奖以最高项计分，不叠加
					学期	省级一等奖 25 分，二等奖 20 分，三等奖 15 分	15—25	
				各类创新创业比赛获奖	学期	市级一等奖 20 分，二等奖 15 分，三等奖 10 分	10—20	

续表

维度	要素	培养目标	测评点	考核标准	评分周期	评分标准	计分	备注
胆商练到	创新创业、就业能力	能力提升	培养具有个人职业发展规划、创新创业能力和冒险精神	各类创新创业比赛获奖	学期	校级一等奖15分，二等奖12分，三等奖10分	10—15	获奖后不计参与分，获奖以最高项计分，不叠加
					学期	二级学院级一等奖10分，二等8分，三等奖5分	5—10	
					学期	优秀奖按下一级的三等奖计分如国家级优秀奖以省级三等奖分数计分，以此类推		
				创业项目市场化转化（自主创业）/科研成果转化	学期	创新创业学院/教务科研处登记备案，开展实践并运行一年	4	项目负责人、其他参与者分别乘100%、70%系数
					学期	注册工商企业，开展实践并维持运行一年	10	
				创业形成创新成果、发明或专利	学期	创建创业实体	5	以工商营业执照为准
					学期	形成发明、专利	20	
			其他项目	其他项目加分	学期	其他	1—20	
扣分项目	扣分	扣分项目	扣分项目	考勤扣分	学期	事假三次（含三次）以上者，每增加一次扣1分		
					学期	上课及集体活动迟到或早退一次扣2分，旷课（含集体活动）1节（1学时）1次扣5分		
				宿舍文化建设扣分	学期	晚归一次扣2分，夜不归宿一次扣5分		
					学期	宿舍卫生不合格一次扣值日者3分，其余人员每人扣1分		

续表

维度	要素	培养目标	测评点	考核标准	评分周期	评分标准	计分	备注
扣分项目	扣分	扣分项目	扣分项目	行为失范扣分	学期	担任校级、院级学生干部，社团干部，班级团干部失职扣 3 分，行为失范扣 5 分		
					学期	在公共场所抽烟一次扣 3 分		
					学期	行为不文明者一次扣 5—10 分		
				严重违纪扣分		违反校规校纪、受纪律处分、通报批评者扣 5 分；受警告处分者扣 10 分；受严重警告处分者扣 15 分；受记过处分者扣 20 分；受留校察看处分者本年度综合素质不及格		
						使用违规电器、赌博、酗酒滋事受到学校纪律处分者，本年度综合素质不及格		
						凡在网络社交媒体及公众场合公开发表影响学校及学院声誉的不实不当言论者，凡在网络社交媒体及公众场合公开发表违反国家大政方针言论，或违背事实发表言论造成极坏影响者，本年度综合素质不及格		

第二节 搭建平台

一、建立全面系统高效的学校运行机制，确保教学的中心地位

围绕突出教学中心地位，构建“SPADE”学校五重标准体系，从“重规划、重体系、重制度、重考核、重保障”五个方面全面系统建立学校的规划、获奖、目标与标准、制度、考核、保障等20个三级评估指标体系，确保学校运行机制中的教学中心地位不动摇。学校梳理各部门工作职责和岗位职责，开展“A级”部门认定，实现“SPADE”认证体系在学校事业建设发展中的成果转化，形成自上而下紧密关联的目标任务达成体系。

二、构建专业评价标准体系，提升专业服务行业产业的能力

立足服务地方区域经济社会发展，构建“SPADE”专业五力标准体系，从“发展潜力、师资实力、课程保证力、就业竞争力和社会影响力”五个方面梳理商科专业与岗位要求的关系，通过业务流程再造，明确专业发展、教师、课程、就业以及社会影响等22个三级指标评估体系，提升专业与区域经济社会发展需求的契合度。邀请国际商务及电子商务行业的龙头企业、行业专家共同成立专业建设委员会，加强专业群建设、制定专业建设规划、专业建设目标，就专业职业定位、面向的职业岗位、人才培养目标三个内容，对应做足专业需求论证（如：行业企业专家共同开展的市场调研和专题研究分析会等）、专业毕业生麦可思调研报告、专业带头人资质、专业建设团队结构及能力等支撑数据。邀请第三方公司，对各专业开展了全方位专业诊断。严格按照《专业认定办法》对学校的品牌专业开展认定工作。经评审，国际商务专业为学院优势专业，商务英语、会计、物流管理、旅游管理、电子商务、金融管理专业为学院特色专业。

三、完善课程建设标准，增强课程体系与专业人才培养目标的符合度

围绕新时代商科专业人才培养目标，构建“SPADE”课程五度标准体系，从“符合度、完整度、满意度、创新度、达成度”五个方面的19个三级指标的评估体系，通过推动在线课程建设和网络通识课建设，开展课程内容教学以及教学资源建设，提高了开放课程的教学水平和质量，学生享受到更多优质的教育教学资源。以“岗课赛证”融合为指挥棒，与各级职业证书的标准对接，探讨学历证书和职业技能等级证书的学习内容、教学过程和考核方式的对接与融合，同时根据职业岗位的知识、能力、素质结构要求，围绕课程与岗位的融合度，合理打造课程教学团队，创新教学方法，改革考核评价方式，不断优化提高课程教学质量。在课程的设置上，重点突出实习实践环节，在实践课程的设置上，既体现专业技能基础，也展现贴近真实

工作环境的企业案例。以课程改革为切入点，以岗位能力需求为导向，以理论知识、职业素养、职业标准、技能训练为主线，建立"基础通识、专业特色、书证融通"的模块化课程体系，把职业资格证书、"1+X"职业技能等级证书、职业技能大赛、典型岗位操作规范等内容融入实践课程体系，改善职业教育培养人才技能不匹配的情况，实现了课程与工作岗位对接，课程内容与职业标准对接，毕业证书与职业资格证书对接，毕业与上岗"零过渡"，提高了人才培养质量。

四、优化教师考核指标，强化教师育人能力与学生需求的匹配度

遵循职业教师发展成长规律，构建"SPADE"教师五特标准体系，从"育人情操特高、教学能力特强、科研能力特优、教师魅力特有、仁爱之心特显"五个方面的19个三级评估指标体系，聚焦思想政治教育、课堂教学、课程建设、专业建设、企业实践等人才培养工作，厚植教师质量意识，并进一步细化教师评价标准，设置教师教学能力提高标准，教师魅力提升标准，科研能力提升标准，思想政治教育工作队伍建设标准，引导教师将个人职业发展与学生成长成才、学校长远发展紧密联系起来，激发教师不断提升教育教学能力和专业实践能力的内生动力。

依托"SPADE"五维质量保证体系诊改平台，根据实时采集的各二级学院教师队伍建设数据和教师个人目标完成数据，构建起目标完成情况雷达图、教师画像等，对各二级学院教师队伍建设工作提出预警，督促各二级学院加快完成月度目标。教师根据诊改平台的预警和个人实际，及时采集数据和提供佐证材料，加快完成目标进度，全面建设高素质、专业化、创新型教师队伍。

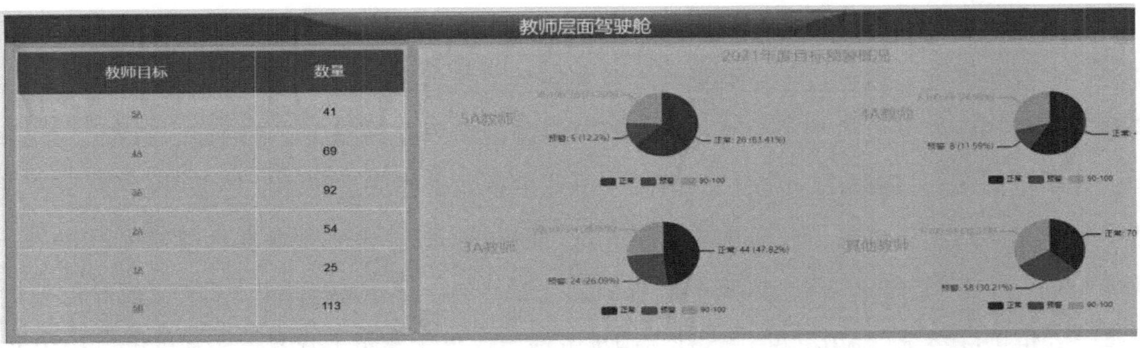

图 6.1　"SPADE"五维质量保证体系诊改平台教师层面驾驶舱

五、搭建"五级进阶"实践教学体系，提升学生商科综合技能

围绕商科特色，构建"SPADE"学生"五到"标准体系，从"知识学到、技能习到、素质修到、

情商悟到、胆商练到”五个方面来制定学生职业能力、思想政治素质、身心健康素质的综合评价标准。同时，以建设云上云下“商咖小镇”为依托，融入桂商文化、第二课堂、民族风俗、创新创业、国际交流五大元素，科学地将实践教学各环节划分为五个阶段，建立职业认知期—商萌咖，虚拟商战期—商小咖，实战操练期—商战咖，跟岗实习期—商大咖，顶岗锤炼期—商名咖，形成“五级进阶”式的实践教学体系，明确咖位晋升规则，有效激发出商务育人的活力，最大程度的保障学生对知识和技能反复训练和融会贯通，培养商科实战型人才。建设校内的专业实训室、电商平台等仿真的实践平台，以技能型人才培养为核心，训练学生的实际岗位操作技能。主动加强与企业，如新道、碧桂园、顺丰、百丽等的合作，利用企业的资源，共同建设校内实践基地，确保专业实践教学的顺利开展。另外还利用学校的创业园，把创业园的各种经营项目融入专业实践教学中来，加深学生对不同行业工作的全面了解，实现“零距离”的岗位对接。通过举办“商咖文化节”“技能进阶周—职业口才技能大赛”“‘思享荟’系列之‘学生工作过程’知识竞赛”等活动,鼓励更多学生通过参与多样化的实践活动，提升专业技能和职业素质，培养学生的专业实践能力。

第三节　实践成果

一、学校实现内涵式发展

建立并推行“SPADE”学校发展五重标准体系以来，学校定期对标发展战略目标，及时发现和纠正偏离目标战略的各种行为，确保各项人才培养目标的实现，学校影响力明显提升。

2018 年，学校入选全国高等职业院校国际影响力 50 强，作为培养新商科人才为主的高职院校，学院始终坚持以创业创新教育为本色和底色，扎实推进就业及创新创业创造工作，先后获“全国毕业生就业典型经验高校 50 强”“全国创新创业典型高校 55 强”、首批“全国青年创业示范园区”，连续 15 年获“广西高校毕业生就业工作先进集体”等荣誉称号。全力打造了教学与实践为一体的“大学生创业园”及“创客空间”，学生创业教育覆盖率 100%，学生参与创业率超过 10%，居全区高职院校前列。2019 年，入选教育部“人文交流经世项目”首批“经世国际学院”。2021 年，入选全国示范性职业教育集团（联盟）培育单位。2020 年，学校被泰国教育部职业教育委员会授予中泰职业教育合作突出贡献奖，并成为 UK NARIC 英国高等职业教育领域国际专业标准评估认证计划试点院校。2015 年以来，共为 27 个“一带一路”沿线国家培训了近 500 名政府官员及技术人员。随着学校知名度和美誉度的不断提升，年招生规模从 2015 年的 3 800 人增长到 2021 年的 10 000 人，年招生人数跃居广西高职院校前五。

二、专业建设质量持续提升

建立并推行“SPADE”专业建设五力标准体系以来，学校持续优化专业人才培养方案，结合“1+N+X”专业群建设模式，开展专业 A 级认定，专业建设水平大幅提升。

2018 年，“智慧商科立体专业群建设研究基地”项目被评为首批“广西职业教育专业发展研究基地”项目。2020 年，学校获评“广西文化和旅游研究基地”。2019 年，国际商务、金融管理等 4 个专业获教育部创新发展行动计划骨干专业认定。2017 年国际商务（跨境电子商务）和 2020 年旅游管理专业资源库获自治区级立项。2015 年以来，国际商务、涉外会计、电子商务、旅游管理、物流管理获广西职业教育示范特色专业及实训基地建设项目立项以及 5 000 万资金支持，并先后以三个优秀、两个良好的优异成绩通过项目验收。2019 年，跨境商务专业群成为广西高水平专业群建设项目。2019 年开始，学校通过“面向东盟跨境电子商务培训班”向东盟国家输出跨境电子商务专业标准及课程标准。

三、课程与岗位融合度全面加强

建立并推行“SPADE”课程建设五度标准体系以来，学校结合岗位要求和人才培养目标，形成具体的课程标准，通过开展课程 A 级认定，助推课程建设水平稳步提升。学生作为教学的主体，以项目为主线进行教学，在实际教学内容设置时根据岗位进行内容重构，包括民生服务、文化传承、政策宣传等，通过该方式的应用帮助实践教学能够对社会发展、地方经济建设的需求进行深入融合，且能够在教学的过程中对学生的社会责任感以及社会认知进行增强，更好的体现其自我价值。2021 年 9 月，个人理财、金融风险管理、金融法律法规与应用、金融数学、商业银行综合柜台等 14 门课程获批为校级在线精品课程。2021 年 12 月，商业银行综合柜台业务、个人理财、金融法规与应用等 10 门课程被学校认定为 4A 级课程，金融数学被学校认定为 3A 级课程。金融经济学院以 SPADE“课程五度”标准开展课程建设，实现了课程跨越式发展。

2020 年，财务会计课程获评国家精品在线开放课程（广西高职唯一）。2021 年，两门课程入选全国文化艺术职业院校和旅游职业院校“学党史 迎百年”课程思政优秀案例。2018 年，荣获第二届全国高校“两学一做”支部风采展示活动精品微党课。2020 年，《世纪商务英语口译教程》《国际贸易概论》教材入选“十三五”职业教育国家规划教材，《国际贸易》《电子商务基础》课程获评自治区级职业教育在线精品课程。2021 年，《世纪商务英语口语教程专业篇》教材获首届全国教材建设奖二等奖。

四、专业教师综合职业素养大幅提高

建立并推行“SPADE”教师发展五特标准体系以来，学校以师德建设为中心，持续加强教师教学能力、科研能力和社会服务能力建设，特别注重拓展教师国际视野，师资实力大幅提升。2015 年以来，在育人情操方面，1 名教师荣获全国模范教师称号。在教学能力方面，“十三五”期间，教师参加各类技能比赛获自治区级一等奖数和获奖总数比“十二五”期间总数分别增长了 567% 和 106%。2019 年学校开展了 3 次专家面对面活动，对参加 2019 年广西职业院校信息化教学大赛的作品进行了全方位指导。经过比赛角逐，在大赛五个赛项的比赛中，共获得自治区级一等奖 4 个、二等奖 11 个、三等奖 3 个，学校荣获自治区最佳组织奖，目前已连续两年获得“广西职业院校信息化教学大赛最佳组织奖”；与此同时，学院参加 2019 年全国职业院校技能大赛职业院校教学能力比赛，获实训教学赛项国家级二等奖 1 个。在科研能力方面，1 名教师 2020 年获教育部第八届高等学校科学研究（人文社科类）优秀成果奖三等奖，是全国高职院校唯一获奖项目；2015 年以来教师获广西社会科学优秀成果奖 5 项，在广西高职院校中名列前茅。“十三五”期间教师获各级各类校外课题比“十二五”期间增长了 59%。在教师魅力方面，具有海外背景教师占比已超过 30%，2 名教师入选 UK NARIC 专家库。在仁爱之心方面，1 名教师带动学生义务献血 20 余年，荣获全国无偿献血奉献奖和南宁市“十大最美献血者”荣誉称号。

五、学生商科综合技能全面提升

建立并推行“SPADE”学生成长五到标准体系以来，学校以“929”分段式教学为途径（“929”是指将每个学期的 20 周分为三个部分，前后各 9 周为常规教学周，中间 2 周为技能进阶周），通过“五级进阶”实践教学体系，促进学生技能水平大幅提升，就业竞争力不断提高。在知识技能方面，2017—2020 年学生技能比赛获国家级奖项 40 项，其中一等奖以上 18 项。2015 年以来，学生参加广西职业院校技能大赛，获一等奖数和获奖总数分别比“十二五”期间总数增长了 200% 和 70%。从 2016 年开始，连续 6 年获广西职业院校技能大赛“互联网 +”国际贸易综合技能赛项第一名。2021 年职业院校技能大赛获自治区级一等奖总数名列广西第二，代表广西参加国赛项目数位列广西第一（并列），且全部获奖。在情商胆商方面，参加第六届中国国际“互联网 +”大学生创新创业大赛获银奖，获天使资金 500 万，学校成为广西高职院校中唯一连续两年入围国赛现场比赛的院校。在综合素质方面，2021 年 1 名学生入选广西“自强之星”学生励志典型人物，2019 年 1 名学生获广西“感恩祖国、助学筑梦、励志成长”征文三等奖，2015 年获第四届全国全民健身操舞总决赛特等奖、一等奖、二等奖共 3 项，2018 年和 2020 年连续两届获广西高校大学生跆拳道锦标赛第一名。2015 年以来，学生就业率始终保持在广西高校前列，学校年年被评为“广西高校毕业生就业工作先进集体”。

第四节　推广应用

改革成果应用于广西国际商务职业技术学院 41 个专业，受益人数达 2 万多名。截至 2021 年 2 月底，有包含 2 所国外院校、7 所中国“双高”计划建设院校在内的 38 所职业院校加入认证试点，有力推动了商科职业教育高质量发展。作为国内首个商科职业教育人才培养质量标准，已于 7 月 17 日在南宁召开的全国商贸职教集团会议上正式面向全国发布，示范引领作用不断增强。

2020 年 12 月，甘肃省教育厅委托第三方开展的“中等职业学校办学能力提升”项目评价工作采用了“SPADE”五维质量保证体系为评价指标，其系统性、开放性和有效性得到了甘肃省教育厅的认可。学校“SPADE”标准研究中心成员被邀请作为主要专家全程负责该项工作，工作成效得到各方高度肯定。

2015 年以来，学校受邀在 2020 年 12 月中国 – 东盟职业教育研究中心主办的中国 – 东盟职业教育发展论坛、2020 年 11 月中国商业经济学会主办的“新科技 新经济 新商科”职业教育国际论坛、2020 年 11 月中国高等教育学会职业技术教育分会主办的商科高职院校东中西部区域合作研讨会、2019 年 7 月中国职业技术教育学会主办的新时代教育教学改革创新论坛等国际国内大型会议上做典型经验交流发言，得到专家和参会代表的高度肯定。此外，本成果多次在广西职业教育活动周、中国 – 东盟职业教育联展暨论坛上展示，得到教育部和自治区有关领导的赞扬和认可。

2015 年以来，有泰国陕迪拉工商管理学院、无锡商业职业技术学院、山东外贸职业学院、内蒙古商贸职业技术学院等 113 所国内外职业院校代表到校考察和学习相关经验成果，辐射带动了上百所职业院校的专业建设与课程改革。

2015 年以来，学校“SPADE”五维质量保证体系的相关选题获各级课题立项 12 项，发表相关论文 23 篇，出版著作 1 本，获各级各类成果奖励 10 多项，成果的理论水平和学术认可度较高。

近 3 年来，改革成果被 CCTV，中新网，《光明日报》《中国教育报》《中国青年报》《国际商报》《广西日报》等主流媒体宣传报道 65 篇（次），产生了积极而广泛的社会影响。

参考文献

（一）专著

［1］民国教育部 . 第一次中国教育年鉴：丙编教育概况［M］. 上海：开明书店，1935.

［2］杨伯峻 . 论语译注［M］. 北京：中华书局，1980.

［3］陆尔奎，方毅，傅运森 . 辞源（影印本）［M］. 郑州：中州古籍出版社，1993.

［4］刘明浚 . 大学教育环境论要［M］. 北京：航空工业出版社，1993.

［5］刘艳 . 基于现代学徒制育人模式下的高职院校教学管理研究［M］. 沈阳：辽海出版社，2020.

［6］孙培青，李国均 . 中国教育思想史（第三卷）［M］. 上海：华东师范大学出版社，1995.

［7］范国睿 . 教育生态学［M］. 北京：人民教育出版社，2000.

［8］司马迁 . 史记［M］. 长沙：岳麓书社，2002.

［9］冀勇庆，杨嘉伟 . 平台征战［M］. 北京：清华大学出版社，2009.

［10］贺星岳等 . 现代高职的产教融合范式［M］. 杭州：浙江大学出版社，2015.

［11］教育部行业职业教育教学指导委员会工作办公室 . 高等职业学校专业教学标准（财经商贸大类）［M］. 国家开放大学出版社，2019.

［12］道格拉斯 · C · 诺思 . 经济史中的结构与变迁［M］. 陈郁，罗华平译 . 上海：上海人民出版社，1994.

［13］姜大源 . 职业教育要义［M］. 北京：北京师范大学出版社，2017.

［14］麦可思研究院 . 中国本科生就业报告 2021［M］. 北京：社会科学文献出版社，2021.

（二）期刊论文

［1］郝保文 . 教学质量概念及生成模式初探［J］. 内蒙古师大学报（哲学社会科学版）.1995（4）.

［2］何克抗 . 建构主义——革新传统教学的理论基础（上）［J］. 电化教育研究，1997（3）.

[3] 肖余春.21 世纪商科管理教育的再造与发展趋势 [J]. 中国教育教学（高等教育版），2006（12）.

[4] 胡家秀，郭琳. 合作教育模式解析 [J]. 教育与职业，2004（17）.

[5] 舒光伟. 德国高等应用型人才培养的特征和启示 [J]. 全球教育展望，2005（3）.

[6] 纪宝成. 我国高等商科教育人才培养模式探讨 [J]. 中国高教研究，2006（10）.

[7] 应智国. 商科类高职院校实训基地的战略构建 [J]. 中国高教研究，2008（8）.

[8] 关志强，邹纲明，李润，姚大斌. 大工程观教育理念的理性思考与实践探索 [J]. 化工高等教育，2009（6）.

[9] 赵海峰. 应用型本科院校的商科人才培养模式 [J]. 高等教育研究，2012（4）.

[10] 马云峰. 商科高职人才培养模式的内涵 [J]. 江苏社会科学，2010（1）.

[11] 孙朝霞，王辉. 商科专业人才培养模式创新研究 [J]. 池州学院学报，2010，24（6）.

[12] 江鹏亮，郭伟，李清. 教育评价铁三角 [J]. 中国教育技术装备，2010（10）.

[13] 查代春. 远程开放大学内部质量保证“铁三角”原理 [J]. 中国远程教育，2011（11）.

[14] 伍文彬. 高职院校提高社会服务功能的实践与思考——以广州铁路职业技术学院的社会服务能力建设为例 [J]. 文教资料，2011（22）.

[15] 张洁. 高等商学教育国际标准的变化趋势：AACSB 新标准对中国商学教育的启示[J]. 上海管理科学，2013（3）.

[16] 杨黎明. 关于现代学徒制（三）——澳大利亚的现代学徒制 [J]. 职教论坛，2013（12）.

[17] 赵新洁. 我国商科教育国际化战略与商科教育改革 [J]. 教育教学论坛，2013（29）.

[18] 刘文斌，马广水，亓俊忠. 商科类高职院校的大学生综合素质培养模式研究 [J]. 中国成人教育，2014（14）.

[19] 丁鼎. 儒家礼乐文化的价值取向与中华民族精神 [J]. 山东师范大学学报（人文社会科学版），2014（6）.

[20] 马广水等. “仁智合一”商科特色的大学生综合素质培养体系研究与实践 [J]. 中国职业技术教育，2015（5）.

[21] 沈苏林等. 高职商科人才“3343”培养体系的探索与实践 [J]. 中国职业技术教育，2015（5）.

[22] 杜维明. 多向度的“仁”：现代儒商的文化认同 [J]. 船山学刊，2017（3）.

[23] 陈寿根，万里亚. 高职院校内部质量保证体系的内涵、建构原则与实践模式 [J]. 职业技术教育，2017（1）.

[24] 曹迪. 商科类高职院校人才培养模式研究 [J]. 职业教育研究，2017（7）.

［25］万光彩，张霆．“应用创新型”金融人才培养标准指标体系的构建［J］．黑龙江教育（高教研究与评估），2017（10）．

［26］杨光丽，黄晓燕．职业院校教学质量系统管理生成模式研究［J］．重庆电子工程职业学院学报，2018（3）．

［27］刘玲娅，黄晓平，张娅．社会经济发展对高等商科类人才的需求分析及启示［J］．现代经济信息，2018（7）．

［28］郑毅，王慧敏．“互联网＋”背景下高职新商科产教协同育人机制研究［J］．机械职业教育，2018（6）．

［29］倪春丽．高职商科国际教育标准之研究与借鉴［J］．职教论坛，2018（10）．

［30］马正兵．商务经济学学科体系专业发展与人才培养路径研究［J］．西北民族大学学报（哲学社会科学版），2019（2）．

［31］齐佳音，张国锋，吴联仁．人工智能背景下的商科教育变革［J］．中国大学教学，2019（Z1）．

［32］肖安法．“新”之所在——新商科的内涵及建设路径探讨［J］．南通职业大学学报，2019（4）．

［33］陈强．“专创融合人才培养模式构建及推进策略：以新商科专业群为视角［J］．中国高校科技，2019（11）．

［34］冯志明．商科人才培养模式创新支撑系统构建研究——以江苏商贸职业学院为例［J］．中国职业技术教育，2019（5）．

［35］刘家明．高校人才培养平台模式及其向多边平台转型的思考［J］．国家教育行政学院学报，2019（6）．

［36］王作成，孔祥华，云亮．打造“目标链”，做实“标准链”［J］．职业技术，2019（4）．

［37］张德成，梁甘冷，熟手—能手—高手：中职学校“塔型进阶式”人才培养模式的探索与实践［J］．职业教育（评论版），2019（1）．

［38］邓江凌，吕凤国．地方应用型本科院校法学专业“三维一体”实践能力培养模式的构建［J］．重庆文理学院学报（社会科学版），2019（7）．

［39］吴秀玲，王利平，程东祥．高职院校应用技术高层次人才培养平台建设路径研究［J］．机械职业教育，2020（6）．

［40］陈晓芳，夏文蕾，张逸石，李铭泽．新时代新商科的内涵及“多维度协同”培养体系改革［J］．财会月刊，2021（5）．

［41］朱璋龙，苑梅．新商科专业教育改革的逻辑起点与实施重点［J］．扬州教育学院学

报，2021，39（3）.

［42］俞燕，黄文胜．基于校企合作共同体的会计专业“三型”应用型人才培养探索［J］．中国职业技术教育，2020（2）.

［43］刘春怡，杨国良，牟信妮．生态视域下职业教育信息化教学可持续发展研究［J］．天津职业大学学报，2020（8）.

［44］冀强，白裕，贾国辉．复合型“新商科”人才培养模式创新研究［J］．产业科技创新，2020，2（12）.

［45］吕朝晖．新商科学科内涵与实现路径［J］．河南工程学院学报（社会科学版），2020（12）.

［46］胡英芹．“双高计划”视域下高等职业教育内涵式发展的诉求、特征与路径［J］．职业技术教育，2020，41（14）.

［47］倪莹莹．新商科背景下高职商科学生商业技能培养的保障机制研究［J］．农村经济与科技，2020（19）.

［48］张国平．新商科人才培养模式与实现路径［J］．中国高等教育，2021（1）.

［49］陈晓芳，夏文蕾，张逸石等．新时代新商科的内涵及“多维度协同”培养体系改革［J］．财会月刊，2021（5）.

［50］孟毅，陈臻，许抄军，陈秋莲．数字经济时代新商科人才培养模式探索与实践［J］．岭南师范学院学报，2021（8）.

［51］李庆文．“专业建设五力”模型视角下职业院校专业群发展研究［J］．现代职业教育，2019（21）.

［52］李庆文．职业院校内部质量保证体系 SPADE 诊改模型的构建［J］．现代职业教育，2019（35）.

［53］郭广军，方建超，龙育才．新时代推进高等职业院校内部质量保证体系诊改的对策建议［J］．教育与职业，2018（9）.

［54］苑梅，朱璋龙．新商科人才培养的基本特征与路径优化研究［J］．无锡商业职业技术学院学报，2021（5）.

［55］袁冬梅，王妍慧，刘玉梅，洪联英．“三高四新”战略下新商科经贸类人才培养模式创新研究［J］．岭南师范学院学报，2021（12）.

［56］张阳．高职院校新商科人才培养的困境、定位与实现路径［J］．无锡商业职业技术学院学报，2021，21（4）.

（三）学位论文

［1］安玉健 . 高校教学工作中心地位保障机制研究［D］. 南开大学，2008.

［2］杨明娜 . 行业协会参与地方高等商科院校人才培养的模式构建研究［D］. 电子科技大学，2009.

［3］杨晴 . 商科类职业院校校企合作研究［D］. 四川师范大学，2016.

［4］朱静然 . 高职商科专业现代学徒制人才培养模式研究［D］. 浙江工业大学，2016.

［5］邹昀芹 . 江西省独立学院商科应用型人才培养模式研究［D］. 江西师范大学，2017.

［6］李双玥 . 高职"一体化"人才培养标准开发研究［D］. 河北科技师范学院，2017.

［7］王亚南 . 高职院校专业带头人能力模型构建及发展研究［D］. 华东师范大学，2018.

［8］冯润 . 高职院校内部质量保证体系建设研究——基于江西省首批试点院校的调查［D］. 江西科技师范大学 .2019.

［9］蔡璇 . 新商科背景下黑龙江省财经院校产教融合对策研究［D］. 哈尔滨商业大学，2021.

［10］曹颖 . 应用型本科高校：新商科人才培养教学体系构建与探索［D］. 重庆对外经贸学院，2021.

（四）网络资源

［1］中共中央办公厅、国务院办公厅 . 关于推动现代职业教育高质量发展的意见［EB/OL］.2021-10-12.

［2］Wharton undergraduatebrochure［EB/OL］.2019-06-18.

［3］我国产学合作协同育人项目呈现井喷式增长［EB/OL］.2018-05-25.

［4］教育部,财政部 . 实施中国特色高水平高职学校和专业建设计划的意见［EB/OL］.2019-04-01.

［5］教育部 . 教育部关于全面深化课程改革落实立德树人根本任务的意见［EB/OL］.2014-03-30.

［6］中共中央国务院 . 深化新时代教育评价改革总体方案［EB/OL］.2020-10-14.

［7］中共中央办公厅、国务院办公厅 . 关于全面加强和改进新时代学校体育工作的意见［EB/OL］.2020-10-15.

附录

“SPADE”五维质量保证体系实践案例

（广西国际商务职业技术学院）

一、背景

2019 年教育部、财政部印发了《中国特色高水平高职学校和专业建设计划项目遴选管理办法（试行）》，中国特色高水平高职学校和专业建设计划将重点支持高水平高职学校和高水平专业群。《国家职业教育改革实施方案》的发布，明确了以提升职业教育质量为主线，深化了一系列职业教育改革的制度和政策，结合《高等职业院校内部质量保证体系诊断与改进指导方案（试行）》等文件精神，落实国家和自治区职业教育改革实施方案，以高质量开展本年度学校诊改工作，广西国际商务职业学院启动了内部质量保证体系诊断与改进，认真落实立德树人根本任务，以培养“知商明礼、精商善行、崇商厚德”高素质国际化商务应用人才为目标，大力践行“三色”（职业底色、创业本色、国际特色）商科人才培养理念，不断推进“四信”（信仰、信念、信心、信用）价值观培养，积极构建国际化高素质应用型人才培养体系和现代化职业教育体系，有效推动学院教育事业高质量发展，对内部质量保证体系建设做了多方面探索。

二、做法

学校依据原创的“SPADE”五维质量保证体系诊改信息平台，结合学生发展“五到”模型，围绕“知识学到”“技能习到”“素质修到”“情商悟到”“胆商练到”5 个维度，设置了 18 个诊断点，58 个观测点，包括专业知识、社科知识、人文知识、专业能力、社会能力、方法能力、价值观、职业素养、身体素质、心理素质、健康人格、情绪管理、内驱力、创新创业能力、竞争意识、逆境处理能力、冒险精神。

广西国际商务职业技术学院"学生五到"诊改模型

（一）推行学生"知识学到"开展"1+X 证书制度试点工作"

学校认真贯彻落实《关于在院校实施"学历证书＋若干职业技能等级证书"制度试点方案》文件精神，对接现代服务业岗位发展要求，深入推动"1+X（学历＋职业技能等级证书）"制度试点工作，积极开展书证融合探索，将证书内容融入人才培养方案，不断深化人才培养模式改革。以"SPADE"专业认证为契机，构建学分银行，形成跨校跨省教学资源共享机制，实现学习成果认定、积累与转换，对标"SPADE"五维质量保证体系中"学生五到"标准，严格学业管理，不断提高教育教学水平。

（二）推行"技能习到"打造"五级进阶"实践教学体系

学校依托"SPADE"五维质量保证体系，坚持校企合作"九共同"深化产教融合，科学地将实践教学各环节划分为五个阶段，建立职业认知期—商萌咖，虚拟商战期—商小咖，实战操练期—商战咖，跟岗实习期—商大咖，顶岗锤炼期—商名咖，形成"五级进阶"式的时间教学体系。

（三）推行学生"素质修到"打造"五维立体"素质养成体系

学校坚持立德树人根本任务，围绕"商"字做文章，培养学生德智体美劳全面发展的综合素养。积极将桂商文化、第二课堂、民族风俗、创新创业、国际交流等五大元素融入学生素质培养工作，形成铸魂、出彩、立根、谋新、创特的"五维立体"素质养成体系。推动现代商务文化进入课程体系，开设商务礼仪、商务口才、商务写作课程；推动现代商务文化进人素质教育，开展丰富多彩的第二课堂、社会实践活动；构建“红色文化、易班文化、传统文化、商业文化、职业文化”五维立体的文化育人内容架构，创建浓郁的文化育人氛围。

（四）推行“情商悟到”，打造“第二课堂”育人体系

学校围绕立德树人的根本任务，以“围绕中心、服务大局、找准定位、彰显价值”为理念，充分发挥高校第二课堂在思想引领和实践育人方面的作用，积极推进共青团“第二课堂成绩单”制度，组织开展“青年大学习”“青马工程”培训计划，“感党恩跟党走”广西高校党史学习教育暨庆祝中国共产党成立100周年美术书法摄影作品展，电竞公开赛、新生杯辩论赛暨第十届白马杯辩论赛、第二届“书海寻宝”活动、第七届“财富杯”全国大学生金融精英挑战赛等一系列具有社团特色的精品活动。开展大学生“5·25”心理健康教育活动月、“心理健康·幸福成长”线上线下大学生心理健康教育系列话题微课堂讲座。坚持助学、筑梦、铸人为宗旨，秉承学生全面发展的理念，继续深化构建以“能力开发”为导向的贫困生“济困、扶志、强能”三维立体贫困生资助平台，拓展和完善发展型资助育人行动计划，实现无偿资助与有偿资助、显性资助与隐形资助的有机融合。

（五）推行学生“胆商练到”，打造“商创融合”的创新教育体系

学校坚持创新创业教育作为学校育人的本色，坚持“商创融合”的基本思路，形成“基地建设＋创客培训＋项目孵化”为核心的创新创业教育体系，实现了教学系部与入园企业对接、人才培养与企业经营对接、教学资源与企业资源对接、校园文化与企业文化对接、创业园与社会对接“五大对接”，学生就业创业竞争力明显提高。

三、成效

（一）2021年获批“1+X”证书制度试点19个，实现二级学院试点范围全覆盖。

（二）2021年学生在全国各类职业技能比赛中，共荣获一等奖9项，二等奖4项，三等奖5项；在全区各类职业技能比赛中，荣获一等奖17项，二等奖9项，三等奖14项，铜奖19项，优秀奖2项。其中，学校参加2021年广西职业院校技能大赛一等奖获奖数量位列广西第二，代表广西参加全国职业院校技能大赛赛项数量位列广西第一。

（三）学校易班“全方位育人三用新模式”入选全国优秀易班共建案例；荣获2021年易班优课大学生党史学习知识竞赛“优秀组织奖”；学校易班9月份在全国网络易指数的共建指数在全国1763所高校中居全国第9名、广西第1名；学校在第六届广西大学生艺术展演比赛中荣获一等奖2项，三等奖10项以及优秀组织奖。

（四）学校参加第六届中国国际“互联网 +”大学生创新创业大赛获银奖，成为广西高职院校中唯一连续两年入围国赛现场比赛的院校。连续 19 年获评全区普通高校毕业生就业创业工作突出单位。近三年来共为商务行业培养了近万名毕业生，据麦可思公司调查显示，用人单位对学校毕业生的满意度超过 90%。

广西国际商务职业技术学院选手获国赛货运代理赛项二等奖

广西国际商务职业技术学院选手获国赛英语口语赛项三等奖

四、亮点

学校坚持以习近平新时代中国特色社会主义思想为指导，牢记"为党育人、为国育才"的初心和使命，以培养"SPADE"学生五到（知识学到、技能习到、素质修到、情商悟到、胆商练到）高素质国际化商务应用型人才为目标，落实立德树人根本任务，以社会需求为导向，走校、政、行、企、社合作办学的道路，依据学校"十四五"发展规划目标和按照"目标计划""组织实施""检测诊断""改进创新"的诊改路径，积极推进"SPADE"学生五到诊断与改进工作，依托商务行业，突出现代商务特色，促进人才培养质量的总体提升，为建设新时代中国特色社会主义壮美广西作出积极贡献。

五、启示

（一）加强学生理论知识和专业技能的融合

高职院校的学生在掌握理论知识的同时要具有较强技术技能，因此，学校在专业设置、人才培养方案和专业课程上应设置相关的实习实训、技能培训环节，着重注意理论知识与专业技能的融合。

（二）着重完善学生情商和胆商的培养

广西国际商务职业技术学院的办学特色是"依托商务行业，突出现代商务特色"，作为现代商务人，智商、情商和胆商是必不可少的三要素，因此，在"技能习到"方面应与"胆商练到""情商悟到"结合培养。

（三）学生五维质量保证体系应依据信息化平台

广西国际商务职业技术学院的诊改数据依托了学校原创的"SPADE"五维质量保证体系诊改信息平台。面对数以万计的学生，信息化平台能够快速、高效、准确地统计出数据，并清晰地呈现在大众面前，因此，在当今大数据时代，学校的质量保证体系的推进也应顺应时代的发展趋势。